예배와 설교의 뿌리

{ 교회 문헌과 전통 }

The Roots of Worship and Sermon

교회 문헌과 전통
예배와 설교의 뿌리

재판 1쇄	2014년 2월 27일
지은이	정장복 · 최영현
펴낸이	김현애
펴낸곳	예배와 설교 아카데미
주　소	서울특별시 광진구 광장동 272-12
전　화	02-457-9756
팩　스	02-457-1120
홈페이지	www.wpa.or.kr
등록번호	제18-19호(1998.12.3)
디자인	디자인집 02-521-1474
총판처	비전북
전　화	031-907-3927
팩　스	031-905-3927
ISBN	978-89-88675-54-0

값 16,500원
• 잘못 만들어진 책은 교환해 드립니다.

예배와 설교의 뿌리

{ 교회 문헌과 전통 }

The Roots of Worship and Sermon

정장복 · 최영현 편저

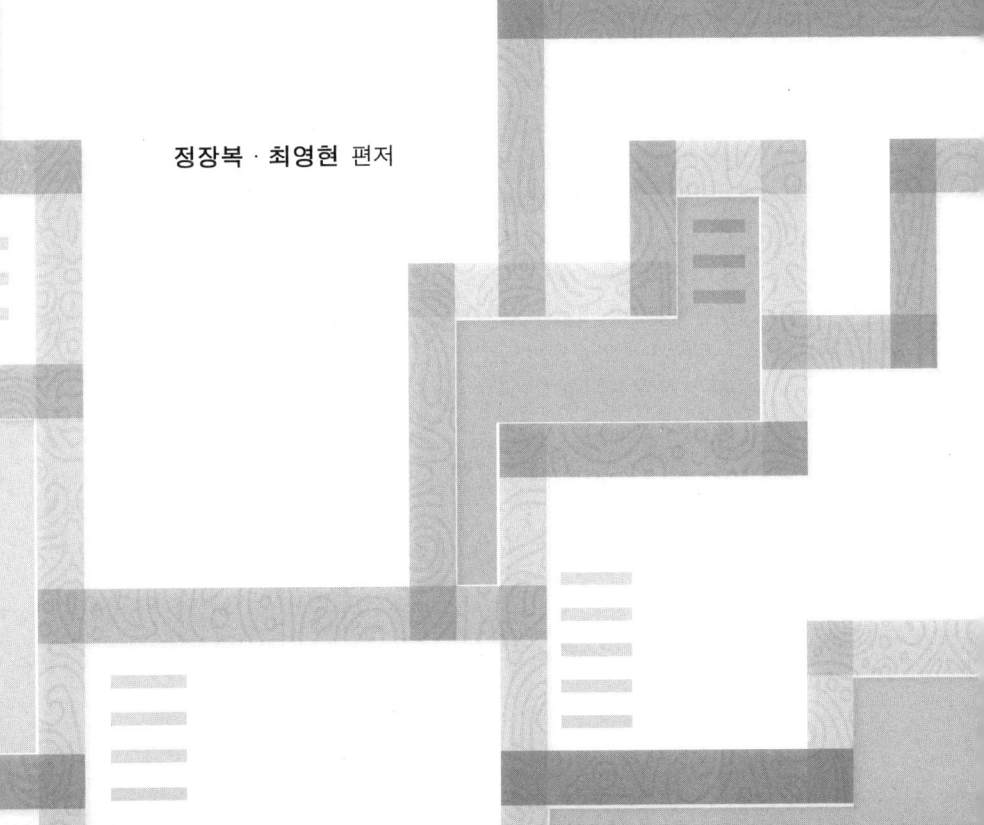

약어표

ACC	Alcuin Club Collections
ACW	Ancient Christian Writers
ANF	Ante-Nicene Fathers
ASB	Alternative Service Book
BCP	Book of Common Prayer
BEM	Baptism, Eucharist and Ministry
CSL	Consitution on the Sacred Liturgy
FC	Fathers of the Church
HBS	Henry Baradshaw Society
LBW	Lutheran Book of Worship
LCC	Library of Christian Classics
LW	Luther's Works
NPNF	Nicene and Post-Nicene Fathers
PG	Patrologia Graeca
PL	Patrologia Latina
UMH	United Methodist Hymnal

각 자료의 고유번호는 【 】안에 표기

목차

예배와 설교의 뿌리를 찾아서   09

제1부 기독교 문헌에서 발견되는 예배와 설교의 기원   13

제1장 초기 기독교 신조와 문헌 속에 체화(體化)된 예배의 의미   15
     1. 주일의 제정   15
     2. 세례 시기의 결정   23

제2장 초기 기독교 신조와 문헌 속에 체화(體化)된 설교의 뿌리   27
     1. 성경에 기록된 설교의 발자취 - 사도들의 설교   28
     2. 설교의 규범을 제공한 신조   29
     3. 맥을 함께한 진리에 대한 갈구와 설교의 부흥   31
     4. 초기 교회의 설교자들   34

제2부 회복해야 할 예배와 설교의 정신   37

제1장 우리가 회복해야 할 예배 정신의 맹아   41
     1. 철저히 준비된 이에게 베풀어진 세례   41
     2. 의미 있게 지켜야 할 오순절 전체 기간   43
     3. 의미가 확증된 교회력에 따른 절기들   45
     4. 예전색을 구별한 흔적   48
     5. 규칙적이고 집중된 기도의 전통   52
     6. 문헌에서 발견된 예배와 관련한 종교개혁의 정신   57

7. 한국 교회의 성찬성례전 약화에 대한 정확한 진단   60
  8. 예배를 통해 적극적으로 우리를 부르신 하나님   61

제2장 설교 정신의 근원과 흐름   65
  1. 중세시대 설교의 위치   66
  2. 중세시대의 설교자들   77
  3. 종교개혁 시대에 높아진 설교에 대한 관심   79
  4. 종교개혁기 이후 설교자들   102
  5. 현대 신조에 나타난 설교신학   104
  6. 현대 예배 중 그리스도 선포의 당위성   108

제3부 문헌에 나타난 예배와 설교의 흐름   113

제1장 시간과 예배 (예전)   115
  1. 시간의 하나님과 교회의 시간   116
  2. 기독교인의 하루   117
  3. 기독교인의 일주일   118
  4. 교회의 일년 (교회력)   123
  5. 종교개혁기 교회력의 간소화   139
  6. 일반 달력에 따른 교회력의 주기   147

제2장 매일 공중 기도   149
  1. 개인 기도   149
  2. 일반 성무   157
  3. 수도원 성무   167
  4. 종교개혁 이후   173

제3장 말씀의 예전   185
    1. 초기의 기록   186
    2. 종교 개혁기의 변화들   190
    3. 현대의 변화들   204

제4장 성례전   210
    1. 성례전 일반   211
    2. 종교개혁자들의 견해   226

제5장 기독교 입문에 관한 예식   232
    1. 4세기 동안의 기독교 입문 방식   232
    2. 중세의 유산   260
    3. 기독교 입문에 관한 종교개혁적 관점   262

제6장 성찬성례전   280
    1. 초기 성찬성례전   280
    2. 중세의 정의   300
    3. 종교개혁 시대의 논쟁들   306
    4. 현대적 해석   329

제7장 비정례적 예전   332
    1. 참회: 고해성사 (고백성사)   332
    2. 병자의 치유   344
    3. 그리스도인의 결혼   350
    4. 서품 (성직 수임)   357
    5. 그리스도인의 장례   364

에필로그 예배와 설교의 원시림 속에서   368

예배와 설교의
뿌리를 찾아서

기독교는 오랜 역사를 배경으로 하고 있다. 그리고 그 역사만큼이나 다양한 문화에 근거하고 있다. 이런 다양함과 긴 세월의 흔적들은 여러 가지 문헌으로 남아있다. 그 풍부한 기독교 신앙의 정수들이 그대로 후대에 이어질 수 있다면 우리의 예배와 신앙이 더욱 풍요로워질 것이 분명하다. 그러나 아쉽게도 많은 기독교의 사료들은 지금 우리의 손에 들려있지 않다. 그 이유로 여러 가지를 들 수 있겠지만 다양한 신앙의 표현들에 대한 탐구와 계승을 게을리 한 우리들의 나태함에도 큰 원인이 있다고 봐도 무리가 아니다.

이 분야에 깊은 관심을 가지고 연구를 거듭해 오면서 예배와 설교의 다양한 전통들과 그로부터 파생된 문헌을 접할 때마다 학문적인 뿌리를 붙잡고 감격할 때가 한두 번이 아니었다. 눈을 위로 향하여 감사하면서 어느 때인가 이 소중한 문헌들을 세상에 섬세하게 정리하여 한국 교회 앞에 내 놓아야한다는 사명감을 갖게 되었다. 그러나 학자의 생활을 잠시 멈추고 총장이라는 행정을 맡은 삶은 이 사명감을 실현하는 데에 멈춤의 아픔을 갖게 하였다. 그러다가 마침내 나의 연구조교 출신으로 유학을 떠나 오랜 시간의 연구를 끝내고 학위를 받아 이 분야의 교수로 최영현 교수가 부임하자 더 많은 문헌을 탐색하고 보충하여 이 책의 마무리를 짓도록 함으로 드디어 나의 오랜 사명이 이룩되었다.

오래전부터 기독교의 풍부한 전통들이 생생하게 간직되어 온 설교와 예배의 문헌들이 이 한 권의 책에 엮여짐을 통해 햇빛을 보게 되었다. 이제부터는 예배와 설교를 위해 사는 사람들이 그 뿌리를 만져 볼 수 있고 자신의 위치가 어디에 있는지를 알게 되었다. 환언하면 줄기를 잇게 되는 정체성을 밝히 알게 해주는 등불을 이 한 권의 책이 켜 주게 될 것임에 틀림이 없다.

본서는 크게 세 부분으로 나뉘어 있는데 제1부에서는 기독교 문헌에서 발견되는 예배와 설교의 근원을 찾아 그 의미를 추출하게 되고, 제2부에서는 오늘 우리가 잃어버리기도 하고 퇴색되기도 한 예배와 설교의 정신을 되짚어 보게 되며, 제3부에서는 다양한 교회의 문헌들을 교단별로 정리해서 원문을 따라 읽으며 그 흐름을 살펴볼 수 있도록 구성되어 있다. 각종 예식문을 비롯해서 남아있는 기록들을 희소성과 그 가치를 중심으로 판별해 신앙과 신학에 도움이 될만한 자료들을 수록했다. 옛 문헌들의 가치를 판별하고 발굴하는 작업들은 다수의 현대 설교학자와 예배학자에 의해 시도되었는데 본서의 경우 특별히 설교에 있어서는 윌리엄 윌리몬과 리차드 리셔, 예배의 경우 제임스 화이트의 정리에 많은 도움을 받았다.

이 책이 세상에 빛을 보기까지 힘을 모아준 예배와 설교 아카데미의 김현애 박사에게 고마운 마음 그지없다. 애쓰신 많은 분들의 노고가 있었다. 아울러 이 책은 한일장신대학교의 2012년 저술지원사업의 결과물이기도 함을 밝히면서 이 자리를 빌어 감사를 드린다. 끝으로 스승과 제자가 함께 열정을 다하여 이 귀한 책을 만들 수 있었다는 것은 참으로 소중한 기록이며 행복한 사건으로 자랑하고 싶다.

이 한 권의 책을 통하여 목회자와 신학도들이 설교의 다양한 세계와 예배의 깊은 우물에서 은혜의 보화를 건져 올리게 되기를 바란다. 그리고 자신들의 사역에 있어서 중심을 이루는 예배와 설교의 뿌리를 터득하고 그 소중함을 간직하기를 바란다. 그럴 때 하나님께는 영광이요 그 현장에 있는 하나님의 백성들에게는 깊은 감동이 차고 넘치게 되리라 확신한다.

주후 2013년 사순절에
정장복

제1부

기독교 문헌에서 발견되는 예배와 설교의 기원

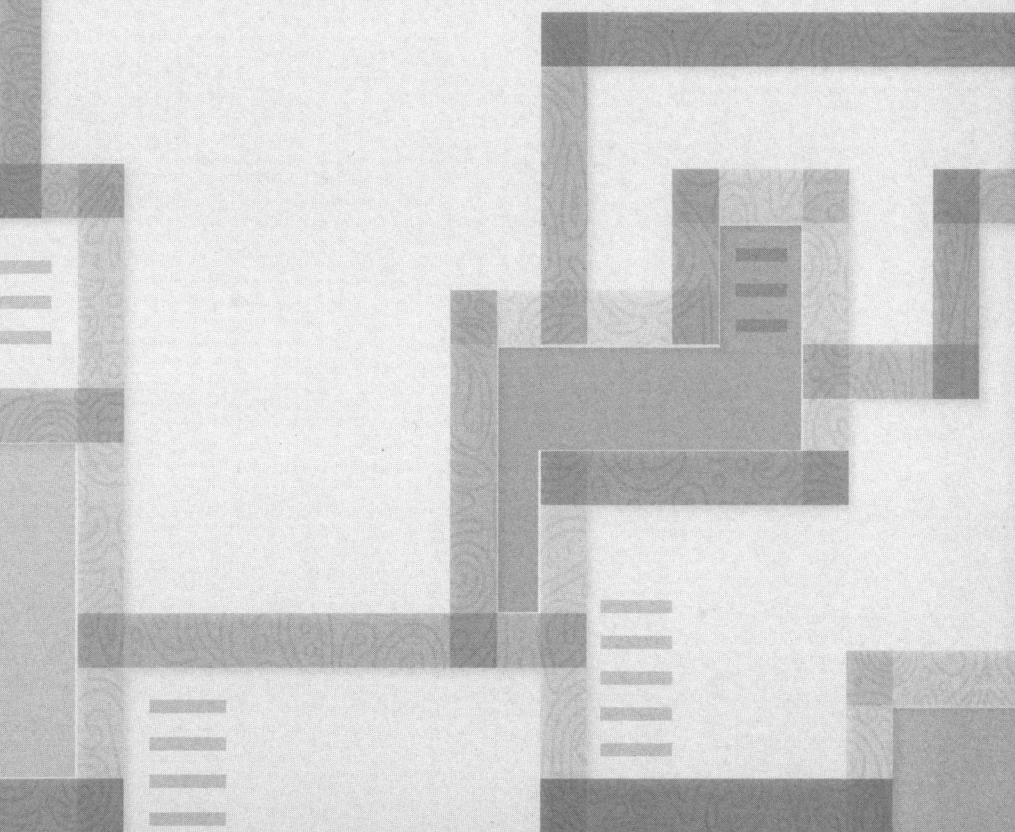

제1장
초기 기독교 신조와 문헌 속에 체화(體化)된 예배의 의미

1. 주일의 제정

교회의 신앙은 신자들의 성경과 성령님의 조명하심에 따라 형성된 각자의 마음에 근거하고 있지만 그것이 표현되지 아니하면 흔적을 찾을 수 없게 된다. 그렇기 때문에 교회는 전통적으로 모두의 공통된 신앙을 하나님의 인도하심을 따라 신조의 형태로 고백을 해왔다. 따라서 신조는 교회의 믿음의 규범으로 신앙의 공동체가 따르고 고백하는 전통의 울타리라 할 수 있다. 아울러 신조가 형성되기까지 교회 안에서 교육하고 양육하며 신학을 정립한 각종 문헌들도 우리의 전통을 새롭게 하기 위해서 우리가 소홀히 여겨서는 안된다. 각종 박해와 이단 그리고 정치적인 책략 사이에서 생존한 신조와 각종 문헌들은 시대와 신앙의 일치된 견해를 반영한다. 아울러 이 기록들은 교회의 핵심이 되는 믿음과 가치를 담고 있기에 당연히 그 안에 예배와 설교에 관한 입장이 표현되어 있다.

기독교 공동체는 예배로 세워진다. 그리고 그 예배 안에서는 하나님이 원하시는 말씀이 올바로 전달되어야 한다. 그 예배의 공동체를 세우기 위해서, 또 하나님이 선포하시는 설교를 온전히 전달(聖言運搬)하기 위해서 무엇이 교회의 예배이고 그 안에서 어떠한 설교를 전달했는가를 바로 아는 것이 필수적이라 하겠다. 이 질문에 대한 대답은 다음의 문헌에서 찾아볼 수 있다.

먼저 초기 교회의 신조와 더불어 교회의 전통을 형성했던 이른 시기의 문헌들 속에 드러난 예배에 관한 글은 하나님께 바른 예배를 드리는 이들의 자세와 길을 다음과 같이 정의하고 있다.

1) 요일의 지정과 그 준수

초기 기독교의 정황은 신약 성경에 그 흔적이 드러나 있다. 성경은 기독교가 배태된 배경이 되는 시기에 여러 종파들이 혼재해 있었음을 증언한다. 그들은 비록 그 방향의 순수성이 변질되고 자신의 의를 드러내기 위한 것인 경우가 많았음에도 불구하고 그 행위의 실천이라는 측면에서 볼 때 각자 나름대로 종교적 규율의 준수에 노력을 기울였다. 이러한 종교적인 열성은 하나의 믿음의 체계가 특정 문화권에 세워지고 지속되는 데에 필수적인 요소인데 초기 교회 이후 선교의 정황을 이해할 때 종교적인 실천의 측면에서 분석하는 것이 효과적일 때가 있다. 기독교의 경우 한국 문화권에 성공적으로 정착되었고 그 과정에서 어떤 일에 열과 성을 다하는 한국인의 심성이 특별한 기여를 했다. 한국 교회는 모이기에 힘쓰는 교회로 세계 교회에 이름을 남기고 있다. 이런 우리의 열심은 초기 교회 믿음의 선조들에게서도 발견되는 현상임을 교회의 초기 문서들이 증언하고 있다.

아울러 초기 교회들은 금식의 전통을 강하게 지키고 있었다. 먼저 성경의 기록에서 금식의 흔적이 보인다.

> 바리새인은 서서 따로 기도하여 이르되 하나님이여 나는 다른 사람들 곧 토색, 불의, 간음을 하는 자들과 같지 아니하고 이 세리와도 같지 아니함을 감사하나이다. 나는 이레에 두 번씩 금식하고 또 소득의 십일조를 드리나이다 하고(누가복음 18:11-12, 개역개정)

이 성경의 말씀과 맥을 같이하여 위선적인 금식을 경고하는 초기 교회의 문헌이 있다. 디다케(Didache)가 그것인데, 디다케는 초기 교회 목회 지침서로 "열두 사도들의 가르침"으로 번역되며, 주후 1세기와 2세기 초기에 기록된 것으로 알려진 성경 이외의 기독교 역사에서 매우 앞선 시기의 기록이다. 디다케는 잘못된 금식을 금하는 동시에 믿지 않는 자들과 구별되는 수요일과 금요일의 금식을 명한다.

> 여러분들의 금식은 위선자들처럼 금식하지 마십시오. 그들은 월요일과 목요일마다 금식하지만 여러분들은 한 주의 수요일과 금요일마다 금식하십시오.[1]

사도헌장(Apostolic Constitutions) 역시 초기(주후 375년경)의 기록

---

[1] 1세기 후나 2세기 초 저작. 『열두 사도들의 가르침(The Didache)』 8장, Cyril C. Richardson 역, LCC, I, 174.

으로 이때에 수요일과 금요일에 금식할 것을 명하는데 이는 주님이 이 땅에서 행하신 일과 밀접하게 관련이 있다.

여러분들은 그 주의 네 번째 날(수요일)과 예비일(금요일)에 금식하십시오. 왜냐하면 주님을 거역하여 가룟 유다가 돈으로 주님을 팔기로 약속한 주님에 대한 판결이 바로 그 네 번째 날에 이루어졌기 때문입니다. 또한 여러분들은 예비일(금요일)에 금식하십시오. 왜냐하면 그날에 주님께서 본디오 빌라도 손에 의해 십자가의 죽음을 당하셨기 때문입니다.[2]

초기 교회는 금식의 준수와 더불어 모임에서 해야 할 일들을 구체적으로 명하는데 오늘날 열심히 모이는 한국의 그리스도인들도 이를 통해 본받을 점이 뚜렷하다. 주후 3세기의 사도들의 가르침(Didascalia Apostolorum)이 이러한 실천을 명하고 있다.

그러므로 여러분은 특별히 금요일과 안식일에는 의무적으로 금식하십시오. 마찬가지로 안식일의 철야도 의무적으로 지키십시오. 그리고 안식 후 저녁 3시까지 우리 주 예수님의 부활에 대한 기대와 소망을 가지고 성경을 봉독하고 시편을 읽으며 죄를 범한 사람들을 비롯하여 이웃을 위한 기도를 하십시오. 그 다음에 여러분은 여러분의 예물을 드리십시오.. 그 후에 음식을 나누고 함께 기뻐하십시오. 이렇게 할 수 있는 것은

---

2   『사도헌장(Apostolic Constitutions)』, VII, 23(c. 375). James Donaldson 역, ANF, VII, 469.

우리들의 부활의 보증이 되시는 그리스도께서 부활하셨기 때문입니다.[3]

이 기록에서 볼 수 있듯이 주님 오시기 이전인 구약의 전통이 기독교의 빛 안에서 새롭게 해석되고 철저하게 준수할 것이 명령되었다. 한국 교회는 이러한 전통의 맥락 위에 뚜렷하게 서 있는 교회이다. 전 세계에 드물게 수요일과 금요일 저녁에 모여 밤을 지새우며 기도하고 찬양하는 초기 교회의 전통을 아직도 계승하고 있기 때문이다. 아울러 금식을 통해 자신을 절제하고 식량을 아껴 성미로 봉헌하는 우리의 심성은 초기 교회의 귀중한 전통을 이 어지러운 세상 가운데 이어가는 마음이기에 참으로 세계 교회에 자랑할 만한 일이라 하겠다.

2) 초기에 확립된 주일의 철저한 준수

안식일이 아닌 주님의 날을 지키는 전통은 교회 역사에서 초기부터 정착되었다. 이 전통은 마태복음에 "두세 사람이 내 이름으로 모인 곳에는 나도 그들 중에 있느니라."(마태복음 18:20)는 말씀에 의지해서 모인 사람들이 부활하신 주님께서 제자들 앞에 나타나셔서 식사를 나누신 것을 기억하며 예배한 것에 일차적으로 기원을 둔다.

역사적으로는 로마 황제에 의해 비두니아 총독으로 임명되었던 플리니우스 2세가 초기의 기독교인들에 대해 언급한 "플리니우스의 편지"에서 주님의 날을 지켰음을 볼 수 있다. 이 편지는 2세기(주후 112년경)의 기록인데 이 서신과 더불어 순교자 유스티누스(Justin) 역시 그 날

---

[3] 『사도들의 가르침(Didascalia Apostolorum)』 XXI (3c 중반). R. Hugh Connolly 역, *Didascalia Apostolorum* (Oxford: Calarendon Press, 1969), 190.

이 바로 로마력의 일요일(the Day of the Sun)이었음을 확증하고 있다.

약속된 날에 그들(그리스도인들)은 습관적으로 동이 트기 전에 만나서 하나님께 하듯이 그리스도께 응답의 찬송을 드렸다.[4]

일요일(태양의 날)에 여러 도시와 지방에 사는 사람들이 한 곳에 모인다. 이때에 사도들의 서신이나 선지자들의 말씀을 시간이 되는대로 읽는다. 봉독하는 이가 읽기를 마치면 집회의 인도자가 말씀을 강론하고 말씀을 실천할 것을 권면한다. 그 후 모두 일어서서 함께 기도를 드리고, 기도가 끝난 후에 떡과 포도주와 물을 가져온다.[5]

주일이 정착되는 과정에서 혼선을 빚었다면 그것은 유대교의 영향력 때문이다. 당시 많은 수의 유대인 출신 그리스도인들이 여전히 안식일을 지켰던 데에서 주일과 안식일간의 문제가 발생한다. 사도헌장에서 그 흔적을 찾아볼 수 있다.

그러나 여러분들은 안식일과 주일을 지켜야한다. 왜냐하면 안식일은 창조를 기념하기 때문이고, 주일은 부활을 기념하기 때문이다. 그러나 일 년

---

[4] 플리니우스(Pliny the Younger), "편지" 10(c. 112). *Documents of the Christian Church*, Henry Bettenson 역, (New York, NY: Oxford University Press, 1947), 6.

[5] 순교자 유스티누스(Justin Martyr), "제1 변증서(First Apology)," LXVII (c. 155). Edward Rochie Hardy 역, LCC, I, 285-87. '저스틴 마터'라고도 불리는 유스티누스는 초기 교회의 변증가이다. 주후 100년 경 플라비아 네아폴리스에서 태어나 30세 즈음에 기독교로 개종했다. 『유대인 트리포와의 대화』를 비롯해서 두 번에 걸쳐 변증서를 썼고 이로 인해서 로마의 장관 루스티쿠스(Rusticus)에게 구속되어 순교를 당했다.

중 여러분이 지켜야 할 유일한 하나의 안식일이 있는데, 그것은 바로 우리 주님을 장사지낸 날이다. 그 날은 사람들이 즐거워하는 날이 아니라 금식해야 하는 날이다. 그 이유는 창조주께서 땅 아래 계셨기 때문으로, 그분을 위한 탄식은 창조의 즐거움보다 더 강하기 때문이고, 창조주께서 그 본성과 위엄에 있어서 그분 자신의 피조물보다 더욱 영화롭기 때문이다.[6]

여기서 볼 수 있듯이 역사적으로 우리 주님의 부활이 큰 사건으로 받아들여졌고, 부활을 기점으로 새로운 생명을 얻은 이들이 한 주를 부활과 함께 시작하기로 다짐했다. 사도행전 20장 7절에 기록된 안식 후 첫날에 우리가 떡을 떼려고 모였다는 말씀도 이를 증거한다. 주후 1세기 후반 혹은 2세기 초에 저술된 바나바의 서신도 이 새로운 날에 강조점을 두고 있다.

현재의 안식일(구약의 안식일)들은 내가 받아들이지 않습니다. 내가 지켜온 그 날을 받아들이는데 그 날 나는 모든 일을 멈추어 쉬고 제8일을 시작합니다. 이것은 또 다른 세상의 시작입니다. 그러므로 우리는 예수님께서 죽은 자들로부터 부활하시고 나타나셔서 하늘로 승천하셨던 제8일을 기쁨으로 기념합니다.[7]

위에서 보듯이 여전히 안식일을 지키는 이들도 있었지만 주님의

---

6 『사도헌장(Apostolic Constitutions)』, 위의 책.

7 "바나바의 서신(The Epistle of Barnabas)" XV, 8-9 (1세기 후반 또는 2세기 초반), Kirsopp Lake 역, 『사도적 교부들(Apostolic Fathers)』 (Cambridge MA: Harvard University Press, 1965), 1, 395-96.

날을 구별해서 지키기로 했던 이들은 마음에 결단이 있어야했고 이를 생명의 빛을 따르는 일로 여기며 최선을 다했다. 안디옥 감독 이그나티우스의 서신(마그네시아 서신, 115년경)을 통해 이런 마음을 읽게 된다.

> 고대의 관습을 따라서 살던 사람들이 새로운 소망을 얻었습니다. 그들은 안식일 지키기를 멈추고 주님의 날(the *Lord's* Day, kyriaken)을 따라 살았습니다. 그 날은 비록 어떤 이들은 부정한다고 할지라도 그 분과 그 분의 죽음에 힘입어 우리뿐만 아니라 그들의 생명까지도 빛나게 한 날입니다.[8]

이런 노력들이 결실을 맺어 이제까지 휴일이 아니었던 주일이 마침내 로마 황제에 의해 주후 321년 휴일로 선포되었다. 이에 더욱 많은 이들이 주님께 예배하는 일에 전념하면서 창조와 부활을 동시에 감사하며 찬양할 수 있게 되었다. 그러나 농번기에는 농부들에 한하여 주일 성수에 예외적인 언급이 있음은 매우 흥미로운 일이다.

> **콘스탄티누스 황제가 엘피디우스에게**
> 모든 재판관들, 시민들, 그리고 장인들(craftsmen)은 태양의 신성한 날(주일)에 쉴 것이다. 그러나 그 날이 종종 씨앗을 파종하거나 포도나무를 옮겨심기에 가장 적합한 날이기 때문에 시골사람들(countrymen)은 방해받지 않고 농업에 종사해도 좋다. 농업에 적

---

8   이그나티우스(Ignatius), 『마그네시아 교회에게 보내는 서신(To the Magnesians)』, IX (c. 115). Cyril C. Richardson 역, LCC, I, 96.

합한 시기가 매우 짧으므로 그렇게 함으로써 하나님의 섭리에 의해서 제공되는 바로 그 기회를 놓치지 않게 하라.[9]

2. 세례 시기의 결정

1) 신중하게 결정된 세례

세례는 단순히 교인이 되는 표지가 아니었다. 한평생 주님께 드려짐을 의미하는 것으로 세례받는 때를 신중하게 고려했던 것이 오랜 전통이었다. 초기 교회의 교부 테르툴리아누스는 205년경 유월절에 세례 받는 의미에 대해 다음과 같이 지적한다.[10]

유월절(The Passover, Pascha)은 다른 절기보다 더욱 세례를 받기에 적합하다. 게다가 우리가 그날에 세례를 받음으로 주님의 수난(the Lord's Passion)이 완성된다. 주께서 마지막 유월절을 지키시려고 제자들에게 준비하라고 하실 때에 보내신 제자들에게 "너는 물을 가지고 가는 사람을 만나게 될 것이다."라고 말씀하셨다는 사실을 상징적으로 해석하는 것이 허용될 수 있다. 주님께서는 물이라는 상징을 통해 유월절을 기념하는 자리를 지목하셨다.[11]

---

9 『Codex Justinianus』, III, xii, 3(321). Henry Bettenson 역, *Documents of the Christian Church* (New York, NY: Oxford University Press, 1947), 27.

10 테르툴리아누스(터툴리안, Tertullian, 주후 약 160~220)는 초기 교회의 교부로 북아프리카 카르타고의 이교도 집안에서 태어나 192년 경 개종한 신학자이며 변증가이다. 방대한 저술로 라틴 신학의 아버지로 불리기도 한다.

11 테르툴리아누스(Tertullian), 『세례론(On Baptism)』, XIX(c. 205). S. Thelwall 역, ANF, III, 678. 인용 문구는 누가복음 22:10.

아울러 오순절에도 세례는 베풀어졌다. 테르툴리아누스는 세례에 관해 계속해서 설명한다.

유월절 이후에 찾아오는 오순절(Pentecost)은 세례를 베풀기에 가장 즐거운 기간인데, 이 시기는 주님의 부활이 제자들 중에서 반복해서 증언된 때이기도 하다. 그리고 주님께서 하늘로 되돌아가셨을 때 천사들이 사도들에게 "그분이 하늘로 올라가신 것과 마찬가지로 그렇게 오실 것입니다."라고 말할 때에 주님의 재림(advent)에 대한 소망이 간접적으로 제시되었다. 물론 오순절에도 그렇다. 게다가 예레미야가 "내가 잔치가 벌어지는 날에(in the feast-day) 그 땅의 끝으로부터 그들을 함께 모을 것이다."라고 말했을 때 그는 유월절과 오순절이 '잔치일(feast-day)'이 된다는 것을 알려준다.[12]

2) 세례가 단순한 형식적인 행위가 아닌 신앙의 결과였다

성경을 통해서 우리는 세례성례전의 형식이 이미 복음이 전파되는 과정에서 형성되었음을 알게 된다. 사도행전 8장과 10장에서 동일하게 세례를 금한다(혹은 방해한다)는 의미를 가진 단어 '콜뤼오(κωλύω)'를 어근으로 삼는 단어가 등장하는데 이는 초기부터 세례를 무조건 베푼 것이 아니라 사전에 세례를 받지 못할 정황이 포착되었거나 그러한 상황에 있는 것을 확인하였음을 뜻한다.

---

12   위의 책.

길 가다가 물 있는 곳에 이르러 그 내시가 말하되 보라 물이 있으니 내가 세례를 받음에 무슨 거리낌이 있느냐 (사도행전 8:36)

이에 베드로가 이르되 이 사람들이 우리와 같이 성령을 받았으니 누가 능히 물로 세례 베풂을 금하리요 하고 (사도행전 10:47)

이런 세례의 절차는 후대에 세례자가 수세자에게 세례를 받지 못하도록 방해하는 것이 있는가의 여부를 묻는 전통의 기원을 보여준다. 아울러 우리 성경에는 기록되어 있지 않지만(난외) 많은 다른 성경과 사본에서 찾아볼 수 있는 사도행전 8장 37절의 말씀은 세례가 신앙고백에 철저하게 기원하고 있음을 증언한다.

빌립이 묻기를 "만약 당신이 마음을 다하여 믿는다면 세례를 받을 수 있습니다."하였다. 그가 대답하되, "예수 그리스도께서 하나님의 아들이심을 믿습니다." (사도행전 8:37)

이러한 세례는 디다케에 의하면 흐르는 물에서 베풀도록 되어 있으나 불가피할 경우 머리에 물을 뿌리는 것(산수례)으로도 가능하도록 규정되었다.

초기 교회의 예배는 유대교의 영향을 벗어나 우리 주님이 새롭게 제정하신 방법과 뜻을 이 땅에 자리잡게 하는 것에 집중이 되어 있었다. 특별히 주님과 관련하여 사순절에 주일에는 금식을 하지 않는다든지, 유대인과 같은 방법으로 안식일을 지킬 것이 아니라 말씀을 공부하는 날로 지켜서 주님이 가신 길을 더욱 잘 알도록 권면을 했다. 이런 점들이 기독교의 독특한 정체성을 형성했다. 아울러 주일을 여덟 번째 날로 부르는 전통 등을 통해 종말의 때를 예비하며 하나님의 창조가 완성되고 약속이 실현되는 것을 기대하기도 했음을 보게 된다. 초기 교회의 전통을 살펴볼 때 그 당시의 어려운 여건 가운데서도 세상에서 최선을 다해 말씀을 지키며 살았지만 세상에 완전히 속해서 살지는 아니한 신앙의 선조들의 삶의 자세를 배우게 된다. 이러한 신앙과 삶의 조화를 매일의 삶 속에서 이어가는 지혜가 오늘을 사는 우리에게도 필요한 때이다.

제2장

초기 기독교 신조와 문헌 속에 체화(體化)된 설교의 뿌리

기독교의 교리에 대한 관심은 예수님과 제자들 사이에 오고간 대화에서 일찍이 찾아볼 수 있다. 예수님을 그리스도시요 살아계신 하나님의 아들로 고백한 베드로의 신앙고백은 그 자체로 기독교의 핵심을 담고 있었다. 기독교 역사를 살펴볼 때 교회가 초기에 신앙을 정립하고 여러 이단들과의 논쟁에서 교리의 순수성을 지켜야 했기에 설교와 같은 공동체 안의 실천적인 부분에 대한 관심은 그리 높지 않았던 것이 사실이다. 그러나 한 가지 분명한 점은 설교가 활기찼던 때에는 교회도 부흥했고, 설교가 활력을 잃었을 때에는 교회도 암흑기에 들어섰다는 점이다. 교회사가 에드워드 다간이 이를 증언하고 있다. 중세의 암흑기에 서서히 여명이 비춰질 무렵 사람들은 설교에 관심을 갖기 시작했고 살아 있는 말씀을 갈구했다. 그리하여 종교개혁의 기치 아래에서 말씀이 온전히 하나님의 복음을 담는 경지에 이르게 되었다.

종교개혁기에 비로소 설교에 대한 대외적인 표명이 늘었지만 초기 교회에서 이미 설교가 복음 전파와 교회의 확산에 큰 역할을 차지했음이 명백하며 그 근원은 신약성경에서부터 찾을 수 있다.

1. 성경에 기록된 설교의 발자취 - 사도들의 설교

주님의 설교 이외에 사도들도 여러 상황에서 말씀을 전했다. 흔히 기억하는 유명한 구절들 외에 사도들의 말씀의 흔적이 곳곳에서 발견되고 때때로 그들의 설교가 예배와 연결이 되기도 했음에 주목하게 된다.

그들이 사도의 가르침을 받아 서로 교제하고 떡을 떼며 오로지 기도하기를 힘쓰니라(사도행전 2:42)

당시의 설교가 일정하게 정해진 고정된 공간에서 선포 되었다는 구체적인 언급은 없다. 유대교의 회당을 포함한 여러 장소에서 하나님의 말씀이 전파되었다. 단독으로가 아니라 함께 (바나바와 바울이) 안디옥에서 "하나님의 말씀"을 전하기도 했고(사도행전 15:35), 떡을 떼며 긴 설교를 하기도 했다.

바울과 바나바는 안디옥에서 유하며 수다한 다른 사람들과 함께 주의 말씀을 가르치며 전파하니라(사도행전 15:35)

그 주간의 첫날에 우리가 떡을 떼려 하여 모였더니 바울이 이튿날 떠나고자 하여 그들에게 강론할새 말을 밤중까지 계속하매(사도행전 20:7)

이렇게 신약성경 안에서도 설교가 사도들의 활동과 복음 전파에 있어서 매주 중요한 위치를 차지하고 있었으며, 예배도 설교라는 요소가 없이는 이미 그 모습을 갖추기 어려웠음이 분명하게 드러난다.

2. 설교의 규범을 제공한 신조

기독교 신조에 있어서 가장 뿌리가 깊고 멀리 뻗어있는 문헌은 "사도 전승(The Apostolic Tradition of Hippolytus of Rome)"이다. 주후 215년 무렵 로마에서 기록된 이 문헌은 당시에 널리 인정되던 신학적 교리들을 정리하고 전달하려고 의도된 질문들을 중심으로 한 항목들을 포함하고 있다. 세례를 줄 때에 수세자들에게 다음의 질문들을 물었다고 한다.

당신은 모든 것을 주관하시는 하나님 아버지를 믿습니까?
당신은 하나님의 아들이시고, 성령에 의해 동정녀 마리아에게 나셨으며, 본디오 빌라도에 의해 십자가에 달려 죽으시고 사흘 만에 죽은 자 가운데서 다시 살아나셔서 하늘에 오르시어 아버지 우편에 앉아 계시다가 산 자와 죽은 자를 심판 하러 오실 예수그리스도를 믿습니까?
당신은 성령과 거룩한 공교회와 몸의 부활을 믿습니까?[1]

---

1 히폴리투스(Hippolytus), 『사도 전승(Apostolic Tradition)』, in Gregory Dix, *The Treatise on the Apostolic Tradition of St. Hippolytus of Rome, Bishop and Martyr* (London: Alban Press, 1992)

한 눈에 볼 수 있듯이 질문의 형태로 되어 있는 이 초기 형태의 문답은 대답하는 이에게 신앙의 결단과 확신을 요구하며 대답을 통해서 상대방의 신앙이 속임수이거나 잘못된 것이 아닌지 확인하게 된다. 문답의 정황이 예배 예전과 밀접한 관련이 있기는 하나 기본적으로 설교가 갖는 복음의 확인과 결단이라는 측면과 분리해서 생각할 수 없다. 이 문답의 형태를 설교의 일부분으로 수용할 때 일방적으로 송신자(설교자)가 수신자(회중)에게 전달하는 형태가 아니라 상대방의 반응에 따라 공감대를 형성하며 유기적인 관계를 맺을 수도 있게 된다. 이런 양방향적인 커뮤니케이션은 설교의 방법론적인 측면에서 현대교회가 가지고 있는 단방향적인 커뮤니케이션의 문제를 극복할 수 있는 단초를 제공한다고 하겠다.

이와 더불어 신조는 설교의 내용을 확정하는 기능을 갖기도 했다. 대표적인 초기 교회의 신조인 니케아 신조(The Nicene Creed)는 기독론을 확정하여 바른 신앙 고백의 기틀을 다졌고 세상에 흩어진 많은 교회가 한마음으로 주님을 믿는 단초를 제공했다.

우리는 한 분 하나님, 아버지, 전능하신 이, 보이는 것과 보이지 않는 모든 것을 만드신 분을 믿습니다. 또한 한 분 주 예수 그리스도를 믿습니다.[2]

신앙과 관련해서 지금의 눈으로 보면 당연시되는 사실들도 당시의 각종 이단사설들과 대립되는 논쟁을 거쳐 하나의 신조로 도출해 낸

---

2   니케아 신조(The Nicene Creed, 주후 325년)

결과이며 당시부터 설교의 소재로 사용되었던 동시에 설교의 지향점이기도 했다. 물론 초기의 신조들 가운데 설교에 대한 직접적인 언급은 없다. 그러나 성령님께서 설교의 사역과 결부되어 있음을 암시하는 부분에 주목해야 한다.

> 또한 성령을 믿으니, 이는 주이시며, 생명을 주시는 분이시고, 성부에게서 나오신 자로 성부와 성자와 더불어 경배와 영광을 받으실 분이며 이미 예언자들을 통해 말씀하신 분이시라.[3]

이 신조를 통해 성령께서 일찍이 예언자들의 입을 통해 사람들에게 선포되고 알려졌음을 확인할 수 있다. 이렇게 삼위일체 되신 하나님께서 인간의 입을 통해 세상에 전달이 되었음이 교회의 시작부터 명확히 구분되었고 설교가 어떤 방향으로 전달되어야 하며 무엇을 전해야 할지의 문제 역시 명백히 제시되고 있다.

3. 맥을 함께한 진리에 대한 갈구와 설교의 부흥

칼케돈 신조가 정해진 것은 주후 451년이다. 그리고 그때는 교회의 초기 역사에서 설교의 황금기라고 일컬어지는 시기이다. 중요한 신조의 형성과 설교의 황금기라는 두 가지 교회사의 사건이 동시에 일어난 것이 우연의 산물이 아님을 알아야 한다. 칼케돈 신조는 그리스도

---

[3] 니케아-콘스탄티노폴 신조(The Nicene - Constantinopolitan Creed, 주후 381년)

이신 예수님이 신인 동시에 인간인 양성을 함께 가지고 계심을 강조한 신조이다. 다시 말해 예수님은 완전한 하나님이신 동시에 완전한 인간이라는 교리를 담고 있다. 이런 신조는 그때까지의 다양한 신학적 논쟁의 결과인데 당시에 각종 입장을 가진 사람들이 451년 칼케돈에서 제4차 세계 교회의 에큐메니칼 회의로 모여 결론을 도출하기에 이르렀다.

그러므로 교부들을 따라서 우리는 다음과 같이 가르치는 것을 만장일치로 결정하였다. 우리 주 예수 그리스도는 한 분 동일하신 하나님이시며, 또한 사람으로서 완전하시며, 그는 참 하나님이시며, 또 참 사람이시며, 이성적인 영과 몸을 동일하게 가지신다. … 두 본성은 혼돈이 없고, 변화도 없고, 분리도 없으며 별거도 없는 연합체로 알려졌으나 두 본성의 차이가 연합으로 인해 결코 소멸되지 않았으며 각 본성의 속성은 한 위격과 한 본체 안에 다같이 보전되고 함께 역사한다. … 옛 예언자들도 이렇게 증거하였고 또 주 예수 그리스도도 우리에게 이렇게 가르치셨으며, 우리에게 전달된 교부들의 신조가 그렇게 가르친다.[4]

이 신조를 차분히 살펴보면 진리를 수호하기 위해 초기의 기독교인들이 얼마나 열정과 수고를 담아 진리를 도출했는지의 과정이 선연하게 보인다. 그리고 이런 열정은 바로 설교에도 드러났다. 이 시대가 바로 황금의 입이라 불리던 요안네스 크리소스토모스, 암브로시우스, 아우구스티누스와 같은 위대한 설교자들이 나타난 시기이다. 그들의 입을

4　칼케돈 신조(The Chalcedonian Creed, 주후 451년)

통해 하나님은 교회를 세우셨으며, 박해와 고난을 이겨내고 이 땅에 우뚝 선 교회에 활발한 설교를 통해 끊임없는 영적인 생명을 공급하셨다.

정부의 지원과 승인, 사회적인 명성, 기도원과 교육에 대한 대중의 애착, 훌륭한 학교 등이 설교를 새로운 차원으로 발전시키는 데 크게 공헌했다. 기독교 안에서는 보다 많은 설교 형식, 정립된 교회 법규, 보다 성서적인 설교, 보다 규칙적인 예배의식, 확고한 교리, 설교자의 교양과 훈련 등이 성직자에게 영광을 더해 주었다.[5]

교회를 흔들던 세력들은 강력하게 확립된 교회의 권위로 말미암아 설 자리를 잃었고 그 확고한 터전 위에 설교가 꽃을 피웠다. 후대인 중세 시대에 전파되던 스콜라 신학의 영향을 받은 단조롭고 지루하며 세분화된 분석과 논증 위주의 설교와는 달리 이 때의 설교는 활력이 있었으며 동시에 설교의 체계를 갖추었던 시기였다.

설교는 교회와 분리되지 않는다. 교회의 권위가 확립될 때에 설교가 그 자리를 얻고, 동시에 설교가 살아날 때에 믿음의 사람들이 진리를 향한 횃불을 더욱 높이 들어 하나님의 참된 뜻을 추구하게 된다. 설교의 뿌리를 성경에서부터 찾는 노력에서 비로소 진정한 말씀의 전달을 향한 구도가 시작됨을 마음에 새기고 교회의 역사 속에 함께 숨쉬는 설교의 체취를 호흡하는 길이 오늘의 혼탁한 강단을 새롭게 하는 시작이 될 것이다.

---

5   Henry C. Brown 외, 『설교의 구성론 (Step to the Sermon)』, 정장복 편역 (서울: 양서각, 1987), 47.

4. 초기 교회의 설교자들

교회 역사의 초창기 설교자로는 로마의 클레멘트(Clement of Rome)를 먼저 손꼽을 수 있다. 그가 쓴 "고린도교회에 보내는 클레멘트 제2서신(The Second Epistle of Clement to the Corinthians)"으로 알려져 있는 글은 이름과 달리 편지가 아닌 설교로 신약 성경을 제외한 가장 오래된 설교문이다. 제1서신과 문체도 확연히 달라 저자가 누구인지 확인되지 않았다. 전문의 길이는 현대의 일반적인 책 분량으로 10페이지에 해당하는데 행위에 대한 강조가 두드러지고 마지막은 영광송으로 끝을 맺는다.[6]

그 이후에 눈에 띄는 설교자로 사르디스의 멜리토(Melito of Sardis)가 있는데 2세기 후반 소아시아 교회의 감독이었던 멜리토는 20여권의 책을 쓴 것으로 알려졌고 동시대 사람들로부터 아시아의 큰 빛들 중 하나로 칭송을 받았다. 그의 "부활절 설교(Homily on the Passover)"는 현존하는 가장 오래된 두 번째 설교로 주후 165년 경 쓰여졌으며 기독교의 교회력과 예전에 대한 초기 교회의 관심을 보여준다.[7]

나지안주스의 그레고리우스(Gregorius of Nazianzus, 329-390)는 콘스탄티노플의 대감독으로 삼위일체를 변호하는 데 앞장섰다. 닛사의 그레고리우스, 가이사랴의 바실레이오스와 함께 3명의 가파도기아인들로 불렸고, 아타나시우스, 가이사랴의 바실레이오스, 크리소스토모

---

6   Michael W. Homes 편역, *The Apostolic Fathers: Greek Texts and English Translations* (Grand Rapids, MI: Baker Academic, 2007), 165.

7   O. C. Edwards Jr., *A History of Preaching*, 2 vols (Nashville, TN: Abingdon Press, 2004), 6.

스와 함께 동방교회 네 학사들 중 한 사람으로 알려졌다. 그는 아리안주의에 대항해 정통 삼위일체 교리를 변호했고 니케아 종교회의에서 신앙이 재확인 되는 과정에 공헌한 바가 컸다.[8]

유명한 요안네스 크리소스토모스(크리소스톰, Johannes Chrisostomos, 347-407)역시 위의 네 학사들 중 한 사람으로 안디옥 교회의 설교자로, 콘스탄티노플의 대주교로 봉사했다. 탁월한 설교로 인해 "황금의 입(크리소스토모스)"이라는 이름이 주어졌고 성경 본문에 대한 강해식 접근과 본문의 묵상을 통한 정통교리의 도출, 그리고 설교의 실천으로 많은 반향을 일으켰다. 그의 설교들은 원고가 준비되지 않은 상태로 전해졌지만 속기사들에 의해 기록이 되어 책으로 출간되었으며 이 책들은 동방교회의 역사상 가장 유명한 주석서로 인정을 받았다.[9]

---

8 위의 책, 52.
9 위의 책, 64-65.

제2부

회복해야 할 예배와 설교의 정신

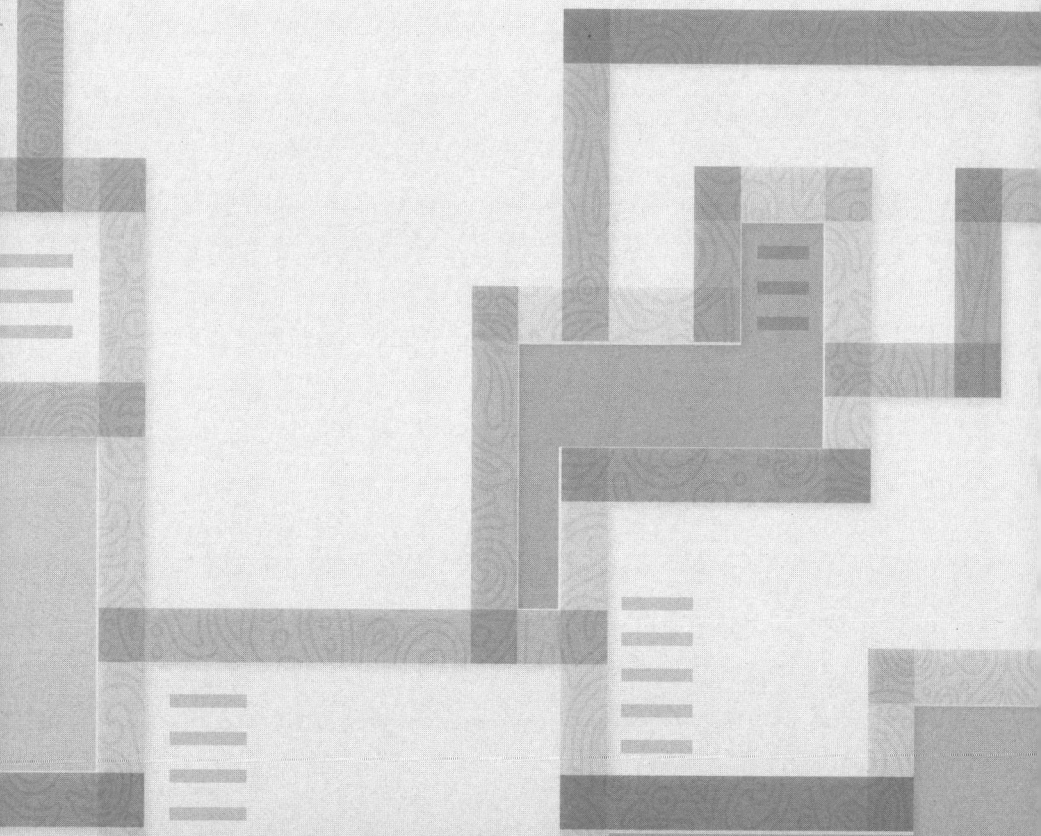

예배는 인간의 기억하는 능력과 연관이 많다. 일 년의 주기를 두고 반복되는 교회력은 하나님께서 아들을 보내시기까지 우리를 사랑하신 그 길고도 감동적인 이야기를 기억하게 한다. 예배는 교회력을 따라 주님의 은혜를 각자의 삶 속에 체화되게 한다. 예수님이 성찬성례전을 제정하실 때에도 "이것을 행하여 나를 기념하라"고 하시며 우리의 기억을 하나님을 경배하는 데에 중요한 요소로 여기셨다. 이때의 기억함은 과거를 단순하게 아련한 추억의 조각으로 만끽하자는 감상주의가 아니다. 예수님의 희생과 삶의 의미를 우리의 생각과 매일의 시간 안에 받아들여 새겨 넣는 기억함이어야 한다. 오늘의 예배 현장에서 회복해야 할 예배와 설교의 정신 역시 삼위이신 하나님의 뜻과 정신을 개인의 삶에 받아들이는 자세를 회복함을 의미한다.

제1장

우리가 회복해야 할 예배 정신의 맹아

예배는 하나님께 나아가는 인간들의 마음의 표현이지만 동시에 하나님께서 예수님을 통해 우리에게 지키라 하신 바가 예식의 형태로 제정된 것임을 유의해야 한다. 이 말은 예배 예식이 인간의 마음대로만 구성될 수는 없음을 의미한다. 구약에 나타난 대로 하나님께 예배드리는 전통을 이어받은 기독교 신앙의 선조들은 초기 교회 이래로 당시의 시대 정황에 따라 변화된 여건을 고려하면서도 예수님께서 제정하신 예전의 뜻과 형식을 지키려는 노력을 이어왔음을 교회의 문헌들은 증언하고 있다. 이 기록을 통해 오늘 우리가 예배드리는 모습을 비춰봐야 하고 흐트러진 정신과 형식을 가다듬을 필요가 있다.

1. 철저히 준비된 이에게 베풀어진 세례

역사에 있어서 단연코 앞서 있는 초기 교회의 문헌인 "사도 전승"은 세례에 대해 자세히 기록하고 있는데 수세자들에게 던지는 질문뿐 아니라 세례의 과정에서 철저한 준비가 필수적임을 명시했다.

세례 받을 사람들이 선발될 때 그들의 생활을 조사하라. 예컨대 그들이 예비자(역자 주: catechumens - 아직 세례를 받지 않은 세례 준비자들) 신분일 때 선한 삶을 살았는가, 과부들을 존중했는가, 병자들을 방문했는가, 그들이 온갖 종류의 선한 일을 했는가 등에 대해 조사해야 한다. 그들을 인도했던 사람들이 그들 각각의 예비자들에 대해 "그렇다"고 증언하면, 그들이 복음을 듣도록 허락하라.

그들이 선별된 다음부터는 매일 그들에게 구마식을 하는 동안 그들 위에 두 손을 얹어 안수하라. 그들의 세례일이 다가오면 감독은 그가 깨끗한 사람인지의 여부를 알아보기 위해서 그들 중에서 한 사람씩에게 구마식을 하도록 하라. 만일 어떤 사람이 착하지 못하거나 깨끗하지 못한 사람이라면 제외시킬 것인데, 그 이유는 그가 믿음으로 말씀을 듣지 않았기 때문이고, 이질적인 것이 자신을 영원히 감추는 것은 불가능하기 때문이다.

세례를 받게 될 사람들에게 목요일에 목욕을 하고 자기 자신을 씻도록 가르치라. 만약 생리 중에 있는 여성이라면 따로 구별하고 다른 날 세례를 받게 하라. 세례를 받게 될 사람들은 금요일에 금식하도록 하라. 세례를 받을 사람들은 감독의 결정에 따라 토요일에 지정된 장소에 모이

도록 하라.[1]

주후 350년 경 예루살렘의 치릴루스(씨릴, Cyril of Jerusalem)는 회개의 기간으로 40일을 지낼 것을 명했다. 이는 회개가 순간적인 감정으로 이루어져서는 안되며 감정의 돌이킴과 더불어 신자의 삶을 살기까지 온 존재가 완전히 새로운 신앙의 길을 걸어야 함을 교회의 시작 때부터 강조했음을 의미한다. 만약 오늘 이 땅의 교회에서 단순한 감정의 돌이킴만으로 회개가 충분하다고 생각한다면 반드시 참고하고 따라야할 귀중한 가르침이다.

여러분은 은총의 긴 기간 즉 회개를 위해서 40일을 갖도록 해야 한다. 여러분의 영혼의 의복을 버리고 철저하게 빨아서 옷을 입고 되돌아 올 충분한 시간을 가져야 한다. … 왜냐하면 비록 물은 여러분을 받아들일지라도, 성령님께서는 여러분을 받아들이시지 않을 것이기 때문이다.[2]

2. 의미 있게 지켜야 할 오순절 전체 기간

부활절 다음에 오는 50일의 기간은 오순절 전통에 뿌리를 두고 있는데 교회는 이 때를 특별히 "기쁨의 50일(The Great Fifty Days)"이라고 부르며 중요한 절기로 여겼다. 다른 어떤 교회의 절기보다 먼저 지

---

1 히폴리투스(Hippolytus), 『사도 전승(Apostolic Tradition)』 XLI(c. 217). Geoffrey J. Cuming 역, *Hippolytus: A Text for students* (Bramcote, Notts: Grove Books, 1976), 20.
2 예루살렘의 치릴루스(Cyril of Jerusalem), *Procatechesis*, IV(c. 350). William Telfer 역, LCC, IV, 68.

켜졌기에 오늘 우리도 중요한 절기로 여겨야 하지만 많은 경우에 부활절 혹은 오순절에 국한된 관심을 보이기 때문에 50일 기간 전체를 통해 부활의 기쁨을 더욱 누리고 부활의 능력 안에 사는 법을 익히는 기회를 놓치는 경우가 많다. 아우구스티누스는 야누아리우스에게 보내는 편지(주후 400년 경)를 통해 이 시기의 중요성을 강조했다.

주님께서 부활하신 이후의 날들은 노동의 기간이 아니라, 평화와 기쁨의 기간이다. 그 이유는 우리가 금식하지 않고 부활의 상징으로 서서 기도하기 때문이다. 이러한 관습은 매 일요일마다 단에서 지켜지며, 우리가 미래에 해야 할 일들이 다른 것이 아니라 하나님을 찬양하는 것이라는 것을 나타내기 위해서 알렐루야(Alleluia)를 부른다.

부활절과 오순절은 가장 강한 성서적 근거를 갖고 있는 절기들(feasts)이다. 부활절 이전에 40일의 관습은 교회의 명령에 기초를 두고 있으며, 똑같은 근거에 의해서 새로 세례 받은 사람들(역자 주: the noephytes - 부활절 이후에 8일의 교육을 받고서 새롭게 세례를 받음)의 8일은 다른 날들과 구별된다. 그 결과 8일이라는 시간은 전자(역자 주: 부활절 전의 40일)와 조화를 이룬다.[3]

이 시기는 기쁨의 절기이기에 금식도, 무릎을 꿇지도 않는다. 만약 오늘 우리의 교회에서 이 시기에 넘치는 기쁨이 아니라 십자가의 고난

---

3   아우구스티누스(Augustine), "편지 55: 야누아리우스에게(to Januarius)" (c. 400). FC, VII, Wilfrid Parsons역, 284-85.

과 고통을 강조한다면 그것은 부활절을 단 하루의 행사로 생각하는 것이고 예수님께서 친히 알려주신 예수님의 혼인잔치를 앞서서 망치는 일을 자행하는 행위라 할 수 있다.

> 오순절에는 그 누구도 금식하거나 무릎을 꿇지 않도록 하시오. 왜냐하면 50일은 휴식과 기쁨의 날들이기 때문에 수고하고 무거운 짐진 자들이 오순절의 날들과 매 일요일마다 조금씩 원기를 회복하도록 하시오.[4]

이 모든 사건들은 가장 중요한 잔치의 때에 일어나는데, 그것은 바로 오순절로 장엄하고 거룩한 오순절의 엄숙함은 7주간의 기간에 의해서 구별되며, 성경이 우리 모두의 구세주가 그날 하늘로 승천하심과 성령님께서 사람들 가운데 내려오심을 확증해 준다는 사실로 확정되는 절기이다.[5]

3. 의미가 확증된 교회력에 따른 절기들

부활절과 기쁨의 50일을 지켜나가다 예수님의 생애와 사역에 관련된 다른 절기들이 자리를 잡게 되었다. 다음의 절기들은 특히 오늘의 한국 교회에서 무관심하게 지나치기 쉬운 절기들인데 주님의 발자취를 어느 하나 소홀히 할 수 없음을 생각하면 그 시작부터 오늘에 이르

---

4   "우리 주님의 언약(Testament of our Lord)," III, 12(4C). Grant Sperry-white 역, I. E. Rahmani, *Testamentum Domini Nostri Jesu Christi* (Mainz, 1899), 134-35.

5   유세비우스(Eusebius), 『콘스탄틴의 생애(Life of Constantine)』 IV, 64(C. 338). E. C. Richardson, NPNF, 2nd series, I, 557.

기까지의 과정을 되짚어서 오늘 우리에게 주시는 의미를 찾아야 한다.

1) 예수님의 승천일이 4세기 후반에 구별되었다

그리고 다시 첫 번째 주일로부터 40일을 계수하라. 즉 주일로부터 그 주의 50일째까지 계수하라. 그리고 주님의 승천의 절기를 기념하라. 주님의 승천의 절기에 그분이 모든 하나님의 섭리와 규약을 완성하셨고, 그분을 보내신 아버지이신 바로 그 하나님께 되돌아가셨으며 권능의 우편에 앉으셨으며, 그분의 원수들이 그분의 두 발아래 있을 때까지 머무르실 것이다. 그분은 또한 산 사람들과 죽은 사람들을 심판하시고, 모든 사람들이 각자가 행한 일에 따라 보상하시기 위해서 세상의 끝날에 권능과 영광 중에 오실 것이다.[6]

2) 예수님의 세례와 표적을 기억나게 하는 주현절(Epiphany)을 지켰다

초기 교회 이래 복잡한 과정을 거쳐 정착된 절기가 주현절이다. 각각의 유래를 따져볼 때 공통되는 점이 있는데 첫 번째는 예수님이 이 세상에 드러나게 나타나시게 됨을 축하하는 절기라는 것이고 또 다른 한 가지는 어둠 속에서 빛이 되신 주님이 우리에게 안정과 희망을 주신다는 점이다. 물질문명 속에서 사는 우리들은 빛의 소중함 마저 잊어버리고 사는데 사회의 어두움은 여전하고 우리의 죄는 깊기만 해서 끝을 모르게 우리를 빠져들게 한다. 주현절은 주님이 우리의 희망이심을 강조할 수 있는 절기인 동시에 믿지 않는 이들에게까지 주님이 빛

---

6 『사도헌장(Apostolic Constitutions)』 V, 19(C, 375). James Donaldson 역, ANF, VII, 447-48.

이심을 전할 것을 결심하는 절기로 삼을 수도 있다.

주현절(Epiphany)이라고 불리는 날은 왜 그가 태어난 날이 아니라 세례 받은 날에 지키게 되는가? 그 이유는 그분(예수님)이 이날에 세례를 받은 날이며, 물의 본질을 거룩하게 만든 날이기 때문이다. … 왜 이 날이 주현절이라고 부르게 되었는가? 그 이유는 그분이 모든 사람들에게 나타나신 것이 그분이 태어나셨을 때가 아니라 세례를 받으셨을 때였기 때문이다. 이날(주현절)이 되기 전에 그 분은 아직 대중에게 알려져 있지 않은 상태였다.[7]

왜냐하면 만약 그리스도께서 육체로 태어나시지 않으셨더라면, 그분은 세례를 받지 않으셨을 것이며(주현절, Theophany: Epiphany에 대한 정교회의 용어), 십자가에 못 박히시지 않으셨을 것이며(유월절, 어떤 텍스트들은 "부활하시지도 않으셨을 것이며"라는 말을 첨가하고 있다), 성령을 보내시지도 않으셨을 것이기 때문이다(오순절).[8]

이집트에서 이 관습은 알렉산드리아의 감독(the Bishop of Alexandria)이 이집트의 모든 교회에 편지를 보내는 고대로부터의 전통에 의거해 준수되었는데 그 지역의 사제들은 주현절을 주님의 수세일과 탄생일 모두를 포괄하는 날로 지켰고 따라서 서방 지역처럼 어느 한쪽으로 정해서 지

---

[7] 요안네스 크리소스토모스, "387년 1월 6일 안디옥에서 행한 설교(Sermon Preached at Antioch, January 6, 387)," *Opera Omnia*, (Paris: Gaume, 1834), II, 436.

[8] 요안네스 크리소스토모스, "386년 12월 20일에 행한 설교(Sermon Preached on December 20, 386)," *Opera Omnia*, (Paris: Gaume, 1834), I, 608.

키는 것이 아니라 하루에 양쪽 모두를 경축했다. 아울러 사순절의 시작과 부활절기가 모든 도시들에서뿐만 아니라 수도원에서도 지켜지도록 지정되었다.[9]

4. 예전색을 구별한 흔적

지금은 교회력에 따라 정해진 예전색을 활용하는 교회들이 늘어나고 있다. 그러나 그 색이 어떤 의미가 있는지를 물으면 시원하게 대답할 수 없는 경우가 많은 것 또한 사실이다. 기독교가 유럽에 정착하며 눈에 보이는 시각적인 이미지를 통해 얻는 교육적인 효과가 컸는데 다음의 기록이 각 색깔마다 어떤 것들을 깨달을 수 있었는지를 보여준다.

로마교회가 거룩한 날들에 따라서 옷을 구별한 4가지 주요한 색깔이 있는데 이것은 하얀색, 빨간색, 검은색 그리고 녹색이다. 옷에 관한 법에 4가지 색들이 지정되었는데(출애굽기 28장), 이는 황금색과 보라색, 자주색과 주홍색이다. 하얀색은 동정 성인들(역자 주: confessors는 순교하지 않고 신앙을 지킨 성인을 의미함)의 축일에 입는 옷의 색깔이고, 빨간색은 사도들과 순교자들의 의례에 입는 옷의 색깔이다. 따라서 아가서에서 신부는 "수 천 명 중에서 선택된 나의 사랑하는 자여 아름답고 혈색이 좋구나"(아가 5장)라고 말한다. 하얀 색은 동정성인들을 위해서 사용되고, 빨간색은 순교자들과 사도들을 위해서 사용된다. 그런 색깔들(하얀

---

9   카시안(Cassian), *Conferences*, X, 2(C. 428). E. C. S. Gibson, NPNF, 2nd series, XI, 401.

색과 빨간색)은 골짜기의 장미와 백합과 같은 꽃들이다.

하얀색

하얀색 복장은 완벽함과 순결함을 나타내기 때문에 동정성인들의 축일에 입는다. 왜냐하면 나사렛의 그분에게 속한 사람들은 하얗게 변화되어서 그분과 함께 항상 흰 옷을 입고 걸어가기 때문이다. "그들은 순결한 자들이며 어린양이 어디로 인도하든지 따라가는 자며"(요한계시록 14:4) 이 설명에 따르면 하얀색은 다음과 같은 의식들에서 사용되었다. [그리스도와 세례 요한의 탄생, 주현절, 성직추천일, 세족 목요일, 부활절, 승천일과 감독 위임식이나 교회의 헌당 등이다.] 분명히 천사들의 의식에서 밝은 빛 가운데 하나님께서 루시퍼(Lucifer)에게 "아침 별들이 나를 찬송할 때에 너는 어디에 있었느냐?"(욥기 38장)라고 물으셨다. …

빨간색

반면에 빨간색은 그리스도를 위해 그들이 흘렸던 고통의 피 때문에 사도들과 순교자들의 축일에 입는 옷의 색깔이다. "이는 큰 환난에서 나오는 자들인데 어린 양의 피에 그 옷을 씻어 희게 하였느니라"(요한계시록 7장). 그리스도께서 십자가를 통해 우리를 위해서 피를 쏟으셨기에 빨간색은 십자가 축일에 사용되는데, 이는 예언자가 "어찌하여 네 의복이 붉으며 네 옷이 포도즙 틀을 밟는 자 같으냐"(이사야 63장)라고 물은 바와 같다. 만약 수난일이 아니라 성 십자가 현양 축일(역자 주: the exaltation - 9월 14일로 서방교회에서 십자가를 기념하는 날)인 경우라면 십자가 축일에 하얀색을 사용하는 것이 더 좋다.

오순절에는 성령의 뜨거움이 불의 혀로 사도들 위에 나타나셨다. "불의 혀같이 갈라지는 것이 저희에게 보여 각 사람 위에 임하여 있었다"(사도행전 2장). 선지자는 "그가 하늘로부터 나의 골수에 불을 보내어"(예레미야 애가 1장)라고 말한다. 빨간색은 베드로와 바울 사도의 순교를 위해서도 사용될 수 있었다. 그러나 (바울의) 회심과 (베드로의) 직위를 위해서는 하얀색이 사용되었다. 마찬가지로 세례 요한의 탄생일에도 하얀색이 사용되었다. 그러나 세례 요한의 참수령에는 빨간색이 사용되었다. 동정 순교자들의 축일에는 순교가 사랑의 가장 온전한 표시이기 때문에 순교가 동정에 우선한다. 그렇기 때문에 예수님께서는 "사람이 친구를 위하여 자기 목숨을 버리면 이보다 더 큰 사랑이 없다."(요한복음 15장)라고 말씀하셨다. 이 때문에 모든 성자들(All Saints)을 축하할 때 어떤 때에는 붉은 의복이 사용된다. 그러나 다른 때에는 로마 원로원에서와 같이 하얀 의복을 입는다. 그 이유는 그들 자신들이 대단해서가 아니라 요한계시록에 따르면 교회가 이 축일에 대해서 성도들이 "흰옷을 입고 손에 종려가지를 들고 보좌 앞에 어린 양 앞에 선다."(요한계시록 7장)라고 말하고 있기 때문이다.

검은색

검은색 의복은 죄와 죽은 사람들을 위해서 고통과 금욕의 날에 사용되었다. 검은색은 성탄절의 철야예배가 있기 전까지의 대림절 기간 동안과 칠순주일(역자주: Septuagesima - 부활절 전 70일째 뜻으로 실제로는 63일째)에서 부활절 전날 밤까지 사용된다. 역설적이게도 아가서에서 신부가 "예루살렘 딸들아 내가 비록 검으나 아름다우니 게달의 장막 같을

지라도 솔로몬의 휘장과도 같구나 내가 햇볕에 쬐어서 거무스름할지라도 흘겨보지 말라"(아가 1장)라고 말한다.

일부의 사람들은 무죄한 어린이들(Holy Innocents)을 위해서 검은색을 사용한다. 다른 사람들은 당연히 빨간색을 쓰려고 한다. 이것은 슬픔 때문인데 왜냐하면 "라마에서 슬퍼하며 통곡하는 소리가 들리니 라헬이 그 자식 때문에 애곡하는 것이라 그가 자식이 없어져서 위로 받기를 거절하는도다."(예레미야 31:15)라고 한 것에서 기인한다. 이것 때문에 기쁨의 노래는 들리지 않게 되고, 금으로 된 대사제관을 쓰지 않게 되었다. 이것은 "하나님의 보좌 아래에서 성도들이 소리지르기를, 우리 하나님! 우리들이 흘린 피를 갚아 주십시오."(누가복음 18장, 요한계시록 6장)라고 순교하며 말한 것을 기념하는 것이다. 이 슬픔 때문에 노래의 기쁨은 잦아들고, 다 낡은 대사제관은 금으로 장식되지 못하며, 순교자들을 위해서는 빨간 제의가 사용된다. 오늘날 우리는 금장미가 의미하는 기쁨 때문에 사순절의 4번째 일요일에 보라색을 사용한다. 로마 대신관(Pontifex, 大神官)은 금으로 된 천으로 장식된 대사제관을 가져온다. 그러나 검은색을 자제했기 때문에 동시에 보라색 제의가 사용된다.

녹색

녹색은 하얀색, 검은색 그리고 빨간색의 중간에 있는 색이기 때문에 주중과 축일이 아닌 날에는 녹색(green) 제의가 사용된다. 이 색은 "고벨화와 나도풀과 나도와 번홍화"(아가 4장)라고 기록된 데서 드러난다.

이 네 개의 색에는 다른 색들이 연관되어 있다. 예컨대, 빨간색에는 주홍색(scarlet)이, 검은색에는 보라색(violet)이, 녹색에는 짙은 황색(saffron)이 연관되어 있다. 어떤 사람들은 순교자들을 위해서 장미를 사용하고, 어떤 사람들은 순교하지 않고 신앙을 지킨 성자들을 위해서 주홍색을 사용하며, 어떤 사람들은 동정성인들을 위해서 하얀색을 사용한다.[10]

5. 규칙적이고 집중된 기도의 전통

한국 교회의 부흥의 요소들 중 뚜렷한 한 가지는 열정적인 기도이다. 이 기도는 우리 민족의 심성의 발현이기도 하지만 교회의 초기부터 믿는 이라면 당연히 하도록 강조된 내용이기도 하다. 경건한 기독교인이라면 기도는 해도 되고 하지 않아도 되는 것이 아니라 매일 시간을 정해 행해야 하며 이것이 초기부터 강조되었던 교회의 전통이다. 사도 전승을 통해 히폴리투스는 3세기경부터 매일 정해진 시간에 기도할 것을 명했다.

> 모든 신자들이 **아침**에 잠에서 깨어났을 때 그들이 자기의 각자의 일들을 하기 전에 그들의 양손을 씻고 하나님께 기도하도록 하시오. 그러고 나서 그들의 일터로 가게 하시오. …
>
> 만약에 여러분이 집에 있을 때라면 **제3시**(역자 주: 오전 9시)에 기도하고 하나님을 찬양하시오. 그러나 만일 이 시간에 다른 곳에 있게 된다면 마

10　교황 이노센트 III세(Innocent III), "제단의 거룩한 신비에 대하여(Concerning the Holy Mystery of the Alter)," LXV(C. 1195). PL, CCXVII, 799-802.

음속으로 기도하시오. 왜냐하면 그 시간은 그리스도께서 나무에 못 박히신 시간이기 때문입니다. 또한 그 이유는 구약의 율법에서도 그리스도의 몸과 피의 예표가 되는 떡(역자 주: shewbread - 레위기 24:5-9)이 계속해서 드려지도록 규정하고 있기 때문입니다. 아울러 이유 없이 살육 당한 어린양은 흠 없는 어린양의 예표입니다. 왜냐하면 그리스도는 목자이시며, 또한 하늘로부터 내려온 빵이시기 때문입니다.

제6시(역자 주: 정오)에도 마찬가지로 기도하시오. 왜냐하면 그리스도께서 십자가의 나무에 못 박히셨을 때에 낮이 나뉘고, 극심한 어둠으로 덮였기 때문입니다. 그러므로 친히 기도하셨고, 믿지 않는 유대인들을 위해서 모든 피조물들을 어둡게 만드신 그분의 목소리를 모방해서 그 시간에 그들에게 힘차게 기도하도록 하시오.

거짓말을 하지 않으시고, 자기의 성도들을 기억하셔서 자기의 말씀을 그들에게 빛으로 비추시기 위해서 보내주신 하나님을 의로운 사람들의 영혼이 찬양하는 방법을 알게 하기 위해서, **제9시**(역자 주: 오후 3시)에 간절하게 기도하고 찬양하도록 하시오. 왜냐하면 하루의 남은 시간 동안 빛을 비추시고 저녁까지 밝게 하시기 위해서 그 시간에 그리스도께서는 옆구리를 찔리셔서 물과 피를 쏟으셨기 때문입니다. 그러므로 잠자기 시작하는 것이 또 다른 날의 시작이듯이 그분은 부활의 표본을 이루셨습니다.

침대에서 당신의 몸을 쉬기 전에도 기도하시오. 한밤중에 일어나서 물로 당신의 두 손을 씻고 기도하시오. 만일 당신의 아내가 함께 있다면 둘이

서 같이 기도하시오. 만일 당신의 아내가 아직 신자가 아니라면 다른 방으로 가서 기도하고, 다시 당신의 침대로 돌아오시오. 기도하는 데 게으르지 마시오. 결혼의 띠에 묶여 있는 사람은 부정한 사람이 아닙니다. …

왜냐하면 우리들에게 전승을 전해준 장로들이 다음과 같이 가르쳐 주고 있기 때문입니다. 이 시간에 모든 피조물들이 주님을 찬송하기 위해서 잠시 쉬고 있으니, 별들과 나무들과 물들이 잠시 정지하고, 그분께 수종드는 천사들의 온 무리가 이 시간에 의인들의 영혼들과 함께 하나님을 찬양하고 있습니다. 이것이 이 시간에 열심히 기도해야 될 이유입니다.

이것에 대한 증언으로 주님은 다음과 같이 말씀하셨습니다. "한밤중에 신랑이 온다 일어나 그를 맞이하라 하는 소리가 사람들 중에 들렸습니다." 그리고 "그분이 어느 시간에 오실지 알지 못하기 때문에 당신은 깨어있으시오."라고 계속해서 말씀하셨습니다.

마찬가지로 **수탉이 우는 시간**에 일어나 기도하시오. 왜냐하면 그 시간에 이스라엘의 자손들이 그리스도를 부인했는데, 우리들은 믿음으로 그분을 알았으며 우리들의 두 눈은 죽은 사람들이 부활할 때에 영원한 빛에 대한 희망 속에서 그날을 고대하고 있기 때문입니다.

믿음 있는 여러분, 만일 여러분이 이것들을 행하고, 기억하며, 서로에게 가르치고 예비신자들을 격려한다면 여러분들이 항상 그리스도를 기억하

고 있었던 것이기에 유혹을 당하거나 멸망을 당하지 않게 될 것입니다.[11]

기도는 시간을 성화하는 방법이다. 매일 기도하는 것은 그 기도하는 시간뿐만 아니라 나머지 시간마저도 하나님과 함께 보내는 방법이다. 교회는 전통적으로 일출시간과 일몰시간에 기도하기를 명했고 이는 하루 종일을 거룩하게 하는 길이다. 테르툴리아누스와 같은 이들은 하루를 통해 종소리가 제3시, 제6시, 제9시에 울릴 때를 맞춰서 기도해야 하는데 이 때는 개인적인 기도 시간이기에 비교적 덜 강제적이지만 적어도 하루의 시작과 마지막은 의무적으로 지키라고 했다. 아울러 기도의 구체적인 내용을 언급하지는 않았지만 그의 다른 기술을 볼 때 시편을 사용했을 것으로 추정할 수 있다.[12] 비록 그 시작이 수도원과 같이 전적으로 헌신된 삶에 국한된 것이었다고 하더라도 우리 모두가 직접 하나님 앞에 나아간다는 개혁신학적인 관점에서 볼 때 시간을 따른 기도는 오늘을 사는 헌신된 신자의 삶에 있어야 할 기본적인 요소이다.

아무런 권고가 없다 해도, 날이 밝아 올 때와 어두워 질 때, 그것은 의무적이다.[13]

가이사랴의 유세비우스(주후 339년)는 아침과 저녁 기도에 관한 초

---

11 히폴리투스(Hippolytus), 『사도 전승(Apostolic Tradition)』 XLI(c. 217). Geoffrey J. Cuming 역, *Hippolytus: A Text for students* (Bramcote, Notts: Grove Books, 1976), 29-31.

12 테르툴리아누스(Tertullian), *De Oratione* 25:1-3; *Corpus Christianorum, series Latina I*(Turnholt, Belgium), 272, in Frank C. Senn, *Christian liturgy: Catholic and Evangelical* (Minneapolis, MN: Augsburg Fortress, 1997), 167-69.

13 위의 책.

기의 증언을 시편 65편 10절을 주석하면서 다음과 같이 남겼다.

> 온 세상에 퍼져 있는 하나님의 교회에서 찬가와 찬양과 진실한 천상의 기쁨이 아침 동틀 무렵 그리고 저녁 시간에 그분의 영광 가운데 아름답게 드러난다는 사실 자체는 하나님의 능력에 대한 작지 않은 표징이다. 이러한 '하나님의 기쁨'은 온 세상에 퍼져 있는 하나님의 교회에서 아침과 저녁마다 솟아오르는 찬가이다."[14]

사도헌장 역시 이 필요성을 강조했다.

> 감독이여, 사람들을 가르칠 때 명하고 권면하여 그들이 매일 아침·저녁 교회로 나아오게 하시오. 그 어떤 경우라도 이렇게 하는 것을 멈추지 말고 끊임없이 함께 모이게 하시오… 이렇게 살아가야 할 필요성을 하나님의 말씀보다 우선시해서는 안 된다는 것도 명심하시오. 이러한 오류를 피하며 날마다 아침·저녁 주의 전에 모여, 아침에는 시편 62(63)편을 부르고 저녁에는 시편 141편을 부르며 찬송하고 기도하시오.[15]

교회에서 매일 기도해야 하는 것이 성경, 특히 구약에서 근거를 찾을 수 있음을 지적한 사람은 요안네스 크리소스토모스이었다. 시편 114편을 주석하면서 기도가 구약에 이미 명령된 중요한 실천임을 상

---

14 *Patrologiae cursus completus, Series Graeca*, J.-P. Migne Paris편, 1886ff, 23:640B, in Frank C. Senn, *Christian Liturgy: Catholic and Evangelical* (Minneapolis, MN: Augsburg Fortress, 1997), 167-69.

15 『사도헌장(Apostolic Constitutions)』 II, 59.

기시켰다.

> (시간을 정해 기도하는 것은) 제사장들을 위한 법에서 명하여졌으며 엄히 규정된 것이다. … 매일 아침과 저녁 그들은 제사를 드리며 양을 태웠다. 전자는 아침 제사라 했고 후자는 저녁 제사라 불렸다. 하나님께서는 이렇게 행하라 명하셨다. 그리고 이를 통해 하루가 시작되고 끝나는 순간, 하나님을 찬양하는 데 열심을 내는 것이 필요하다는 사실을 알게 해 주셨다.[16]

6. 문헌에서 발견된 예배와 관련한 종교개혁의 정신

초기 교회부터 이어지던 예배의 전통이 서방교회의 경우 로마 가톨릭의 예식으로 변형되면서 모순과 문제들을 야기했다. 개혁자들은 예배를 초기 교회의 정신에 맞는 것으로 바꾸기를 원했고 적극적으로 교회의 문헌에 이를 실어서 종교개혁의 중심이 되는 정신이 되도록 세상에 공표했다.

마르틴 루터

그러나 우리는 비텐베르그에서 주일과 주님의 경축일만을 지키려고 한다. 우리는 만성절은 폐지되어야 하며 혹시 그 축일들 안에 가치가 있다고 한다면 그것은 일요일 설교 안으로 옮겨져야만 한다고 생각한다. 우

16　*Patrologiae cursus completus*, 55: 430.

리는 수세기념절기와 수태고지의 절기들을 그리스도의 절기들로, 또 주현절과 예수님의 할례절로 간주한다. 성 스테판 절기와 성 요한(복음서 기자) 절기들 대신에 우리는 성탄절의 성무들을 즐겨 사용한다. 성 십자가의 축일들은 지키지 않게 될 것이다. 다른 사람들은 – 성령님께서 말씀하시는 바 – 그들 자신들의 양심에 따라서, 그리고 사람들의 약함을 고려해서 행동하게 해야 한다.[17]

사순절, 종려주일, 그리고 고난주간은 어떤 사람에게 금식하도록 강요하기 위해서가 아니라 그 절기를 위해서 지정된 예수님의 수난의 역사와 복음서들을 보존하기 위해서 사용되어져야 한다. 그러나 이것은 사순절의 휘장, 종려나무를 던짐, 그림을 베일로 가리기, 그리고 그와 같은 어리석은 짓들을 포함하지 않는다. … 고난주간은 예수님의 고난 역사를 매일 한 시간 동안 설명하고, 성례전은 성례전을 갈망하는 모든 사람들에게 주어져야 하는 것을 제외하고 다른 어떤 주간과 같게 해야 한다.[18]

존 낙스에 의해 이루어졌던 스코틀랜드 교회의 개혁도 로마 가톨릭의 예배 신학과 교회의 관습들에 이의를 제기했다.

스코틀랜드 교회의 철저한 정신

우리는 사람들이 하나님의 말씀에 대해 명시된 명령이 없이도 법과 종

17　마르틴 루터, 『미사 예식(Formula Missae)』(1523), Paul Zeller Strodach and Urich S. Leupold 역, LW, LIII, 23.

18　마르틴 루터, 『독일어 미사(German Mass, 1526)』, Augustus Steimle 역, LW, LIII, 68, 90.

교회의 혹은, 규약들을 통해서 사람들의 양심을 강요해온 것을 익히 알고 있다. 이와 같은 것들은 순결의 서약, 결혼에 대한 강한 부정, 남자들과 여자들을 몇 가지 변장된 옷으로 둘러싸는 것, 금식일들에 대한 미신적인 엄수, 양심상에 있어서 고기에 대한 생각의 차이, 죽은 사람들을 위한 기도, 그리고 사람에 의해서 만들어진 어떤 성자들의 축일을 지키는 것 등이 해당된다. 성자축일은 교황제 옹호론자들이 발명해 낸 모든 것들인데, 이는 그들이 부르는 바와 같이 사도들, 순교자들, 수녀들의 축일과 성탄절, 주현절, 수세기념절, 그리고 우리 성모마리아의 다른 축일 등이다. 이런 축일들은 하나님의 성경 말씀 속에서 어떤 명령이나 확증도 찾아낼 수 없기 때문에 우리는 전적으로 이것들을 폐지하려고 한다. 더 나아가서 우리는 그러한 혐오스러운 습관들을 고수하고 가르치는 사람들은 행정관의 처벌이 불가피함을 확신한다.[19]

이후 우리나라에까지 영향을 준 웨스트민스터 예배모범은 장로교회의 예배모범을 이루며 기존 개혁자들의 사상을 적합하게 삶의 현장에서 구현하는 데에 주력을 다했다.

주일과 관련된 웨스트민스터 예배모범의 관심

주일은 마땅히 미리 기억하는 것이 좋다. 모든 세속적인 일상의 생업을 잘 정리하여 그 일들을 알맞고 적절한 때에 내려놓은 뒤, 주일이 되었을

---

19 『규율서(the Book of Discipline, 1560)』. 존 낙스의 스코틀랜드에서의 종교개혁사에서 (In *John Knox's History of the Reformation in Scotland*) (London: Thomas Nelson & Sons, 1949), II, 281.

때 주일을 지키는 데 방해가 되지 않도록 한다.

주일 하루는 공적으로나 사적으로 온전한 그리스도인의 안식일로 주님을 위해 거룩히 지켜져야 한다. 이를 위해서는 반드시 주일을 거룩히 구별해야 하며 불필요한 노동을 그치고 하루를 온전히 쉬어야 한다. 모든 운동이나 오락, 세속적인 언어나 생각도 삼가도록 한다. …

기독교인의 안식일인 주일을 제외하고, 복음에 근거하여 성경이 거룩하게 지키라고 명령하는 날은 없다.

거룩한 날들이라고 불리는 구약의 경축일들은 복음에 비추어 볼 때 합당하지 않기에 계속 되어서는 안 된다.

그러나 특별히 긴급한 경우, 몇 가지 뚜렷하고 예외적인 하나님의 섭리의 질서에 따라 하나님의 백성들에게 동기와 기회가 주어지면 공적인 금식일이나 감사일을 구별하는 것은 적절하다.[20]

7. 한국 교회의 성찬성례전 약화에 대한 정확한 진단

한국 교회의 예배는 미국의 개척시대 집회의 성격을 이어받은 부분이 많다. 예배에 있어서 예전적인 요소가 약화되고 말씀과 찬양만이

---

20 "(영국, 스코틀랜드, 그리고 아일랜드에 있어서) 공중예배를 위한 규범(A Directory for the Publique Worship of God),"『웨스트민스터 예배모범(Westminster Directory)』, (London: 1644[1645]), 56, 85.

강조되는 등의 예배 분위기가 그 흔적으로 남아 있다. 그러나 정작 미국 개척지에서는 매주 성찬성례전을 회복하고 성찬의 의미를 강조하고 있음을 다음의 신조가 확인을 해주고 있다.

개척지 미국에서의 성찬식

【의제 Ⅳ】모든 그리스도인들은 하나님의 집의 일원, 즉 하나님의 가족이며 거룩한 왕적 제사장이라고 불리고 또 그렇게 임명되었다. 그러므로 그들은 주님의 식탁과 떡과 잔에 대하여 하나님을 찬양하고 두려움 없이 나아가 그들의 주님이신 구세주의 죽음을 기념하여 그들이 하고 싶을 때는 언제나 기쁨으로 그것에 참여할 수 있다.

【의제 Ⅶ】주의 죽음을 기념하여 한 조각의 떡을 떼는 것과 주의 잔에 공동으로 참여하는 소위 '주의 만찬'은 모든 그리스도인들의 모임에서 모든 그리스도교 회중들을 위해 제정된 종교적 교화와 예배의 일부이다.[21]

8. 예배를 통해 적극적으로 우리를 부르신 하나님

예배를 지정된 교회의 공간에서 드리기 때문에 우리는 한정된 장소에 우리가 나가서 드리는 것이 예배라고 생각하기 쉽다. 그러나 예배는 본질적으로 하나님이 먼저 부르시기에 우리가 응답하며 나아가

---

21 알렉산더 캠벨(Alexander Campbell), "떡을 떼기(Breaking the Loaf)." 기독교 체계(The Christian System) 제2판 (1839; New York: Arno Press and New York Times, 1969), 305, 311, 325, 327, 329-31.

는 것이다. 하나님께서 인간을 부르실 때 여러 가지 상황과 방법으로 부르시지만 우리가 가장 강렬하게 체험하는 순간은 예배를 통해서 부르실 때이다. 하나님은 우리를 예배로 부르신 후 우리의 마음을 여시고 은혜로 채우시며 결국 사랑을 실천하는 새로운 순종으로 인도하신다. 예배는 인간의 적극적인 행위가 아니라 하나님이 인간을 대상으로 행하시는 적극적인 구원의 방편이다.

> 회중교회 신앙선언(Congregational Church in England and Wales – A Declaration of Faith, 1967)
>
> 예배를 통해서 하나님께서는 교회를 사랑 안으로 새로이 부르시며 그분께 새로운 마음으로 순종하게 하신다. 교회가 하나님을 예배하는 것은 다양한 방법을 통해 이루어진다. 기도와 찬양을 드리는 것으로, 성경을 봉독하고 설교 중에 그리스도를 선포하는 것으로, 성례인 세례와 성찬성례전을 행함으로, 헌신의 마음을 여러 다양한 행위로 표현하고 여러 기독교 예식을 거행함으로, 교회가 모여 서로 사귐을 갖으며 결단하는 것으로 하나님을 예배할 수 있다. 이러한 모든 예배에는 하나님께서 그분의 은혜의 말씀 가운데 임재 하신다. 하나님을 높여 드리고 그분께 충성을 다짐하는 마음으로 그분의 말씀을 들으며 순종하는 반응을 보이는 것이 우리의 할 일이다.

우리에게 익숙한 '전달 관례'의 유비(類比)를 생각하며 우리는 세례에 대해 명확히 이해할 수 있다. 이것은 믿는 사람들과 그들의 자녀들에게 복을 내리시겠다는 하나님의 약속을 '도장을 찍듯' 인증하는 것이다. 이러한 가시적인 징표로 하나님께서는 그들에 대한 관심을 전하시고 확증하시며 그리스도 안에서 살아가는 삶에 합당치 않은 것들로부터 그들을 구분해 내신다. 교회가 그분의 거룩한 이름으로 세례식을 거행할 때 하나님께서 그리스도 안에서 온 세계와 온 인류를 위해 행하신 일이 특정한 시간과 장소에서 특정한 사람에게 명확히 드러난다. 하나님의 약속에 대한 믿음 위에서 교회는 그 사람이 세례의 혜택을 받게 되었다는 사실을 선언하고 그를 성도의 교제 안으로 받아들이며 그를 양육한다.

성찬성례전은 그리스도께서 그분의 백성과 그분 사이의 언약적 교제를 새롭게 하는 성례적 수단이다. 이것은 그리스도의 죽음을 기념하는 것이며 그리스도께서 배반당하시고 잡히시던 밤, 그의 제자들과 함께 식사하시며 하셨던 일을 바탕으로 그분의 죽음을 이해하고 그것을 선포하는 것이다. 믿음과 순종으로 교회가 이 예식을 거행할 때 그리스도께서는 그분의 부활하신 능력으로 임재하신다. 성찬성례전의 전통적 요소인 떡과 잔을 통해 그리스도께서는 그분의 식탁 주변에 모여 있는 사람들이 하나가 되게 하시며 그들의 생명을 받아 그분이 드린 자기희생의 제사에 참여하게 하신다. 언약을 새롭게 확인 받을 때마다 각각의 교회는 지구상에 있는, 그리고 하늘에 있는 모든 교회와 교제를 갖도록 초대받는다. 이는 하나님의 영원한 뜻을 되새길 뿐 아니라 그분의 나라가 최종적으로 완성되는 것을 즐거움으로 기다리기 위함이다.

교회의 예배에는 '예배에 참여하는 사람들이 그리스도의 말씀에 마음을 열고 그분의 판단을 받아들이며, 그분의 약속으로 말미암아 기뻐하고,

그분의 제자로 살아갈 힘을 얻게 하려는 목적'이 있다. 하나님께 드리는 예배를 통해서 하나님께서는 교회가 새로운 사랑과 새로운 순종 안으로 들어가게 하신다.[22]

22　Lukas Vischer 편, *Reformed witness today: a collection of confessions and statements of faith issued by Reformed churches*, 142-43.

제2장

설교 정신의 근원과 흐름

빛은 어두움 가운데 비추어질 때 더욱 밝게 느껴진다. 무엇인가 결핍되었을 때는 이전에 생각지도 못했던 갈증을 느끼게 되고 그것이 충분했을 때는 있는지조차 알지 못했던 그것을 온 몸과 마음으로 갈구하게 한다. 예수님과 사도들을 통해 설교의 형태로 풍성하게 주어졌던 생명의 말씀이 중세를 거치며 교권의 영향과 성직자의 자질 문제 등으로 빈약하게 전해지자 말씀의 궁핍이 찾아왔고, 결국 믿는 이들의 마음을 갈하게 했는데 종교개혁자들이 성경의 말씀과 설교에 대해 강조한 것만 봐도 중세의 말씀에 대한 갈급함이 어느 정도였는지를 가늠하게 된다.

예수님의 제자들 사이에서 이미 형성된 기독교에 대한 관심은 일차적으로 입으로 전파되는 설교에서 표현되기 시작했다. 그 이후 교회가 고백한 신조들은 이단과의 논쟁을 통해 정착되는 과정을 거치며 핵심 쟁점들에 대해 신앙의 기준을 세우는 차원에서 정리가 되었고 결국 교회의 근간을 이루게 되었다. 그런데 교회가 안정이 된 이후에 설교가 활력을 잃기 시작했고 중세를 거치며 교회가 강조하는 전통에 가려서 극도로 약화되었다. 이는 선포된 말씀에 대한 갈증을 초래했고 후에 개혁의 물결이 유럽을 휩쓸었는데 개혁을 표방한 교회들은 신조를 갱신하며 그 안에 설교에 대한 확고한 의지를 드러냈다.

1. 중세시대 설교의 위치

1) 제6차 에큐메니칼 공의회 신앙선언(681년)

451년 칼케돈 공의회의 결론에 대하여 알렉산드리아학파측은 만족하지 못했다. 553년에 콘스탄티노플에서 제5차 에큐메니칼 공의회가 소집되어 칼케돈의 선언 내용을 알렉산드리아학파측이 납득할 수 있도록 선언문을 채택하였다. 그러나 그리스도이신 예수님께서 신성만을 가지고 태어났다는 단성론(monotheism)이 다시 고개를 들자 제6차 에큐메니칼 공의회를 소집하여 칼케돈 기독론의 정의를 재확인했다.[1]

"이것은 신령한 설교자 리오가 가장 분명하게 말한 대로" 각각의 의지가 서로 교통하는 가운데 각자가 고유한 작용을 하는 것이다. 즉 말씀은 말씀에 속한 일을 하고 육신은 육신에 속한 일을 실행하는 것이다."[2]

제6차 에큐메니칼 공의회의 신앙선언에 설교에 대한 직접적인 언급은 없다. 그러나 설교자의 위치와 역량을 거침없이 표현하고 있다.

---

1 이장식, 『기독교신조사』 I (서울: 컨콜디아사, 1979), 21.
2 위의 책, 22.

설교자를 통하여 신앙과 교리의 정확한 지침이 되었다는 사실을 공식적인 문서에서 공적으로 언급하고 있다는 것은 당시 설교가 교육과 신앙고백 형성에 얼마나 큰 기여를 했는지를 잘 드러내고 있다.

2) 성상 반대 결의(753년)와 성상의 교리(787년)

예수 그리스도의 성상에 대한 교리는 지금의 관점에서 보면 상상력에 대한 교회의 접근방식의 문제였다. 보이지 않는 형상을 이미지화하는 것은 설교의 기본적인 책무이다. 성상을 통해 얻게 되는 감각적인 경험이 큰데 중세의 서방교회는 이에 대해 제한을 했고 이는 설교의 역할이 증대되었어야 함을 의미했다.

성상의 찬반 논쟁은 726년 황제 레오 3세의 칙령으로 시작되었다. 그의 칙령의 의도는 동방, 특히 발칸반도의 그리스도교를 정화하려는 것이었다. 그 지역의 교회가 저속한 미신으로 급변하여 지적으로나 도덕적으로 아랍의 유일신 종교보다 열등해져 갔다고 판단했다. 이러한 상황에서 753년 콘스탄티노플 회의가 소집되어 성상을 금하는 결의를 통과시켰다.[3]

> 아무튼 그들(성상 옹호론자들)이 묘사해서는 안되는 그리스도의 신성을 묘사하려고 시도하는 것 때문에 비난을 받을 때에 변명하는 말은 우리는 우리가 보았고 또 전승된 그리스도의 육신만을 나타내려한다는 것이다. 그러나 이런 변명은 네스토리안들의 오류이다. 왜냐하면 그리스도의 육

---

3 위의 책, 23.

신은 말씀이신 하나님의 육신, 즉 신성과 분리되지 않으며 신성으로 완전하게 성육하여서 전적으로 거룩하게 된 육신으로 생각해야 하기 때문이다. … 아무튼 그리스도의 인간성을 합당하게 용납할 수 있는 유일한 형상은 성찬성례전에 나오는 떡과 포도주뿐이다. 이 형상만이, 또 이 형식만이 그의 성육신을 제시하기 위하여 그가 선택하신 것이다.[4]

성상을 금지하는 결과는 서방교회에 충격을 주었고 성상을 안치한 후 그 앞에서 종교적인 경건을 실천하고는 했던 신자들을 자극하는 결과를 가져왔다. 이에 교회는 787년 니케아에서 회의를 소집하여 753년의 콘스탄티노플 회의의 결의를 무효화했다. 성상을 숭배 또는 예배할 수는 없지만 존경을 표시하고 절하며 입을 맞출 수 있다고 결의했다. 동방 정교회와 로마 가톨릭 교회가 다 같이 이 결의를 받아들였다. 그러나 불씨는 여전히 남아 있었고 815년에 동방과 서방 양쪽의 교회는 성상문제로 다시 분쟁에 들어갔다.[5]

우리의 고백을 간단하게 말한다면, 우리는 우리에게 전승된 교회의 전통들을 보존하고 있는데 그것들은 문서나 혹은 말로 된 것이며 그 중의 한 가지가 복음의 선포의 역사와 일치되게 그림으로 제시하는 일인데 이 전통은 여러 가지 면에서 유용하며 특별히 하나님의 말씀의 성육신이 사실이어서 단순한 환상이 아님을 제시하는 데 유용하다. 그 까닭은 이러한 전통들이 공통적으로 지시하는 것을 갖고 있고 또 공통적으로 의의

---

4 위의 책, 23-24.
5 위의 책, 25.

를 가지고 있음이 확실하기 때문이다. ⋯ 그러나 귀중한 생명을 주는 십자가의 형상과 복음서들과 또 다른 거룩한 물건들에게와 같이 이러한 성상들에게도 분향하며 촛불을 켜는 것은 고대의 경건한 습관에 따라 허용될 수 있다. 이러한 성상들에게 바치는 존경은 그 형상들이 대표하는 대상에게 전달되는 것이고 성상들을 높이는 사람은 성상들이 묘사하는 대상들을 높이는 것이다.[6]

교회는 성상의 제한으로 말미암아 감각적인 충족마저 원활히 제공되지 않았던 당시 신자들의 아쉬움을 채워줄 수 있는 대안이 바로 설교라는 기대감이 고조된 상황을 맞았고, 당시 사람들의 이런 기대에 부응해야 하는 책임이 크게 주어졌다.

3) 제4차 라테란 공의회(1215년)

중세에 있었던 여러 공의회 가운데 규모가 가장 컸던 공의회로 알려진 제4차 라테란 공의회는 교황 이노센트 3세가 성지의 회복과 교회의 개혁을 의도로 소집한 공의회이다. 이 공회에서는 '화체'라는 말이 교회의 공적인 용어로 인정을 받았고 사제의 권한이 강조되었다. 성년이 된 사람은 누구나 한 해에 한 번씩은 교구 사제에게 고백하도록 규정된 것도 이때였다.[7] 아울러 이 4차 공의회에서는 설교에 관한 교회의 중요한 관심이 드러나 있다.

---

6   위의 책, 25-26.
7   위의 책, 27.

【종규 제1조】
우리는 영원하시며 헤아릴 수 없으며 불변하시며 다 이해할 수 없으며 전능하시고 형언할 수 없는 유일하고 참된 하나님, 성부, 성자 및 성령을 믿는다. 그는 세 품격이면서도 완전히 하나인 단일 본질, 본체, 혹은 본성을 가지신다. 성부는 아무에게서도 나오시지 않았고, 성자는 성부에게서만 나오셨으며, 성령은 성부와 성자 두 분에게서 같은 모양으로 나오셨다. … 사도들의 하나의 공동 교회가 있고 이 교회 밖에서는 누구에게도 구원은 없다. … 사제 이외에는 아무도 성체 성사의 효과를 내게 할 수 없으니, 사제들은 예수 그리스도가 베드로와 그의 계승자들에게 주신 교회의 열쇠의 대권들에 일치되게 올바로 안수받은 사람들이다.[8]

【종규 제10조】
기독교인의 구원에 관련된 다양한 행위들 중에 하나님의 말씀의 양식을 아는 것이 특별히 필요하다. 왜냐하면 육신이 양식에 의해 양육되듯이 영혼은 말씀으로 말미암는 영적인 양식에 의해 양육되기 때문이다. 사람은 빵으로만 살지 않고 하나님의 입으로부터 전해지는 매일의 말씀으로 산다. 특별히 교구가 크고 흩어져있다든지 업무가 과중하거나 신체적인 질병, 혹은 적들의 침입이나 배우지 않아 가르칠 수도 없는 등의 다른 이유들 때문에 감독들이 하나님의 말씀을 선포하지 못할 수 있다. … 따라서 우리는 이런 경우 감독이 적합한 사람들을 선발해서 거룩한 설교를 전달하게 할 것을 규정한다. 그 사람들은 말씀과 행위에 능력이 구비되

---

8 위의 책, 27-28.

어야 하고 감독을 대신해 사람들을 돌볼 수 있어야 한다. … 감독은 그들이 필요한 것들을 적시에 제공해서 필요한 때에 갖지 못해 포기하지 않도록 해야 한다. 우리는 주교좌 성당과 모든 교회들에 적당한 사람을 단지 설교만을 위해서가 아니라 고해성사를 받고 영혼의 구원에 관련된 다른 일들을 관장할 보좌인으로 둘 것을 명령한다. 만일 누구든지 이를 어길 시에는 엄중한 처벌을 받을 것이다.

【종규 제21조】

남녀 모든 신도들은 분별력을 갖춘 연령에 이르면 적어도 한 해 한번은 자기들의 교구 사제에게 사적으로 모든 죄를 신실하게 고백하고 최선을 다하여 자신에게 부과된 고행을 완수해야 한다. … 사제는 신중하고 분별력 있게 마치 숙달된 의사처럼 상처 입은 환자의 환부에 깊숙이 포도주와 기름을 붓고 그 죄인과 죄의 상황을 성실하게 질문하여 그에게 어떤 충고를 줄 것이며 어떤 대책을 써야 할 것을 지혜롭게 알 수 있을 정도가 되어야 하며 또 그 환자를 치유하기 위하여 다른 처방을 시도해야 한다. 사제가 비록 말이나 표시나 혹은 다른 방법으로라도 고백하는 죄인을 폭로하지 않도록 극히 조심해야 한다. 만일 사제의 생각에 지혜로운 충고를 할 필요가 있다고 생각될 때는 그 죄인에게 조심스럽게 물어보아야 하되 그 죄인의 인물에 대하여는 일체 언급을 말아야 한다. 만일 어떤 사제가 고백을 받는 자리에서 그 죄인이 숨기고 있는 죄를 캐내려고 시도할 때에는 그 사제의 직분을 파면할 뿐만 아니라 그를 어떤 수도원에 보

내서 그의 여생을 참회하며 보내도록 할 것을 선포한다.[9]

당시 주교가 관구 안의 교회들을 순회하며 설교를 했을지라도 워낙 교회의 숫자가 많고 거리가 멀어서 충분하지 못한 경우가 발생했다. 이에 대해서 공의회는 피치 못할 사정이 있거나 주교가 가르칠 능력이 부족했을 경우 설교를 해야 할 다른 사람을 반드시 구해야 할 것을 명시했다. 이는 설교가 구원에 있어서 필수적임을 인식하고 있었다는 반증인데 동시에 당시 사람들이 설교 말씀이나 성경의 가르침으로부터 그만큼 거리가 먼 신앙생활을 하고 있었음을 드러내기도 한다. 이 10조의 종규는 성찬에 관한 21조와 함께 구령과 복음 전파라는 목회자의 기본 책무에 관한 명확한 교회의 인식을 내포하고 있다.

4) 설교의 암흑기와 중흥기

중세시대에도 기독교 초기시대와 마찬가지로 신조 자체에 설교에 대한 직접적이고 소상한 논의가 드러나지는 않았다. 그러나 공포된 신조 안에서 교회를 위해 봉사하는 설교의 에토스를 지키려는 교회 지도자들의 노력을 엿볼 수 있다. 이렇게 설교에 대해서 표현이 적극적이지 못했던 이유는 중세시대에 설교가 교회의 주된 관심이 아니었음을 반증하는데 교회의 지도자들에게서나 회중들 모두에게 해당된다. 중세시대를 기독교회가 전체적으로 복음과 성경의 메시지들로부터 멀어진 암울한 시대라고 보는 이유가 그것이다. 이 시대적 상황을

---

9 위의 책, 29.

다간은 이렇게 말한다.

> 엄청난 정치적, 사회적 변화가 일어나 사람들의 생활에 심한 변모를 초래했다. 도시와 마을은 인구와 부의 손실을 겪었고, 농업이 주된 생산업이 되었으며, 봉건제도가 출현하기 시작했고, 여행은 극히 위험스럽게 되었으며, 전쟁과 방화와 약탈이 자주 일어났고, 기근이 빈번했으며, 전염병이 사람들과 가축의 목숨을 앗아갔고, 교육과 예술은 비극적으로 손상되었다.[10]

아우구스티누스 이후 설교의 쇠퇴 원인을 홀란드는 금욕주의, 예배의 의식화, 기독교의 국교화, 교회의 세속화라고 말한다. 이러한 설교의 쇠퇴가 원인이 되어 1,000여 년 동안 설교의 암흑기를 맞이했다.[11] 그러나 12세기 들어 설교의 소생이 이루어지기 시작했다.

설교 소생의 징표로는 첫째, 성직자들이 설교에 큰 관심을 갖게 되고 둘째, 모든 계층의 사람들이 설교자에게 존경심과 메시지에 관심을 갖게 된 점으로 본다. 설교 소생의 원인으로는 첫째, 그레고리 7세에 의해 주창된 개혁의 결과, 더욱 진지한 기풍, 더 나은 삶, 설교에 대한 높은 관심이고, 둘째, 영적 부흥과 함께 스콜라 철학을 통한 지적 부흥, 셋째, 이단들의 발흥, 넷째, 십자군, 다섯째, 유럽의 설교에서 각국 언어로 설교함

10　Edwin C. Dargan, 『설교의 역사(A History Preaching)』 I, 김남준 역 (서울: 솔로몬, 1992), 10.
11　Dewitte T. Holland, 『설교의 전통(The Preaching Tradition A Brief History)』, 홍성훈 역 (서울: 소망사, 1991), 31.

을 들 수 있다.[12]

이렇게 12세기와 함께 중세 스콜라주의는 전성기에 들어가게 된다. 여기에는 세 가지 요인이 있다. 첫째는 아리스토텔레스의 철학이 아랍인을 통하여 서방에 전하여 졌다는 것이고, 둘째는 대학들이 융성하게 되었다는 것이며, 셋째는 대수도원 교단이 학문 활동에 전념했다는 것이다.[13]

크리소스토모스와 아우구스티누스 이후에는 설교를 학문적 입장에서 다룸에 있어서 큰 진전이 없었고, 중세 암흑기가 지나기까지 이에 대한 주목할 만한 저서가 나오지 않았다. 설교자들도 변변한 훈련을 받지 못했다. 그래서 교부들의 설교가 주로 낭독되었다.

중세시대에 설교에 대한 관심이 12, 13세기에 일어나게 되었다. 이는 주로 도미니크와 프란시스 수도사들에 의해서였다. 당시 많은 전도자들이 낮은 교육과 옅은 지식 때문에 독자적으로 설교를 만들 수 없었다. 이에 교부들의 설교집과 다양한 제목과 성격을 가진 책들이 출현해서 도움을 주었다. 중세기의 설교학은 큰 발전을 보지 못했다. 성경이 설교의 기반과 재료의 원천으로 바로 사용되지 않았다. 세미한 분석을 하는 스콜라학적 방법을 따라 설교의 형태는 수많은 대지와 소지를 갖추었다. 이렇게 세미하게 조직된 설교는 메마르고 활력이 없었다.[14]

---

12   Dargan, 244-48.
13   김광식, 『기독교사상』 (서울: 종로서적, 1984), 41.
14   허순길, 『개혁주의 설교』 (서울: 기독교문서선교회, 1996), 15.

13세기에 설교의 소생을 이끈 것은 도미니크와 프란시스 수도회였다. 교회와 사회의 어지러운 상태를 바로잡기 위해 설교할 필요가 있다는 공감대가 형성되었을 때에 두 수도회 모두 동시에 발전했다. 두 수도회에게는 어느 교구에서나 설교할 수 있는 자유가 허용되었다. 따라서 그들의 영향력으로 인해 대중을 대상으로 한 설교의 부활이 서구사회 전역에서 일어났다. 도미니크 수도사들은 완벽한 고전 수사학의 원리에 입각한 설교 전통으로 훈련을 받았다. 순회하는 수도사들은 일반적인 미사와는 다르게 특별집회에서 설교를 했고 그 결과 많은 군중을 모았으며 이로 인해 정기적인 미사의 설교는 덜 중요시하게 되었다.[15] 프란시스 수도사들과 도미니크 수도사들은 설교 이론과 전통에 있어서 중대한 공헌을 했다. 그들은 설교가 경시되었기에 설교와 관련된 발전이 거의 이루어지고 있지 않던 시기에 설교를 행했던 사람들이었다.[16]

이 시대의 설교의 특징들 중 한 가지는 로마 교황이 교권 아래 있지 않은 허락받지 못한 설교자와 잘못된 가르침을 전하는 설교자들을 적극적으로 제한한 것이다. 제4차 라테란 공의회에 선언된 것과 같이 회중의 영적인 필요를 충족시켜주지 못할만한 설교자들은 특별히 주의를 해야 했다. 이밖에 중세 후기에는 영혼을 보살피는 성직자와 로마 교황의 임명장을 받는 자들에게 설교하는 권리를 주는 것이 관례였다. 고해를 듣는 특권은 설교하는 책임과 결부되어 있었으며 이것은 교구 사제와의 갈등을 유발했다. 중세 막바지에 이르러 세속 사제들은 설교를 더욱 등한히 여기게 되었고 고위 성직자, 특히 감독은 설교자로서

---

15 Dewitte, 46.
16 위의 책.

매우 초라한 인상을 남겼을 뿐이다.[17] 일부 상황에서 설교자가 아주 긴 설교를 할 수도 있었지만 중세시대에는 보통 간결성을 유지했으며 청중과 생생한 교감을 유지하려는 노력도 있었다. 수도사들은 예배당 이외의 장소에서도 설교를 했다. 많은 군중에 대한 설교였기에 노천에서 설교하는 경우도 발견된다.[18]

설교의 내용에 있어서 중세시대 역시 성서의 메시지를 선포했다. 성경 전반적인 강해를 짧은 형태로 남기기도 했다. 이 시대에도 결코 근면한 설교자가 없지는 않았는데 스콜라주의적인 방법으로 강해하는 이들도 성경에 자신들의 설교의 근거를 두려고 노력했다. 또 설교가 성경 본문과 관련을 맺어야 한다는 요구에는 변함이 없었다.[19]

중세시대 설교의 기본 유형은 예배와 관련이 깊었다. 비록 중세가 다른 주요한 요소 즉 스콜라주의적 방법과 밀접한 연관이 있었지만 예배에 공헌하는 설교는 중세가 설교의 발전 과정에 끼친 중요한 영향들 중의 한 가지이다. 스콜라주의적 설교 또한 미사를 자연스런 틀로 전제하였고 규정된 성경 본문에서 설교의 주제를 찾았다.[20] 이렇게 중세는 예배와 설교라는 구성 요소를 유산으로 남겼다. 그러나 일반적으로 미사의 예배 의식적 맥락은 설교를 제한하고 설교 자체를 약화시켰으며 결과적으로 설교의 활기를 앗아갔다.[21]

중세 설교에 있어서 도덕적인 설교, 다시 말해 성경을 윤리적 교훈

---

17 Yngve Brillioth, 『설교사(A brief history of preaching)』, 홍정수 역 (서울: 신망애, 1987), 126.
18 위의 책, 128.
19 위의 책, 131.
20 위의 책, 135.
21 위의 책, 136.

의 모범으로 삼고 참회와 금식과 선행에 대한 교회의 교훈의 방편으로 삼은 설교가 많았다는 것은 분명하다.[22] 비록 이 시기에 매우 효과적인 설교가 다수 존재했고 또 수많은 군중들이 모였던 것 역시 사실이지만 그럼에도 불구하고 자질과 특징에 있어서 그 설교는 진실한 성경적 기준에서 떠나 있었다는 평가가 여전히 유효하다. 오랜 세대 동안 내려져 오는 오류들을 바로잡지 못했고, 성경은 완전히 무시되거나 혹은 완전히 비성경적이고 심지어 반성경적인 가르침을 위한 구실로 사용되는 경우가 많았다. 과도한 알레고리적인 해석, 도를 넘는 상상, 억지로 끼워 맞추는 의미와 적용, 잘못된 이해 등으로 점철된 설교가 비일비재했다. 성경이 제시하는 역사나 교리보다 부가적인 관심이 설교에 더욱 많이 반영됐다. 그러나 이런 오류들 가운데서도 교회의 기본적인 진리는 전해졌고 그리스도의 구원의 능력은 선포되었다.[23]

2. 중세시대의 설교자들

중세시대의 설교자로 먼저 손꼽을 수 있는 사람은 노쟁의 기베르(1053-1124)였다. 그는 베네딕투스 수도사 및 수도원장이었고, 역사와 성경에 관한 저술을 남겼는데 십자가 전쟁의 역사와 이교도들 사이의 논쟁, 구약에 대한 신학적 해설서들이 있다. 설교에 관한 10권의 책을 펴내기도 했고, 설교에 있어서 주석과의 밀접한 관계를 강조하

---

22 위의 책, 137.
23 Dargan, 『설교의 역사』 I, 311.

기도 했다.²⁴

로망의 훔베르트 (Humbert of Romans, 1200?-1277)는 봉건시대가 끝나가던 프랑스 로망에서 태어나 도미니칸 수도회에 헌신했고 새로운 선교사역을 일으켰다. 설교에 관해서 책을 남겼지만 정작 설교에 관한 그의 공헌은 목회자의 위치를 기존의 관점에서 벗어나 설교와 밀접한 연관을 가진 사람으로 본 데에 있다. 설교자의 훈련에 관하여서도 언급하기를 열정, 연설의 기술, 성령에 의한 은혜가 필요하다고 역설했고 생생한 이미지가 결국 듣는 이들의 영혼을 치유한다고 보았다.²⁵

프란시스파 수도사로 독일에서 활동한 설교자 레겐스부르크의 베르톨드 (Berthold of Regensburg, 1210-1272)는 마을을 돌아다니며 설교할 때 많은 사람들이 모여들었지만 남아있는 설교는 그리 많지 않다. 그의 설교는 주제를 중심으로 전개되는 경우가 많았고 숫자와 관련된 전개에 능했으며 평범한 언어와 비유, 자연에 관한 예화, 풍자, 유머 등을 직접적인 말투로 묘사했고, 청중의 반응을 자기 입으로 말하면서 그것에 대해서 격려하거나 책망하는 설득의 기법을 사용했다.²⁶

---

24 "The Way a Sermon Ought to Be Given," Joseph M. Miller 역, *Today's Speech* 17: 4 (Nov. 1969), 48-49.

25 "Treatise on the Formation of Preachers," in *Early Dominicans: Selected Writings*, S. Tugwell, O.P. 편, *The Classics of Western Spirituality* (New York, NY: Paulist Press, 1982), 187-90.

26 "Blessed Are the Pure in Heart" *German Sermon* 25, in "A Revivalist of Six Centuries Ago," G. G. Coulton, *North American Review* 185 (1970), 273-82.

3. 종교개혁 시대에 높아진 설교에 대한 관심

종교개혁의 기치를 높이 들었던 마르틴 루터는 숨을 거두기 삼 일 전까지 설교를 했다. 이천 편이 넘는다고 알려진 그의 설교는 그의 사역의 중심에 설교가 있었음을 반증한다. 당시의 주류 교회였던 로마 가톨릭에 대한 개혁의 의도는 1519년 라이프찌히 교회에서 행했던 설교나 1521년 보름스로 가면서 했던 설교에서 선명하게 드러난다. 물론 설교에 대한 구체적인 지시들, 예를 들어 설교의 임무나 방법에 대한 가르침을 따로 정리하지는 않았다. 다만 단순하게 말씀하신 그리스도처럼 최고의 웅변은 단순한 것이라는 주장을 했고 주제에 충실하라고 한 것이 설교에 대한 직접적인 지침이었다.[27] 형식에 대한 루터의 무관심이 선포를 약화시켰다고 볼 수는 없다. 루터 자신은 구약 예언자의 전통에 서 있다고 생각했고 설교도 같은 연장선상에서 행하는 것으로 이해했다. 그는 예언자들이 백성을 일깨웠음을 지적하며 "이와 같이 백성들로 구세주의 오심을 대망하게 하는 것이 우리가 설교하고 교회에서 지시하는 모든 것의 목적"이라고 말했다.[28]

이러한 루터의 개혁자적인 정신은 그의 뒤를 이은 많은 이들에게 영향을 미치거나 공감을 불러일으켰고 이런 교감은 아래와 같이 각종 종교개혁의 신조와 문헌들에 때로는 직접적으로 때로는 간접적으로 표명이 되었다.

---

27 Brillioth, 155-61.
28 위의 책, 163.

1) 아우구스부르크 신앙고백(1530)

루터의 종교개혁은 신학적인 교리에 대한 충돌이 많았는데 이 신앙고백이 루터와 그 동료들이 직면한 문제들에 대한 대답을 제시하고 있다. 온건하고 다소 보수적인 이 신앙고백은 믿음으로 의롭게 되는 원리에 있어서는 양보가 없고 선포되는 말씀에 대한 강조 역시 잊지 않는다.

【제5조】교회의 직무

신앙을 얻도록 하나님이 목회의 직책을 세우셨으니 곧 복음과 성례전을 주셨다. 이러한 것을 방편으로 하여 그는 자기가 원하시는 때와 장소에서 복음을 듣는 사람들 안에서 신앙을 일으키는 성령을 주신다. 우리가 이것을 믿을 때 우리 자신의 공로가 아니고 그리스도의 공로에 의하여 은혜로운 하나님을 소유하게 됨을 복음이 가르친다. 우리 자신의 준비와 생각과 행위를 통하여 성령이 우리에게 오신다든지 또는 선포되는 복음의 말씀 없이도 역사하신다고 가르치는 재세례파 교도들은 정죄되어야 한다.[29]

【제7조】교회

우리는 하나의 거룩한 그리스도인의 교회가 영원히 살아남을 것을 가르친다. 이 교회는 복음이 순수하게 선포되고 그 복음에 일치되게 성례전이 거행되는 모든 신자들의 회합임을 가르친다.[30]

29　이장식, 『기독교 신조사』 I, 38.
30　위의 책, 38.

【제28조】 교권

우리의 교사들이 주장한 것은 복음에 따라 열쇠 또는 감독들의 권세라는 것이 복음을 전하며 죄를 용서하거나 보류하며 … 감독의 권한은 다만 하나님의 말씀을 가르치고 전파하며 … 이처럼 교회 혹은 감독의 능력은 영원한 선물을 주며 또 다만 설교의 직책을 통하여 행사되는 것이므로 정부나 세상적인 권위와는 전혀 관계가 없다. … 그러므로 영적 권위와 세상적인 권위는 서로 혼동되거나 혼합될 것이 아니니 영적 권위는 복음을 설교하며 성례전을 집행하는 것이다. … 거룩한 권한에 따르면 감독의 직책은 복음을 설교하고 죄를 용서하며, 교리를 판단하며, 복음에 어긋나는 교리를 정죄하며, 악행이 입증된 사람들을 그리스도인의 사회에서 제외시키는 일이다. 이러한 일은 인간의 권세가 아니고 하나님의 말씀의 권세만으로 하는 것이다.[31]

당시의 개혁자들은 영적인 권위를 세속적인 것이나 다른 교회의 전통에서 찾지 않고 복음을 설교하는 데서 찾았고 감독의 직책 역시 설교의 직무를 수행할 때에 위임되는 하나님의 말씀의 권세에 의존하는 것임을 분명히 했다. 교회를 교회답게 하는 것 또한 복음이 순수하게 선포되는 데에 있다.

2) 슈말칼트 신조(1537)

신성로마제국의 황제 카를 5세는 루터의 종교개혁 운동에 대처할

---

31 위의 책, 61-62.

방안을 모색했고 교회의 문제들을 해결할 회의를 계획했다. 당시 교황 바울 3세는 황제의 요청을 받아 들여서 1537년 5월 20일 이태리 만쯔에서 회의를 갖기 위한 교서를 발표했다. 루터측에서도 결국 이 총회에 참가할 것을 결정하고 이 총회에서 루터교회의 입장을 밝힐 신조를 준비했는데 그것이 슈말칼트 신조이다. 루터는 만쯔 총회에 앞서서 그해 2월 8일 슈말칼트에서 루터교회의 제후들과 신학자들의 회의를 열고 이 신조를 검토한 후 44명이 여기에 서명하였다. 이 신조에는 루터의 성찬론이 강조되어 있으며 로마 가톨릭교회 측에 제시하는 루터의 최종적인 자기 입장이 총괄적으로 정리되어 있다.[32]

【제4조】복음에 관하여

복음은 죄에 대하여 여러 가지 방법으로 충고하며 도움을 준다. 그 까닭은 하나님이 은혜에 넘치시기 때문이다. 즉 첫째는 입에서 나오는 말을 통하는 것이다. 그것은 온 세계에 대하여 죄의 용서를 설교한다. 이것은 복음의 고유한 임무이다. 둘째는 세례를 통하여, 셋째는 성단의 거룩한 예전을 통하여, 넷째는 열쇠의 권능을 통하여, 또 '형제의 교제와 위로를 통하여' 하시는 일이다.[33]

복음에 관한 이 신조에서 죄를 알게 하고 용서하는 도구가 바로 설교를 통한 복음의 말씀임을 확실히 하고 있다.

---

32 위의 책, 81.
33 위의 책, 97.

3) 제네바 신조(1536)

제네바 신조는 목사의 자격에 관해 논하고 있는데 하나님의 말씀에 충실한가의 여부가 그 기준이다. 말씀을 자신들의 개인적인 생각과 혼합하지 않고 순수하게 전달하는 데서 목사의 권위가 생기고 그럴 때에야 비로소 교회가 권한을 부여한다.

【제20조】 말씀의 사역자들

우리는 교회 안에서 하나님의 말씀의 충실한 목사들만을 목사로서 인정한다. 그들은 한편으로는 예수 그리스도의 양들을 교훈과 경고와 위로와 권면과 간청으로 먹이고, 다른 한편으로는 모든 거짓된 교리들과 사단의 속임에 대항하며 성경의 순수한 교리들을 그들의 환상이나 어리석은 상상과 혼합하지 않는다. 이러한 사람들에게 우리는 동일한 말씀에 의해 그들에게 위탁된 하나님의 백성들을 지도하고 이끌고 다스릴 능력 혹은 권한을 부여한다. 그 말씀을 통해 그들은 명령하고 변호하고 약속하고 경고할 능력을 가지며, 그것이 없이는 그들 또한 어떤 것도 행할 수 없고 행해서도 안 된다. 우리가 하나님의 말씀의 참된 사역자들을 하나님의 사자와 대사로 맞아들였듯이 우리는 하나님의 말씀과 마찬가지로 그들의 말을 들어야 한다. 그리고 우리는 그들의 사역이 교회의 필요를 위해 하나님이 위탁하신 것임을 인정한다. 반면, 우리는 복음의 순수성을 포기하고 그들의 생각대로 왜곡시키려고 유혹하는 거짓 선지자들을 방치하거나 교회에서 생계를 지원하게 해서는 안 된다. 그들은 목사인 체 하지만 실상을 그렇지 않다. 그들은 오히려 미친 늑대와 같이 사냥해서 하나님의 백성으로부터 제거시켜야 한다.

4) 제1 스위스 신앙고백(The First Helvetic Confession, 1536)

스위스의 개혁교회에서는 여러 가지 지역적인 신앙고백들과 신앙문답들이 나왔으나 공동 신앙고백으로서 최초로 나온 것이 제1 스위스 신앙고백이다.[34] 이 신앙고백 12조 "복음적 교리의 목적이 무엇인가?"라는 항목은 설교가 그리스도의 공로와 하나님이 주시는 구원에 비중을 둬야 함을 강조한다. 즉 구원에서 인간의 공로와 노력이 어떠한 역할을 하지 않음을 분명히 한다.

> 모든 설교에서 역설하여 사람의 심중에 새겨져야 할 것은 우리가 다만 하나님의 유일한 긍휼과 그리스도의 공로에 의하여서만 주시는 구원을 받는다는 것인데 이것은 모든 복음적 교리 가운데서 가장 높고 중요한 주요 신조가 되어야 한다.[35]

또 17조 "교회의 권능에 관하여"는 설교자의 권능을 언급하면서 설교자란 하나님의 선택과 교회의 인증된 기관에서 평가받고 인정받은 사람이어야 함을 분명히 한다.

> 하나님의 말씀을 설교하고 하나님의 어린 양들을 기르는 권능, 이 일은 본래 열쇠의 직능이라고 불리던 것인데, 이 권능은 사람이 높은 지위에 있든 낮은 지위에 있든, 모든 사람들이 한결같이 살아야 함을 명한다. … 이 권위를 갖게 될 사람은 먼저 하나님의 음성과 선택을 받으며 교회의

---

34 위의 책, 129.
35 위의 책, 133.

위원회와 같은 기구의 심사숙고한 평가를 거쳐서 사람들에게 유용하며 또 숙련된 사람으로 보이거나 인정되는 이어야 하며 그렇지 않으면 누구에게도 맡겨서는 안 될 것이다.[36]

20조 "교역자와 교회의 직책이 무엇인가?"의 항목에서는 설교자의 직책이 막중함을 말하면서 그리스도의 교훈대로 설교할 것과 성령의 검을 가진 것과 같이 설교해야 한다고 강조한다. 그러한 설교를 통하여 교회의 성도들과 직분자들이 잘못된 길에서 돌이키고 올바른 신앙생활을 하게 해야 한다는 권면이다. 특별히 그리스도의 교훈대로 설교하라는 단호한 표현은 어떠한 인간적인 접근과 타협도 허용하지 않는 개혁자들의 정신을 그대로 보여주고 있다.

이 직책에 있어서 가장 높고 가장 중요한 것은 교회의 직분자들이 죄에 대하여 뉘우치며 슬퍼하고, 생활의 개조, 죄의 용서 등의 모든 것을 그리스도의 교훈대로 설교하는 일이다. … 성령의 검을 가지듯이 하나님의 말씀을 가지고 … 그 결과 교회의 직분자들은 그리스도의 건전한 시민들을 보호하는 반면에 악한 자를 꾸짖고 멀리한다. 또 악한 자들이 파렴치한 여러 가지 악독함으로 그리스도의 교회를 영속적으로 좌절시키며 황폐하게 만들려고 할 때 말씀의 사역자와 그리스도인 위정자들과 또 이 목적을 위하여 임명된 사람들은 그들을 제명하거나 혹은 다른 정당하고 적절한 방법으로 벌하여서 그들이 자기들의 과오를 고백하고 생활을 고

---

[36] 위의 책, 135.

치며 건전하게 바뀌도록 시정해야 한다.[37]

5) 제2 스위스 신앙고백(The Second Helvetic Confession, 1566)

제2 스위스 신앙고백은 제1 신앙고백과 주제와 순서는 같지만 내용과 해석이 확장된 신앙고백이다. 설교자들이 설교할 때 하나님의 말씀이 선포된다는 확신과 더불어 설교된 말씀은 설교자와 관계없이 하나님의 말씀이라고 한다. 그렇다고 설교자의 자격에 대한 기준이 없다는 말이 아니라 설교자가 "합법적으로 부름 받은" 설교자여야 한다는 기준을 분명히 한다.

【제1장】하나님의 참된 말씀인 성경
이 하나님의 말씀이 합법적으로 부름 받은 설교자들에 의해서 설교되어질 때, 우리는 하나님의 말씀 자체가 선포된다는 사실과 이 하나님의 말씀 자체가 믿는 자들에 의하여 받아들여진다는 사실을 믿는다. 우리는 이 말씀 이외에 다른 말씀을 날조하거나 하늘로부터 내려올 것을 기대해서는 안 된다. 설교된 하나님의 말씀 자체는 그것을 설교한 사람에 관계없이 하나님의 말씀이다. 즉, 그 설교자가 악한 사람이요, 죄인이라 해도 하나님의 말씀은 항상 참되고 선하다.[38]

【제18장】교역자들의 제정 및 의무에 관하여
교역자들의 의무

---

37 위의 책, 136.
38 이형기, 『세계 개혁교회의 신앙고백서』 (서울: 대한예수교장로회총회출판국, 1991), 118.

교역자들의 의무에는 여러 가지가 있다. 그러나 대체로 두 가지에 국한되는데 이 두 가지 속에 나머지가 포함되어 있다. 그 두 가지란 그리스도의 복음을 가르치는 것과 성례전(세례와 성찬성례전)을 집행하는 일이다. 그도 그럴 것이 예배를 위하여 회중을 모으고 그 자리에서 하나님의 말씀을 풀이하며, 이 말씀의 모든 가르침을 교회를 돌보고 교회를 유익하게 하는 일에 적용함을 통해서 선포된 말씀이 듣는 자들에게 유익을 주게 하고 나아가 믿는 자들을 세우는 것이 바로 교역자들이 해야 할 의무이기 때문이다.[39]

6) 제네바교회 신앙문답서 (1537, 1542)

제네바에서 종교개혁을 시도하다 추방을 당했던 칼뱅은 다시 제네바로 돌아와 신앙문답서를 만들었다. 하나님에 관한 지식과 하나님 중심의 예배를 주된 내용으로 다루고 있는데 설교에 관해서는 아래와 같이 강조하고 있다.

【제304번 문답】
우리는 성경에서 제시하는 교훈을 듣고 또 읽기 위하여 노력해야 되지 않는가?
- 그렇다. 첫째 각자가 이렇게 하도록 성의를 보여야 한다. 또 특별히 그 말씀이 그리스도인들의 집회에서 설명되는 설교를 들으러 우리가 다니는 것이다.

---

39 위의 책, 188.

【제307번 문답】

그러면, 목사들이 필요한가?

- 그렇다. 그리고 그들의 입에서 주님의 교훈을 겸손히 받으면서 들어야 한다. 그러므로 그들을 모욕하고 듣기를 거부하는 사람은 누구든지 예수 그리스도를 버리고 신도들의 사귐에서 떠나는 사람이다.[40]

7) 프랑스 신앙고백(1559)

칼뱅이 인생의 후반기에 개혁파가 소수였던 프랑스의 개신교도들을 위해 준비한 신앙고백이다. 구원에 있어서 복음의 유일성을 주장할 때 그것을 가능하게 해 주는 것이 다른 직무나 사람이 아니라 바로 목사와 그의 수행이다. 또 교회 이해는 말씀으로 말미암는 가르침에 순종하는 신도들의 연합이라고 정의해서 설교가 교회의 중심임을 일깨운다.

【제5장】교회와 그 특성 중에서

【제25조】

이제 우리는 복음을 통해서만 그리스도를 알 수 있기 때문에 그의 권위로 세워진 교회의 제도는 신성한 것이 되어야 하고 따라서 교훈을 주기 위한 목사가 없이는 교회가 존재할 수 없으며 그가 정식으로 초청되고 그 직책을 성실하게 수행할 때 우리가 그를 존경하며 순종해야 한다고 우리는 믿는다.[41]

40　이장식, 192.
41　위의 책, 214.

【제27조】

그리하여 우리는 하나님의 말씀대로 교회란 그의 말씀과 그 말씀이 가르치는 순수한 종교에 순종하는 일에 하나가 된 신실한 신도들의 단합체라고 말한다.[42]

8) 벨기에 신앙고백(1561)

칼뱅의 개혁이 벨기에에서 확산되는 과정에서 순교한 기 브레이(Guy De Bres)가 작성한 신앙고백이다. 여러 박해 상황에서 신앙을 지키기 위해 싸운 개혁교회의 치열한 정신이 잘 보존되어 있는데 교회론과 설교를 연결하고 있다.

【제29조】 참된 교회의 표지에 대하여

참된 교회를 인식하기 위한 표지는 다음과 같다. 교회가 순수한 복음의 교훈을 설교하고 있는지 그렇지 않은지, 그리스도가 명령하신 바와 같은 순수한 성례전을 베풀고 있는지 그렇지 않은지, 교회의 훈련이 죄를 벌하기 위하여 사용되는지 그렇지 않은지, 간단하게 말하자면 모든 것이 순수한 하나님의 말씀에 따라 운영되고 있는지 그렇지 않은지, 그 말씀에 위배되는 것은 무엇이든지 배격되는지 그렇지 않은지 … 거짓된 교회를 논한다면 그런 교회는 하나님의 말씀보다는 교회 자체와 교회의 규정들에 더 큰 힘과 권위를 돌리며 예수 그리스도의 명예에 교회 자체를 복종시키지 않으려 한다.[43]

---

42 위의 책.
43 위의 책, 262-63.

【제31조】목사와 장로와 집사에 대하여

우리는 하나님의 말씀의 사역자들과 장로들과 집사들이 그들의 존경받는 직책을 위해 선택받는 것은 교회의 합법적인 선거에 의해서, 주님의 이름에 대한 부름과 더불어, 그리고 하나님의 말씀이 가르치는 질서를 따라서 이루어져야 한다고 믿는다. … 하나님의 말씀의 사역자에 관해 말하자면 그들은 그들이 어디에 있든지 모두 동일한 능력과 권위를 가진다. 왜냐하면, 그들은 모두 유일하게 보편적인 감독이요 교회의 유일한 머리되신 그리스도의 사역자들이기 때문이다. 게다가 하나님의 이 거룩한 규정은 폐기되거나 경시 될 수 없으며, 모든 사람은 하나님의 말씀의 사역자들과 교회의 장로들을 그들의 사역으로 인해서 존경하고 가능한 한 불평이나 원망, 다툼 없이 그들과 화목해야 한다.

9) 하이델베르그 신앙문답(1563)

루터가 세상을 떠나던 해 하이델베르그 시도 개혁의 물결이 휩쓸었다. 하이델베르그 대학에 멜랑히톤의 제자들이 있었고 개혁파들 간에 신학적인 논쟁이 생겼는데 그 조정을 위해 신앙문답이 나왔다. 로마서를 중심으로 회개와 신앙, 사랑에 관한 내용이 많이 담긴 이 신앙문답은 설교를 통해서 우리의 신앙이 생겨나며 성례전이 그것을 견고하게 함을 확인한다. 설교와 성례전은 한쪽을 소홀히 할 수 없는 개혁교회 예배의 두 기둥이다.

【제65문】

만약 우리들이 오직 신앙에 의해서만 그리스도와 그의 모든 선물을 나누어 갖는다면, 이 신앙은 어떻게 해서 생깁니까?

- 답: 성령께서는 거룩한 복음의 설교를 통해서 우리의 마음속에 이 신앙을 창조하시고, 성례전의 사용을 통하여 이 신앙을 견고케 하십니다.

【제67문】

그렇다면, 말씀과 성례전은 우리의 구원의 유일한 근거로 십자가에 달리신 예수 그리스도의 희생을 믿도록 하기 위해 제정된 것입니까?

- 답: 그렇습니다. 우리의 모든 구원이 오직 우리를 위하여 십자가에 달리신 그리스도의 유일한 희생 가운데 근거하고 있음을 복음 설교와 성례전을 통해 성령님께서 확증하십니다.[44]

10) 영국 성공회 신조 (1563, 1571)

로마 가톨릭과 결별을 선언한 이후 엘리자베스 1세가 영국 국교회의 신조로 선언했다. 교회론을 언급하며 하나님의 순수한 말씀이 선포되는 곳이 교회라고 말하는 동시에 목회자로 부름을 받는 과정이 중요함도 언급하고 있다.

【제19조】(교회)

그리스도의 보이는 교회는 하나님의 순수한 말씀을 선포한다.

---

44 이형기, 88-89

【제23조】 (교역)

누구든지 올바로 부름을 받고 직책을 법대로 수행하도록 파송받기 전에는 공적인 설교나 성례전의 직책을 얻을 수 없다.

【제26조】

보이는 교회에 있어서 악한 사람이 언제나 선한 사람과 같이 섞여 있고 때로는 하나님의 말씀을 선포하며 성례전의 집행에 있어서 악한 사람이 주요한 권위를 행사할 경우도 있지만 그들은 자기들의 이름으로 그것을 집행하는 것이 아니고 다만 그리스도의 이름으로 하는 것이므로 우리가 하나님의 말씀을 듣고 성례전에 참여할 때 그들의 직무수행에 따를 수 있다. 그들이 악한 사람이라 해서 그리스도의 명령의 효과가 제거되는 것이 아니며, 또 그들 때문에 집례된 성례전에 신앙으로 올바로 참여하는 사람에게서 하나님의 선물인 은혜가 빼앗기는 것은 아니다. 성례전은 악한 사람이 집행한다 할지라도 그리스도가 제정하시고 약속하셨기 때문에 유효하다.[45]

11) 도르트 신조(1618)

네덜란드 도르트에서 아르미니안 신학으로 인한 회의가 열려 칼뱅의 신학이 자리를 잡았다. 이때 확립된 칼뱅주의의 주요 교리 중 성도의 견인과 관련해서 설교는 성례전을 통해서 전해지는 은혜와 같은 맥락에서 이해되고 있다.

---

45   이장식, 279.

【제5교리】 성도의 견인

【제14조】 견인의 수단들

복음의 설교에 의하여 우리들 가운데서 생긴 이러한 은혜의 역사의 계시가 하나님을 기쁘시게 하였다. 하나님은 우리가 자기의 말씀을 듣고 읽으며 또 그 말씀을 명상하고 그 말씀의 격려와 경고와 약속 등을 알게 하심으로써 성례전을 통하여 하시는 것과 같은 방법으로 은혜의 역사를 완성하신다.[46]

12) 웨스트민스터 신앙고백(1648)

영국 왕과 국교도들의 박해에 청교도들이 어려움을 겪을 때 크롬웰 장군을 중심으로 1640년 공화국이 수립되었고 1648년 웨스트민스터 회의가 소집되어 교회의 개혁이 논의되었다. 이때 장로교회 신앙의 근간을 이루는 신앙고백과 196문답의 교역자를 위한 대요리문답, 107문답의 신자들을 위한 소요리문답이 작성되었다. 이때 설교자뿐만 아니라 설교를 듣는 사람, 즉 회중에 관한 관심이 필요함이 지적되었다.

【제21장】 예배와 안식일에 관하여 5항

경외하는 마음으로 성경을 읽는 것, 하나님의 말씀을 건전하게 설교하는 것과 정성껏 이 말씀을 듣는 것, 이 말씀을 들을 때에 이해력과 신앙과 경외심을 가지고 순종해야 하는 것을 말한다.[47]

46　이장식, 『기독교신조사』 II (서울: 컨콜디아사, 1983), 26.
47　이형기, 277.

【대요리문답 제158문】
하나님의 말씀은 누가 설교할 수 있습니까?
- 하나님의 말씀은 충분한 은사를 받았을 뿐 아니라 정식으로 공인되고 이 직분에 부름받은 자만이 설교할 수 있습니다.

【대요리문답 제160문】
설교는 듣는 자들에 요구되는 것은 무엇입니까?
- 설교를 듣는 자들에게 요구되는 것은 근면과 준비와 기도로 설교를 듣고 그 들은 바를 성경으로 살펴보며, 진리이면 믿음과 사랑과 온유와 준비된 마음으로 그것을 하나님의 말씀으로 마음에 받아들이고, 묵상하고, 참고하며 그것을 그들의 마음속에 간직하고 생활에서 그 말씀의 열매가 맺혀져야 한다는 것입니다.[48]

13) 웨스트민스터 예배모범

웨스트민스터 예배모범은 목회와 신앙의 여러 분야에 대해서 자세하게 언급하고 있는데 설교에 관해서도 세밀한 지침을 제공한다. 설교자의 자질에서 어떻게 말씀을 작성해야 하는지나 교리를 주장할 때 주의할 점 등등 소홀히 할 수 없는 지침을 담고 있다.

【4 설교】
① 설교의 사역의 의미

---

48 Benjamin Green, J., 『웨스트민스터 표준문서 대조해설(A Harmony of the Westminster Presbyterian Standard with Explantory Notes)』, 김남석 역, 11.

구원으로 인도하는 하나님의 능력이며 복음사역에 있어 가장 위대하고 탁월한 일에 해당하는 말씀 선포는 다음과 같이 수행한다. 즉 사역자는 수줍어 할 필요가 없으며 오직 자신과 청중들을 구원하기 위하여 설교하도록 한다.

② 설교자의 자격

법령의 규정에 따르면, 주님의 목회자는 엄숙한 예배를 위하여 훌륭한 은사를 갖추도록 한다. 즉 성경 원어에 대한 능력, 예술과 과학을 신성한 것에 사용하는 능력을 갖춘다. 또 신학 전반에 걸친 지식과 무엇보다 거룩한 성경에 대한 감각과 핵심 적용이 일반 신자들보다 한 단계 높은 수준이어야 한다. 그동안 깨닫지 못했던 진리를 하나님께서 알게 하실 때에는 언제든지 받아들이고 인정하는 결단이 있어야 하며, 항상 성령님의 조명과 그 밖에 가르치는 은사, 즉 말씀을 읽고 연구하는 것을 겸손한 마음으로 간구하여야 한다. 목사는 준비한 것을 회중들에게 전달하기 전에 목사의 개인적인 설교 준비 과정에서 이 모든 것을 사용하고 발전시켜야 한다.

③ 설교의 주제

일반적으로 설교의 주제는 성경의 본문에서 채택하는데, 기독교의 중요한 원리나 또는 당시의 긴급한 상황에 잘 맞는 내용이어야 하며, 목사가 적절하다고 생각될 때에는 시편의 다른 본문이나 성경 등을 토대로 설교할 수 있다.

④ 설교의 개요

본문 그 자체나 상황에서부터, 또는 어떤 비교 부분이나 성경의 일반적인 말씀으로부터 끌어내는 본문에 대한 개요는 간단하고 명백하게 하고, 만일 본문이 길다면 역사나 비유에서 때때로 그렇듯이 그것을 간략하게 요약한다. 본문이 짧을 경우에는 필요에 따라 본문을 꼼꼼히 살펴보고 본문에서 교리의 근거와 주요한 핵심을 지적하도록 한다.

⑤ 본문 해석의 원리

본문을 분석하고 나눌 때에는 단어들보다는 내용의 순서에 유의해야 하며, 처음부터 너무 많은 대지를 설정하여 듣는 이에게 부담을 주지 않도록 하고 애매모호한 용어도 사용하지 말아야 한다.

본문에서 교리를 주장할 때 가장 중요한 것은 첫째, 그것이 하나님의 진리여야 한다는 점이다. 둘째, 진리는 본문 안에 또는 본문에 기초하거나 포함된 것이어야 하고, 회중들은 그 본문을 통해 하나님께서 어떻게 가르치시는지를 분별할 수 있어야 한다. 셋째, 기본적으로 회중의 덕성 함양에 기여하고, 그러한 것을 목적으로 하는 교리를 주로 주장하여야 한다. 교리는 쉬운 용어로 표현되어야 한다.

⑥ 설교의 결론

또 설명이 필요한 말씀이 있을 때는 공개되어야 하며, 결론 부분 또한 본문에서 명백히 이끌어 낸다. 교리를 확증하는 성경의 병행 구절을 인용할 필요가 있을 때는 다소간에 당면한 목적을 지지하고 적용하기보다는 오히려 간단하고 적절하게 해야 한다.

⑦ 예증

논증이나 논거는 확실하고 견고하게 한다. 예화는 어떤 것이든 회중들의 마음에 영적인 즐거움으로 진리가 전달될 수 있도록 가벼운 것으로 한다.

⑧ 설교의 설득의 원리

성경이나 또는 회중의 논거, 편견으로 인해 불분명하거나 의심이 생길 때에는 그것을 해결할 필요가 있는데, 그러기 위해서는 표면적인 차이점을 조정하고 그 논거에 대답하며 편견과 실수의 원인을 발견하여 없애야 한다. 그렇지 않고 쓸데없는 답변이나 제의 또는 사악한 반대로 회중을 옭아매는 일은 적절하지 못하며, 그에 대한 답변이나 제의도 끝이 없으므로 회중들의 덕성함양을 증진하는 대신에 오히려 방해하는 결과를 가져올 것이다.

⑨ 설교자의 삶

증명하거나 확인할 수는 없지만 목사는 일반적인 교리에 전적으로 의존하지 않았고, 청중들로 하여금 선포된 말씀을 적용하며 살게 하기 위해 목사 자신이 설교한 내용을 가정에서 철저히 지켜야만 한다. 이것은 목사라는 직책이 엄청난 신중함과 열정, 묵상을 요구하는 아주 어려운 사역이라는 것을 입증해 주며, 본질적으로 타락한 인간들에게는 매우 언짢은 일일 것이다. 이렇게 함으로써 목사는 회중이 하나님의 말씀을 즉각적이고 강력히 느낄 수 있도록, 그리고 생각과 마음의 의도를 분별하도록 최선을 다한다. 이럴 때 불신자나 무지한 자도 마음속의 비밀을 털어놓고 하나님께 영광을 돌리게 될 것이다.

교리에서 추론되는 진리를 알기 위해 자료와 정보를 사용할 때, 목사는 적당히 해당 본문이나 성경 본문에서, 또는 신학 안에 공통으로 존재하는 핵심 내용을 토대로 몇 가지 논증을 확인하여 그것을 확증할 수 있을 것이다.

거짓 교리를 논박할 때는 케케묵은 낡은 이단론을 제기하지 말아야 하고, 필요 없이 불경한 의견도 언급하지 않아야 한다. 그러나 사람들이 그러한 실수를 저지를 위험에 처해 있다면 목사는 확실하게 논박하고 모든 반대에 맞서 그들의 양심과 판단력을 만족시키기 위해 노력해야 한다.

⑩ 설교의 기능

의무를 다하도록 권고할 때 목사는 의무를 실천하는 데 도움이 되는 방법도 제시해야 한다. 성도를 충고하고 꾸짖으며 공적으로 훈계할 때는 특히 각별한 지혜가 필요하다. 반드시 그럴만한 이유가 있어야 하고 목사로 하여금 죄의 본성과 심각함, 그리고 그것이 수반하는 불행을 발견하게 하고 그것을 구제할 방법과 피할 수 있는 최선의 길을 제시해 줌과 동시에 회중들이 죄에 정복당하고 거기에 빠지게 되는 위험을 보여 주어야 한다. 모든 시험에 대하여 일반적인 위로를 하거나 어떤 특별한 문제나 두려움에 대한 특별 위로를 할 때 만일 상대방이 상한 마음과 고통 속에서 질문을 하면, 목사는 거기에 대하여 진지한 대답을 해야 한다.

또한 가끔은 시험에 대한 간증을 하는 것도 필요하다. 이것은 특별히 능력 있고 경험이 풍부한 목사가 신중함과 인내를 가지고 확실한 성경적 근거 아래 수행될 때 매우 유익할 것이다. 그로 인해 듣는 자들은 스스로 은총을 받으며, 목사가 권고한 의무를 다했는지, 아니면 비난받을 죄를 저질렀는지, 판단력이 위협을 받을 처지에 있는지, 위로를 받을 만한지를 스스로 검증할 수 있게 된다. 이로써 그들은 의무에 자극을 받아 더 열심을 내게 되고 부족함과 죄에 대해 겸손해지며 위험을 깨달을 뿐 아니라, 위로를 통해 힘을 얻고, 어떤 상황에서든지 성찰을 하게 될 것이다. 목사는 본문에 있는 모든 교리를 항상 전달할 필요는 없으며, 회중들과 생활하면서 이야기를 나누는 가운데 가장 필요하고 합리적인 부분을 지혜롭게 선택한다. 이렇게 하는 동안 회중들 대부분의 영혼은 빛과 거룩함과 평안의 원천이신 그리스도에게로 인도될 것이다.

⑪ 설교의 커뮤니케이션

이 방법은 모든 사람에게 동일하게 어떤 상황에서든지 반드시 이렇게 해야 한다고 규정하는 것은 아니지만, 다만 하나님이 내리신 크신 복에 근거한 경험과 인간의 이해와 기억에 도움을 줄 수 있는 것으로 권고하는 바이다.

⑫ 설교자의 사역감당 원칙

그러나 방법이야 어떻든 그리스도의 종은 다음의 몇 가지를 자신의 사역에서 감당하여야 한다:

(1) 수고를 아끼지 않으므로 주님의 일을 소홀히 하지 말라.
(2) 분명하게 하여 누구나 그 의미를 이해하도록 하라. 그리스도의 십자가가 무익해지지 않도록 인간의 지혜로 말미암은 말로 유혹하지 말

고 성령님과 권능이 나타내시는 대로 진리를 전하라. 또한 알지 못하는 말을 무익하게 사용하지 말며 생소한 구절, 또는 말과 소리의 미사여구를 삼가라. 교회의 판결문이나 기타 인간의 저작물은 고전이나 현대의 것이나 품위가 없으므로 인용하지 말라.

(3) 자기 자신의 유익과 영광을 바라보지 말고 그리스도의 영광과 회중의 구원, 회심, 교훈을 믿음의 눈으로 바라보라. 거룩한 목적을 고양시키도록 최선을 다하고, 자신의 분깃을 모든 사람들에게 나눠주며, 미천한 자를 소홀히 여기지 말고 그들의 죄를 관대히 여기며, 모든 이들을 동등하게 존중하라.

(4) 가장 잘 설득할 수 있는 방법으로 모든 교리와 권면, 그리고 특별히 질책의 말을 지혜롭게 사용하라. 각 사람의 인품과 처지에 합당한 경의를 보이고 그의 열정이나 고통을 혼동하지 말라.

(5) 엄숙한 하나님의 말씀이 되도록 하라. 인간을 타락시켜 목사와 목회를 경멸하게 만드는 행동이나 목소리, 표현들을 삼가라.

(6) 애정을 가지고 일하라. 성도들은 목사가 거룩한 열정과 성도의 유익을 갈망하는 마음의 소원에서 우러나는 것들을 보게 될 것이다.

(7) 하나님을 가르치고 진심으로 믿게 함으로써 목사가 가르친 모든 것이 그리스도의 진리가 되게 하라. 회중들 앞에 모범이 되라. 사석이든 공석이든 하나님의 은총을 진실하게 간구하고 자신은 물론 하나님께서 돌보라고 맡기신 회중들을 조심스럽게 살피라. 그리하면 진리의 교리가 부패되지 않고 보존될 것이며, 많은 영혼이 회개하고 새로워지며, 이런 삶을 통해 자신도 많은 평안을 받을 뿐 아니라, 후에는 장차 다가올 세상에서 영광의 면류관을 받게 될 것이다.

목사가 한 명 이상인 집회에서 목회자의 은사가 서로 다를 경우에는 각자의 가장 뛰어난 은사를 따라 모두가 동의하는 가운데 교리를 가르치거나 상담하는 등 더욱 열심히 사역에 전념하도록 한다.[49]

14) 스위스 일치 신조(The Helvetic Consensus Formula, 1675)

스위스에서 칼뱅주의 신학이 번성했을 때 보수주의를 고수하던 그룹은 성서 영감의 교리와 같은 신학을 발전시켰다. 중세 로마 가톨릭교회의 스콜라주의와 그 성격이 유사했기에 프로테스탄트 스콜라주의의 신학적 표본이라고까지 인식되었던 이 신조는 오늘에 이르기까지 철저한 보수신학을 대변하고 있다.[50] 이 신조는 설교를 통한 구원 이외에 다른 구원에 이르는 방법은 없음을 강조한다.

【제20조】

어떤 사람들이 구원에 이르는 부르심이 복음의 설교만이 아니라 자연과 섭리의 역사로도 표출된다고 주장한다면 전적으로 틀린 것이다. 또 덧붙여 말하기를 구원에 이르는 부르심이 아주 불분명하고 또 보편적이기 때문에 빛을 자연적으로 받는 모든 사람에게 혜택을 입도록 허락하시는 것처럼 하나님께서 그리스도와 구원으로 인도하실 때에 인도함을 받지 못할 정도로 부족한 사람이 없다고 주장하는 것도 옳지 않다.[51]

---

49 Thomas Leishman, 『웨스트민스터 예배모범(The Westminster Directory)』, 정장복 역 (서울: 예배와 설교 아카데미, 2002), 51-56. 소제목은 부기.
50 이장식, 『기독교 신조사』 II, 107.
51 위의 책, 116.

【제21조】
복음의 선포를 통하여 구원으로 부름 받은 사람들이 어둠 가운데서 빛이 있으라고 명령하신 하나님의 힘으로 영적 죽음에서 살아나지 않으면, 또 하나님이 예수 그리스도의 얼굴에 있는 하나님의 영광에 관한 지식의 조명을 주시기 위하여 영혼을 지배하시는 그의 영으로써 그들의 마음속을 비추시지 않으면 그 부름을 믿거나 복종할 수 없을 것이다.[52]

4. 종교개혁기 이후 설교자들

런던 성 바울 성당의 사제였던 존 던(John Donne, 1572-1631)은 은유적인 언어와 경험, 성경적 주제를 귀납적이거나 서사적 형태에 담아 설교했다. 학생 시절 법학을 공부했는데 학문에 대한 열정은 후에 고전 언어나 수학과 과학 등에 대한 관심으로 드러났다. 던의 설교는 1920년대 T. S. 엘리엇에 의해 재조명되었는데, 설교 안에서 은유의 기능이 감정적이고 지적인 충격을 강화하는 동시에 설교를 전개해 나가는 기능까지 내포하고 있어 주목을 받았다.[53]

필립 야곱 스페너(Philipp Jakob Spener, 1635-1705)는 독일 루터교회의 경건주의자 지도자였다. 1664년에 신학박사 학위를 취득한 후 프랑크푸르트, 드레스덴, 베를린에서 사역했다. 교회 개혁을 향한 저술을 통해 교회 개혁과 신학 교육, 설교에 대한 방안들을 밝혔다. 스

---

52 위의 책.
53 "A Sermon Preached At the Earl of Bridgewater's house in London at the marriage of his daughter ⋯ November 19, 1627," in *Donne's Sermon: selected Passages* (Oxford: Claredon Press, 1919), 214-15. 이하 각 설교자들의 설교 본문은 해당 각주를 참조.

스페너의 설교는 주해 중심의 설교였고 성경을 설명하며 분석하는 방법을 주로 사용하였다. 그의 설교 방식이 자극적이지는 않았지만 영향력이 있었고, 결국 독일 루터교 경건주의 운동은 스페너의 설교에 의해서 강화되었다.[54]

티모시 드와이트(Timothy Dwight, 1752-1817)는 어린 시절부터 예일대학에서 수학한 후 코네티컷의 회중교회에서 12년간 목회했다. 1795년 예일대학의 학장이 된 후 대학교회를 다시 열고 유럽으로부터 수입된 기독교에 대한 비판적인 흐름에 대응해 다양한 토론의 장을 마련했다. 그의 설교를 통해 많은 이들이 회심했고 영적 대각성 운동이 촉발되기도 했다. 정통신앙을 논증하며 그리스도의 대속을 제시한 그의 설교는 많은 예일대학의 학생들을 감화시켰을 뿐 아니라 이후 미국의 기독교계를 이끈 많은 이들에게도 영향을 끼쳤다.[55]

프레드릭 윌리엄 로버트슨(Frederick William Robertson, 1816-1853)은 생존했을 때보다 사후에 더욱 주목을 받은 설교자 중의 한명으로 현대에 논의되고 있는 귀납적 설교와 서사 설교의 원형을 이미 150년 전에 보여줬다. 비록 사역의 기간은 짧았지만 영향력 있는 성경적이면서 언어에 탁월한 설교를 행해서 많은 이들로부터 설교의 스승으로 추앙을 받았다.[56]

---

54 "Die Notwendigkeit der Wiedergeburt" (The Necessity of the New Birth, trans. K. Luckert), in *Der Hochwichtige Articul von der Wiedergeburt* (Frankfurt am Mayn: In Verlegung Johann David Zunners, 1696), Vol. I, 13-14.

55 T. Dwight, *Theology Explaned and Defended in a Series of Sermons, with a Memoir of the Life of the Author in Five Volumes* (Cheapside, London: Thomas Tegg, 1845), xxxix-xliii.

56 "The Loneliness of Christ," in *Sermons Preached at Brighton* (New York: Dutton, 1883), 170, 176-77.

헨리 하일랜드 가넷(Henry Highland Garnet, 1815-1882)은 장로교 목사인 동시에 교사, 정치가, 작가였다. 흑인 노예로 태어났으나 흑인들을 위해 설립된 교육 기관에서 교육을 받은 후 노예 제도 폐지와 각종 개혁적 정책을 공적인 대중 연설을 통해 주장하기도 했다.[57]

오순절 교회의 설교자였던 에이미 셈플 맥퍼슨(Aimee Semple McPherson, 1890-1944)은 남편의 사망과 계속된 결혼의 실패 이후 열정적인 복음전도에 헌신해서 미국을 횡단하며 집회를 인도했다. 대공황 기간 중에 교회를 통해 가난한 이들을 돌보고 설교에서는 무대장치와 연극적 요소, 연기의 적극적 도입으로 생동감을 불어넣었다.[58]

5. 현대 신조에 나타난 설교신학

1) 바르멘 선언(1934)

독일에서 제3 공화국의 발흥에 따라 나치 독일에 순응적인 기독교가 탄생하려던 무렵 개혁교회와 루터교회의 전통을 이어받은 교회의 대표들이 1934년 바르멘에 모여서 선언문을 발표했다. 매우 긴박한 상황에서 뜻을 모은 이 선언의 기초는 칼 바르트가 했으며 인간의 의도와 정치에 이용되어서는 안 되는 하나님 말씀의 유일성을 강조했다.

---

57 "An Address to the Slaves of the United States of America," in Carter G. Woodson, *Negro Orators and Their Orations* (Washington: The Associated Publishers, 1925).

58 "A New Beginning" in *Fire from on High* (Los Angeles: [Angeles Temple] Foursquare Publications, 1969), 215-19.

【전문】

교회의 임무는 값없이 주어지는 하나님의 은혜의 복음을 그리스도를 대신하여 모든 사람들에게 전달하는 것이요, 설교와 성례전을 통해 그리스도 자신의 말씀과 사역을 위해 봉사하는 것이다. 교회가 인간적인 오만으로 충만하여, 주님의 말씀과 사역을 사람들이 인위적으로 선택한 욕망과 목적, 계획에 예속시켜서는 안 된다. 우리는 이런 교회를 배격한다.

【제3조】

그리스도의 교회는 예수 그리스도가 성령을 통하여 말씀과 성례전 가운데 현재적으로 일하고 계시는 형제 단체이다."[59]

2) 1967년 신앙고백 (미국연합장로교회 신앙선언, United Presbyterian Church In the U.S.A. – Confession of Faith, 1967)

두 차례의 세계대전 이후 냉전시대를 지내던 인류에게 화해와 평화를 호소하려는 목적에서 총회의 결의를 거쳐 세상에 나온 것이 이 신앙고백이다. 교회가 당면한 위기가 위급한 것임을 적시하고 성경에 제시된 화해의 복음을 받아들일 것을 호소한다. 이를 위해 설교가 구체적으로 가르쳐지고 선포되어야 하는데 효과적인 설교는 성경과 더불어 현실에 대한 학문적인 연구의 결과여야 한다.

【제2부】화해의 사역

---

59 위의 책, 275.

【제2장】 교회에서 갖추어야 할 것

(1) 설교와 교훈

하나님께서는 '설교와 교훈'을 통해 당신의 교회를 가르치시며 선교의 사명을 감당할 수 있도록 준비되게 하신다. 성령을 의지하여 성경 말씀에 충실하게 설교하고 교훈을 주면 사람들은 하나님의 말씀을 듣게 되고 그것을 받아들이며 그리스도를 따르게 된다. 그러한 메시지는 특정한 상황 안에 살아가고 있는 사람들에게 들리는 것이다. 따라서 효과적으로 설교하고 교훈을 주며, 개인적 신앙의 증거에 유효성이 있게 하려면 성경을 체계적으로 연구해야 하는 동시에 현 세계에 대해 정확히 이해하도록 힘써야 한다.

공중 예배 안에서 이루어지는 모든 행위는 특정한 시간과 공간 안에 살고 있는 사람들이 복음을 듣고 이에 적합한 순종의 반응을 보이도록 하게 하는 것이어야 한다.[60]

3) 미국장로교회 신앙선언(1976)

미국장로교회가 새로운 시대를 맞아 시도한 신앙선언으로 특징은 설화적인 형식을 띠고 있다는 점이다. 설교와 관련해서 설교를 하나님의 말씀으로 정의하고 성령을 통해서 전달된다는 칼뱅의 정의가 계승되고 있다. 그러나 다양한 형식을 취할 수 있다는 점을 분명히 한 것은 새로운 시대의 커뮤니케이션을 고려해야 함을 강조한 결과이다.

---

60   위의 책.

【제52장】하나님의 말씀

【제4조】하나님의 말씀을 전달한다

우리는 설교의 말씀이 하나님 그 자신과 대면하는 사건이라는 것을 믿는다. 모인 공동체가 예배 가운데서 하나님에 대하여 말할 때 우리는 하나님이 설교 가운데서 우리에게 말하실 것을 기대한다. 설교는 다양한 형식을 취할 수 있다. 설교가 성실하고 순종적이 될 때 성령은 설교를 이용하여 불신자들을 회심키시고 신자들을 강하게 하며 교회를 이루고 또 재형성한다.[61]

4) 세계교회협의회 성명서 – 제3차 총회: 교회의 일치(1961)

제3차 세계교회협의회 총회가 인도 뉴델리에서 모였을 때 교회의 일치에 대한 모색이 있었고 공통된 관심으로 교회의 일치에 대한 뜻을 모았다. 설교 역시 이미 주어진 하나의 교회의 개념에서 바라봐야 함을 아래의 입장에서 확인 할 수 있다.

"같은 복음을 설교하며"

설교는 각 세대에 있어서 사람들에게 예수 그리스도를 새롭게 선포하는 것이다. 하나님의 말씀의 신실한 설교로 살아 계시는 그리스도가 각 시대에 있어서 우리와 동시대적으로 현존하시게 된다.[62]

---

61 이형기, 『신앙고백서』, 699.
62 위의 책, 346-47.

6. 현대 예배 중 그리스도 선포의 당위성

현대의 예배는 다양한 관심을 포괄할 수밖에 없다. 급변하는 현대 사회의 여러 관심들과 변화하는 사상에 대한 회중의 요구를 외면할 수 없기 때문이다. 이런 상황에서 예배의 중심이 무엇이 되어야 하는가는 목회자에게 최우선적인 과제가 되어야 한다. 자칫 예배가 중심을 잃고 인간의 요구를 충족시키는 데에 그친다면 참된 예배의 의미가 퇴색되기 때문이다. 현대의 신조들은 이에 대해 그리스도가 예배의 중심에 위치해야 하는데 특별히 설교가 그 역할을 담당할 수 있음을 밝히고 있다.

1) 회중교회 신앙선언(Congregational Church in England and Wales – A Declaration of Faith, 1967)

회중교회의 신조는 예배의 요소들 중 말씀의 선포에 하나님이 임재하신다고 선언한다. 예배의 목적이 임재하시는 하나님을 인식하고 그분에게 마음을 다하며 순종하는 것이기에 선포가 예배에서 중심이고 가장 중요하게 인식되어야 한다는 것이다.

모든 예배에는 하나님께서 그분의 은혜의 말씀 가운데 임재하신다. 하나님을 높여 드리고 그분께 충성을 다짐하는 마음으로 그분의 말씀을 들으며 순종하는 반응을 보이는 것이 우리의 할 일이다.

이러한 이유로 모든 예배에서 그리스도를 선포하는 행위는 근본적이고 중심적인 중요성을 갖는다. 그분은 사람이 되신 하나님의 말씀이시다.

믿음과 순종 가운데 이루어지는 설교는 성경에서 그분을 어떻게 증거하고 있는지 보여 주며, 또한 그 증거가 오늘을 살고 있는 회중이 이해할 수 있는 것이 되게 한다. 그리고 그분의 진리가 신자나 불신자를 불문한 모든 이들의 지성과 양심에 다가가게 한다. 이렇게 설교 가운데 선포된 하나님의 말씀은 복음서에 기록된 성례로서 준수되는 세례식과 성찬성례전 예식을 통해서 효과적으로 확증된다.[63]

2) 1967년 신앙고백 (미국연합장로교회 신앙선언, United Presbyterian Church In the U.S.A. - Confession of Faith, 1967)

칼뱅주의를 따르는 미국 장로교회가 당대의 신정통주의의 관점을 수용해서 고백서를 발표했는데 성경에 대한 관심과 더불어 공중예배 때 선포되는 말씀을 통한 삶으로의 반응을 촉구하고 있다.

【제2부】 화해의 사역

【제2장】 교회에서 갖추어야 할 것

예수 그리스도께서는 교회 안에 설교와 교훈, 찬양과 기도, 세례와 성찬성례전이 있게 하셨다. 이러한 것들은 교회가 사람들 가운데서 하나님의 일을 이루어 가는 수단이 된다. 이런 은혜의 선물은 여전히 존재하지만 교회는 여러 다른 세대와 문화에 적합한 방법으로 그 형태를 변화시켜야 하는 책임이 있다.

---

63 Lukas Vischer 역, 142-43.

【2. 찬양과 기도】

교회는 찬양과 기도로 '화목케 하시는 말씀'에 응답한다. 이렇게 응답하는 가운데 교회는 교회에 주어진 선교 사명에 새롭게 헌신하게 되고 믿음과 순종의 깊이가 더해지는 것을 경험한다. 그리고 숨김없이 복음을 증거하게 된다. 하나님을 경배하는 것은 하나님께서 온 세상을 지으신 창조주이심을 인정하는 것이다. 죄를 고백한다는 것은 모든 사람이 죄인이며 그분의 용서를 받아야 함을 시인하는 것이다. 감사드리는 것은 '모든 사람을 향한 하나님의 선하심'과 '다른 이들의 필요를 채워 주심'을 기뻐하는 것이다. 간구와 중보의 기도를 드리는 것은 하나님께서 지속적으로 그 선하심을 베풀어 주시고 사람들의 병을 치유하시며 여러 가지 형태의 억압 아래 있는 사람들을 구해 주시기를 기도하는 것이다. 예술, 특히 음악과 건축은 교회 성도들이 찬양하고 기도하는 데 도움이 될 수 있다. 사람들이 자기 자신을 넘어서 하나님을 바라보고 그분께서 사랑하고 계시는 세상을 바라볼 수 있도록 도움을 줄 수 있는 것이다.[64]

---

64   위의 책, 215-16.

제3부

문헌에 나타난 예배와 설교의 흐름

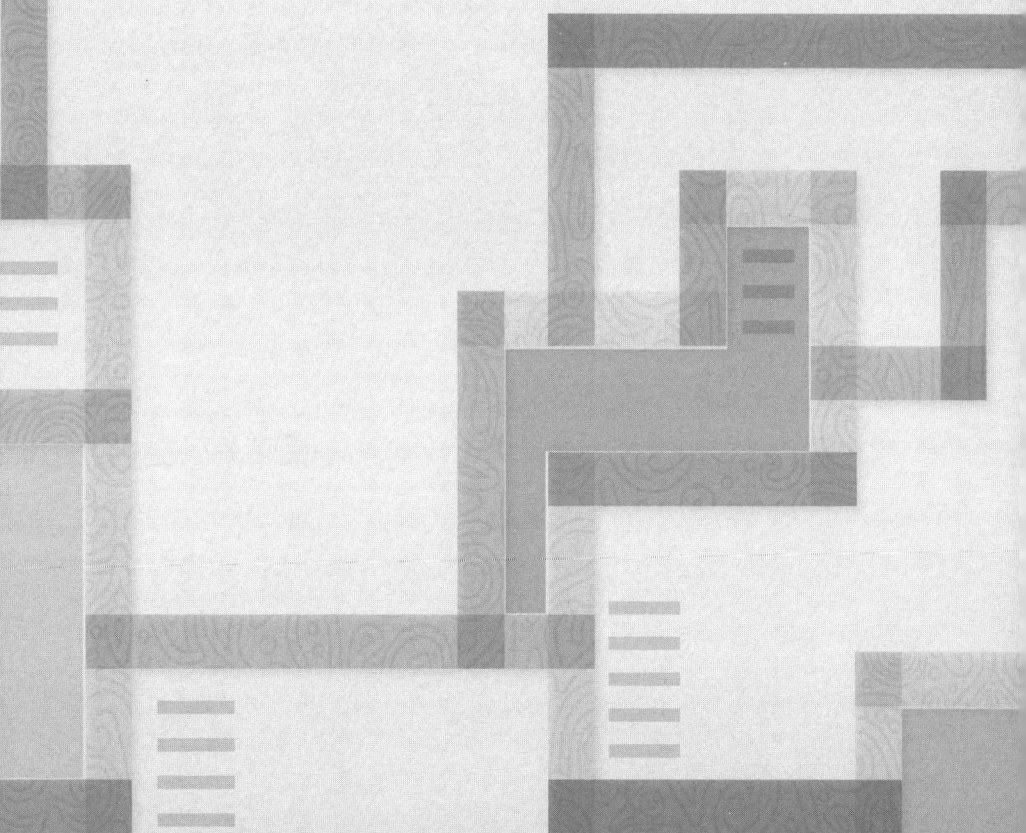

제1장

시간과 예배 (예전)

성경은 인간의 역사가 하나님의 인도하심을 따라 진행되었음을 고백한다. 그러나 그 과정을 살펴볼 때 한 장소에 집착하는 인간의 탐욕이 하나님의 인도하심을 거스르는 모습을 보여 왔다. 눈에 보이는 공간과 물질은 현실적인 마음의 평안과 불안을 잠재우는 역할을 한다. 그러나 공간에 집착하는 인간은 필연적으로 부패와 죄악과의 타협이라는 결과를 맞게 되기 마련이다. 우리의 탐욕과 하나님의 인도하심이 충돌하는 자리에서 비극이 잉태되기 때문에 이를 극복하기 위해서는 현세적인 공간을 뛰어넘어 시간이라는 차원을 통해 하나님을 바라보아야 한다. 그러나 인류의 역사는 시간마저도 마치 물질처럼 자신의 뜻대로 통제할 수 있다고 여기며 낭비하거나 망각해 왔음을 보여준다. 그래서 앞서간 신앙의 선진들은 하루와 일주일 그리고 일 년의 시간을 무감각하게 지낼 것이 아니라 때를 따라 하나님을 기억하고 하나님 앞에 의식적으로 나아가는 훈련이 필수적임을 강조했다.

1. 시간의 하나님과 교회의 시간

성경은 하나님을 시간의 하나님으로 제시한다. 그래서 하나님께서는 믿음의 계보를 아브라함으로부터 시작하실 때에게도 공간에 머물지 말고 시간으로 공간을 이겨내라고 하셨다. 시간을 따라서 살라는 하나님의 말씀을 받아들인 아브라함은 공간에 얽매이지 않고 미래를 보며 나아갔고 "갈 바"를 모른 상태에서 다가올 시간에 몸을 맡겼다. "믿음으로 아브라함은 부르심을 받았을 때에 순종하여 장래의 유업으로 받을 땅에 나아갈새 갈 바를 알지 못하고 나아갔으며"(히 11:8)

하나님을 만나는 시간은 매일의 일상 가운데 체험되기도 하지만 그것을 탈피하는 데에서 강렬하게 체험이 되는 경우도 많다. 그 예가 예배이다. 로버트 웨버는 이것을 모래시계에 비교한다. 우리의 인생이 모래시계와 비슷할 때 하나님과 동행하는 삶이 가능하다는 것인데 매일의 일상적인 삶과 정화된 새로운 삶이 모래시계의 양쪽 넓은 면을 구성한다. 그리고 그 가운데에 위치하는 것이 바로 예배이다.[1] 그의 이미지대로라면 예배를 통해서 우리의 일상은 새로운 삶으로 변화된다. 웨버가 구체적으로 언급하지는 않았지만 눕혀놓은 모래시계와 같은 예배와 삶의 이해에서 예배는 좁은 노즐과 같은 역할을 한다. 물줄기가 작은 노즐을 통과할 때 더욱 힘차게 뻗어나가듯 예배라는 응축된 시간을 통해 우리의 일상의 삶에도 새로운 힘이 부여되고 미래를 향해 과감하게 도전하게 된다. 이 땅에서 경험하는 어두운 영향들은 이 예배를 통

---

1 로버트 웨버, 『살아있는 예배』, 황인걸 역 (포항: 예본 출판사, 2003), 242.

해 정화되고 그 고유하게 지으신 의도대로 살게 된다.

2. 기독교인의 하루

성경은 인간의 삶에 깊숙이 개입하신 하나님의 사역에 대해 증언한다. 초기의 교회부터 시간은 인간이 사용하는 시간이라는 의미에 국한되지 않고 하나님이 창조하셨다는 개념이 동시에 강조되었다.

1) 예전과 관련된 하루는 해질녘에 시작된다
성경 • 창세기 1:5
하나님이 빛을 낮이라 부르시고 어둠을 밤이라 부르시니라 저녁이 되고 아침이 되니 이는 첫째 날이니라

2) 하루는 기도시간에 의해서 나눠진다
하루의 시간을 주님의 사역과 연관해 묵상하는 삶으로 성화하는 지혜를 발전시켰다.

매일 공중 기도(Daily Public Prayer)

아침, 제 3시(오전 9시), 제 6시(정오), 제 9시(오후 3시), 취침 전, 동트기 전[2]

---

2 히폴리투스(Hippolytus), 『사도 전승(Apostolic Tradition)』 XLI(c. 217). Geoffrey J. Cuming 역, *Hippolytus: A Text for students* (Bramcote, Notts: Grove Books, 1976), 29-31, 제2부 1장 5 참조. 제3부의 내용은 James White의 *Document of Christian Worship: Descriptive and Interpretive Sources* (Louisville: Westminster John Knox Press, 1992)에 분류된 문헌 위주로 소개함.

3. 기독교인의 일주일

일주일에 대한 관념은 유대교의 안식일 개념과 더불어 강한 영향력을 발휘했다. 하나님이 일하시고 쉬신 날이라는 개념이 성경의 제일 앞부분에 등장하고 밤과 낮이 바뀌는 하루의 개념이 그 기초를 형성하기에 하루와 일주일이 기독교인의 삶에서 시간이라는 사이클을 형성하는 중요한 요소로 작용했다.

1) 부활이 새로운 주간의 시작이 된다

성경 • 마가복음 16:1-2(참고 마태복음 28:1; 누가복음 24:1; 요한복음 20:1)

안식일이 지나매 막달라 마리아와 야고보의 어머니 마리아와 또 살로메가 가서 예수께 바르기 위하여 향품을 사다 두었다가 안식 후 첫날 매우 일찍이 해 돋은 때에 그 무덤으로 가며

2) 기독교 예배를 위해 첫째 날을 지켰다고 하는 암시들이 신약성경에 나타난다

성경 • 고린도전서 16:2

매주 첫날에 너희 각 사람이 수입에 따라 모아 두어서 내가 갈 때에 연보를 하지 않게 하라

성경 • 사도행전 20:7, 11

그 주간의 첫날에 우리가 떡을 떼려 하여 모였더니 바울이 이튿날 떠나

고자 하여 그들에게 강론할새 말을 밤중까지 계속하매 … 올라가 떡을 떼어 먹고 오랫동안 곧 날이 새기까지 이야기하고 떠나니라

성경 • 요한계시록 1:10
주의 날에 내가 성령에 감동되어 내 뒤에서 나는 나팔 소리 같은 큰 음성을 들으니

3) 주일에 대한 주제 언급되기 시작했다(2세기)
약속된 날에, 그들은 습관적으로 동이 트기 전에 만나서 하나님께 하듯 그리스도께 응답하며 찬송을 했다.[3]

주일마다 - 주님의 특별한 날 - 함께 모여서 빵을 나누고 감사드리시오. 그러나 그전에 먼저 여러분의 제사가 깨끗하게 되도록 죄를 고백하시오.[4] 나에게 현재의 안식일들은 받아들일만한 것이 아닙니다. 그러나 내가 지켜왔던 그 날에 모든 것을 쉬는 안식을 하며 제8일을 시작할 것입니다. 이것이 또 다른 세상의 시작을 의미합니다. 그러므로 또한 우리는 예수님께서 죽은 자들로부터 부활하시고 나타나셔서 하늘로 승천하셨던 제8일을 기쁨으로 기념합니다.[5]

---

[3] "플리니우스(Pliny the Younger), 편지" 10(c. 112). Henry Bettenson 역, *Documents of the Christian Church* (New York, NY: Oxford University Press, 1947), 6.

[4] 『열두 사도들의 가르침(The Didache)』 14장(1세기 후반, 또는 2세기 초반). Cyril C. Richardson 역, LCC, 1, 178.

[5] 『바나바의 서신(The Epistle of Barnabas)』 15장 8-9절(1세기 후반 또는 2세기 초반). Kirsopp Lake 역, *Apostolic Fathers* (Cambridge, MA: Harvard University Press, 1965), 1, 395-96.

고대 관습을 따라서 살던 사람들이 새로운 소망에 이르렀습니다. 비록 어떤 사람들은 부인할지라도 그들은 안식일 지키기를 중단하고 그분과 그분의 죽음에 감사드리며 그들의 생명뿐만 아니라 우리들의 생명을 비춰주는 주일을 따라 살았습니다.⁶

우리는 모두 공동의 모임을 일요일에 가졌습니다. 왜냐하면 일요일은 하나님께서 어두움과 물질을 변화시켜서 세상을 만드시고, 우리 주 예수 그리스도께서 같은 날 죽은 사람들 가운데 부활하셨던 첫번째 날이기 때문입니다. 그들이 토요일 전날 예수님을 십자가에 못 박았기 때문에 그분은 토요일 다음날(일요일) 그의 사도들과 제자들에게 나타나셨습니다. 그리고 그분은 내가 여러분이 신중하게 고려하도록 전했던 바로 그 내용들을 직접 제자들에게 가르치셨습니다.⁷

4) 일요일이 황제의 칙령에 의해서 안식일로 간주되었다(321년)

로마의 태양신 숭배가 초기 기독교에 끼친 영향이 주일을 준수하게 된 과정에서도 발견된다. 초기에는 태양의 날(Sunday)이라는 개념이 먼저 도입되었다.

콘스탄티누스가 엘피디우스에게

모든 재판관들, 시민들, 그리고 장인들은 태양의 신성한 날에 쉴 것이라.

---

6 이그나티우스(Ignatius), "마그네시아 교회에게 보내는 서신(to the Magnesians)," 14, (c. 115). Cyril C. Richardson 역, LCC, 1, 96.
7 순교자 유스티누스(Justin Martyr), "제 1 변증서(First Apology)" LXVII (c. 155). Edward Rochie Hardy 역, LCC, I, 287-88.

그러나 그 날이 종종 씨앗을 파종하거나 포도나무를 옮겨심기에 가장 적합한 날이기 때문에, 시골 사람들은 방해받지 않고 농업에 종사해도 좋다. 농업에 적당한 시기가 매우 짧기 때문에 그렇게 함으로써 하나님의 섭리에 의해서 제공되는 바로 그 기회를 놓치지 않게 하라.[8]

5) 수요일과 금요일은 금식일이 되었다

금식은 일상성을 탈피할 수 있는 중요한 경험을 제공한다. 성경을 통해서 우리는 구약과 신약, 특히 예수님의 금식이 기도와 밀접하게 연관됨을 알 수 있다.

성경 • 누가복음 18:11-12
바리새인은 서서 따로 기도하여 이르되 하나님이여 나는 다른 사람들 곧 토색, 불의, 간음을 하는 자들과 같지 아니하고 이 세리와도 같지 아니함을 감사하나이다
나는 이레에 두 번씩 금식하고 또 소득의 십일조를 드리나이다 하고

여러분들의 금식은 위선자들의 그것과 같게 하지 마시오. 그들은 월요일과 목요일마다 금식합니다. 그러나 여러분들은 수요일과 금요일마다 금식하시오.[9]

---

[8] Codex Justinianus, Ⅲ, xii, 3(321). Henry Bettenson 역, *Documents of the Christian Church* (New York, NY: Oxford University Press, 1947), 27.

[9] 『열두 사도들의 가르침(The Didache)』 8장. Cyril C. Richardson 역, LCC, I, 174.

그러나 여러분들은 그 주의 네 번째 날(수요일)과 예비일(금요일)에 금식하시오. 왜냐하면 네 번째 날에 주님을 대항해서 유다가 돈으로 그분을 팔기로 약속한 유죄판결이 이루어졌기 때문입니다. 그러므로 여러분들은 예비일에 금식하시오. 왜냐하면 그날에 주님께서 본디오 빌라도의 손에 십자가의 죽음을 당하셨기 때문입니다.[10]

6) 토요일은 어느 정도 예전적인 중요성을 내포하고 있다

소아시아 지역을 포함한 다양한 민족에게 복음이 전파되기 이전에 주된 전도의 대상은 유대인이었다. 안식일 전통에 근거한 유대인의 문화에서 안식일 개념은 쉽게 부정하지도 그렇다고 완전히 수용할 수도 없는 이중적인 문제를 가지고 있었다. 초기의 교회는 안식일에서 주일로 넘어가는 과정에서 각각의 중요성을 강조하는 시기를 거쳤다.

무릎 꿇는 문제에 관해 생각할 때 안식일에 무릎 꿇는 일을 삼가온 몇몇 사람들 때문에 다양하게 준수하게 되었다. … 그러나 우리는 (우리가 받은 바와 같이) 단지 주님의 부활의 날에 무릎 꿇는 일을 삼갈 뿐만 아니라, 걱정하는 마음가짐과 의식까지도 삼가야 한다.[11]

그러나 여러분들은 안식일과 주일을 지켜야 한다. 왜냐하면 안식일은 창조를 기념하기 때문이고, 주일은 부활을 기념하기 때문이다. 그러나 일년 중 여러분이 지켜야 할 유일한 하나의 안식일이 있는데, 그것은 바로 우리 주님을 장사지낸 날이다. 그날은 사람들이 즐거워하는 날이 아니라

---

10 『사도헌장(Apostolic Constitutions)』, VII, 23(c. 375). James Donaldson 역, ANF, VII, 469.
11 테르툴리아누스(Tertulian), 『기도론(On Prayer)』, XXIII (c. 205). S. Thelwall 역, ANF, III, 689.

금식해야하는 날이다. 그 이유는 창조주께서 땅 아래 계셨기 때문으로, 그분을 위한 탄식은 창조의 즐거움보다 더 강하기 때문이고, 창조주께서 그 본성과 위엄에 있어서 그분 자신의 피조물보다 더욱 영화롭기 때문이다.[12]

4. 교회의 일년 (교회력)

초기 교회 상황에서 때에 따른 예배를 얼마나 중요하게 여겼는지는 예수님에 대한 바울의 증언에서도 드러난다. 고린도전서 11장을 통해 바울은 오늘의 교회가 실천적인 지침으로 받아들이는 특별한 한 가지를 강조했는데 "이것을 행하여 나를 기념하라"는 것이다. 바울은 의도적으로 두 번 이 말을 반복했다. 이런 강조를 통해 일정한 시간마다 반복하라는 명령과 과거를 회상하라는 두 가지 예배의 정신을 발견할 수 있고, 이 기본적인 요소들이 우리가 지키는 교회력의 본질이 된다.

1) 유대교와 기독교 신앙의 중심인 유월절

유대교에서 연장된 기독교의 절기 중 유월절은 유대교에서와 같이 기독교에서도 예수님의 죽음과 연관되어서 계속해서 핵심적인 위치를 차지했다.

성경 • 출애굽기 12:6-8

이 달 열 나흗날까지 간직하였다가 해 질 때에 이스라엘 회중이 그 양을

---

12 『사도헌장(Apostolic Constitutions)』, 위의 책.

잡고 그 피를 양을 먹을 집 좌우 문설주와 인방에 바르고 그 밤에 그 고기를 불에 구워 무교병과 쓴 나물과 아울러 먹되

성경 • 고린도전서 5:7-8

너희는 누룩 없는 자인데 새 덩어리가 되기 위하여 묵은 누룩을 내버리라 우리의 유월절 양 곧 그리스도께서 희생되셨느니라
이러므로 우리가 명절을 지키되 묵은 누룩으로도 말고 악하고 악의에 찬 누룩으로도 말고 누룩이 없이 오직 순전함과 진실함의 떡으로 하자

2) 3세기 문서에 나타난 기독교 유월절

유월절은 다른 절기보다 더욱 세례를 받기에 적합하다. 게다가 우리가 그 날에 세례를 받음으로 주님의 수난이 완성된다. 주께서 마지막 유월절을 지키시려고 제자들에게 준비하라고 하실 때에 보내신 제자들에게 "너는 물 한 동이를 가지고 가는 사람을 만나게 될 것이다"라고 말씀하셨다는 사실을 상징적으로 해석하는 것이 부적절한 것은 아니다. 주님께서는 물이라는 상징을 통해 유월절을 기념하는 자리를 지목하셨다.[13]

그러므로 여러분은 특별히 금요일과 안식일에는 의무적으로 금식하십시오. 마찬가지로 안식일의 철야도 의무적으로 지키십시오. 그리고 안식 후 저녁 3시까지 우리 주 예수님의 부활에 대한 기대와 소망을 가지고 성경을 봉독하고 시편을 읽으며 죄를 범한 사람들을 위해서 기도하고 중보기

13　테르툴리아누스(Tertullian), 『세례론(On Baptism)』, XIX(c. 205). S. Thelwall 역, ANF, III, 678. 인용 문구는 누가복음 22:10.

도 하십시오. 그 다음에 여러분은 여러분의 헌물을 드리십시오. 그 후에 음식을 나누고 함께 기뻐하십시오. 이렇게 할 수 있는 것은 우리들의 부활의 보증이 되시는 그리스도께서 부활하셨기 때문입니다.[14]

3) 쿼토데치만(The Quartodeciman) 논쟁

쿼토데치만 논쟁은 부활절이 항상 주일에 지켜져야 하는지, 아니면 유대인들의 유월절과 같이 그 주의 같은 날 지켜져야 하는지의 문제를 둘러싼 격렬한 논쟁이다. 현재 한국 교회를 포함한 서방교회는 부활주일을 춘분 후 첫 번째 주일, 또는 만월이 주일인 경우 그 다음 주일로 정해서 지키고 있는데 이것이 처음부터 정착된 것은 아니었다. 유대인의 절기를 기준으로 부활절이 주중의 어느 날에 와도 괜찮다는 주장을 한 사람들을 쿼토데치만, 즉 '열네번째 날을 강조하는 사람들'이라고 불렀다.

2세기 후반에 들어서 매주 중요한 논쟁이 일어났다. 그 이유는 모든 아시아 감독 관구들이 고대 전통에 따라서 유월절 절기가 시작되는 태음월인 니산월의 14일을 준수해야만 한다고 생각했기 때문이다. 그런데 그 유월절 절기가 시작되는 날은 유대인들이 양을 잡도록 명령을 받은 날이며 그 주의 어느 날이 되든지 틀림없이 끝까지 금식을 해야 했다. 이 세상 그 어디에서도 자기들의 경축일을 조정하지 않는 것이 관습이었다. 다시 말해서 사도적 전통에 따라서 그들은 여전히 우세한 견해, 즉 우리 주님

---

14 『사도들의 가르침(Didascalia Apostolorum)』, XXI (3c 중반), R. Hugh Connolly 역, *Didascalia Apostolorum* (Oxford: Calarendon Press, 1969), 190.

의 부활의 날이 아닌 어떤 날에 금식을 끝마치는 것은 온당치 못하다고 하는 견해를 유지했다. 그래서 감독회의와 협의회가 소집되었다. 그리고 만장일치로 교회의 포고령을 작성해서 편지의 형태로 각처에 있는 기독교인들에게 주의 날은 주님께서 죽은 사람들 가운데서 부활하신 신비를 축하하고 그날만 우리가 유월절 금식을 풀어야 한다는 사실을 알렸다.[15]

4) 4세기의 유월절

3세기 무렵 주현절 한가지로 지켜졌던 절기가 4세기를 마치며 성탄절과 성현절 등의 절기로 분화되어 지켜졌고 오순절 역시 3세기에는 한가지였으나 4세기 말에 승천일과 성령강림절로 세분화되어 지켜졌다. 3세기에 단일한 유월절이었던 절기는 후에 종려주일, 세족목요일, 성금요일, 부활절 등으로 지켜지게 되었다. 이러한 분화의 과정은 스페인 수녀로 성지 예루살렘을 순례하던 에게리아에 의해 여행 기록의 형태로 정리된 글에서 살펴볼 수 있다.

에게리아

일요일은 부활절 주간의 시작이거나 이곳(예루살렘)에서 소위 '고난주간'의 시작이다. 그래서 일요일에 감독과 모든 사람들은 자신들의 숙소에서 일어나서 올리브 산의 정상으로부터 걸어 내려온다. 모든 사람들은 항상 "주의 이름으로 오는 사람은 복되도다.…"라고 반복해서 시편을 찬송하고 서로 교창하며 감독보다 먼저 간다. …

---

15   유세비우스(Eusebius), 『교회사(the History of the Church)』, V, 23-24(323). G. A. Williamson 역, *The history of the church* (Baltimore, MD: Penguin Books, 1965), 229-30.

수요일은 정확하게 월요일과 화요일과 같다. … 그러나 밤에 … 장로는 … 가룟 유다가 유대인들에게 가서 주님을 배반하도록 유대인들이 그에게 돈을 지불하는 구절을 읽는다. 여러분들이 들으면 울게 될 그런 방법으로 이 구절을 읽을 때 사람들은 신음하고 비탄에 잠긴다. …

목요일에 … 모든 사람들은 성찬을 받는다. 수탉이 울기 시작할 때 모든 사람들은 승천의 장소를 떠나서 주께서 기도하셨던 장소를 향해서 노래하면서 내려온다. … 그곳으로부터 가장 작은 어린아이들을 포함한 모든 사람들이 노래를 부르면서 내려가서 주교를 겟세마네로 인도한다. …

(금요일에) 주교의 의자가 골고다의 십자가 뒤에 놓이면 주교가 그의 의자에 앉는다. 천이 드리워진 테이블이 주교 앞에 놓이고 부제들이 주위에 둘러서며 거룩한 나무로 된 십자가가 들어있는 금과 은으로 된 상자를 주교에게 가져온다. 상자를 열고, 나무로 된 십자가와 명패를 꺼내어 테이블 위에 올려놓는다. … 신자들뿐만 아니라 모든 사람들, 즉 예비신자들도 한 명씩 테이블로 나아온다. 그들은 테이블 위에 몸을 구부리고 나무 십자가에 입을 맞추며 지나간다. …

토요일에는 그들은 우리와 같이 유월절 철야를 한다.[16]

아우구스티누스

그러므로 그분이 십자가에 못 박히시고 장사되시며 부활하신 거룩한 3

---

16 에게리아(Egeria), 『에게리아의 여행기』 (c. 384). John Wilkinson 역, *Egeria's Travels* (London: SPCK, 1971), 132-38.

일을 주목하시오. …

주께서 십자가에 못 박히시고 무덤에 머무셨다가 다시 사신 날들은 복음서를 통해서 분명히 알 수 있기 때문에, 교부들의 회의를 통해서 그 똑같은 날들을 존속시킬 필요성이 더해졌다. 그리고 전 기독교 세계에서 유월절이 그러한 방법으로 지켜져야 한다는 확신이 증대되었다.[17]

5) 부활절 세례

세례는 즉각적으로 주어지기도 했지만 교회가 정착되고 난 후 오랜 기간 동안 기획되고 준비되는 과정이 마련되었다. 특별히 부활절에 세례를 받게 되었는데 세례 받을 사람을 위한 준비의 기간이 중요시되었다. 물론 부활절에만 세례를 베풀었던 것은 아니다. 그러나 사순절은 세례를 위해서 준비하기에 좋은 기간으로 자리를 잡았고 세례를 위한 후보자들이 본격적으로 교회 공동체에 합류하는 시기로 여기게 되었다. 세례에 관한 사도 전승의 기록에서 특별히 두드러지는 내용은 마귀를 내쫓는 구마식이다. 오늘날과 달리 당시에는 매우 중요한 세례를 위한 준비 과정으로 준수되었다.

세례 받을 사람들이 선발될 때 그들의 생활을 조사하라. 예컨대 그들이 예비자 신분일 때 선한 삶을 살았는가, 과부들을 존중했는가, 병자들을 방문했는가, 그들이 온갖 종류의 선한 일을 했는가 등에 대해 조사해야 한

---

17   아우구스티누스(Augustinus), "편지(Letter) 55, to Januarius" (c. 400). Wilfrid Parsons 역, FC, XII, 279, 283.

다. 그들을 인도했던 사람들이 그들 각각의 예비자들에 대해 "그렇다"고 증언하면, 그들이 복음을 듣도록 허락하라.

그들이 선별된 다음부터는 매일 그들에게 구마식을 하는 동안 그들 위에 두 손을 얹어 안수하라. 그들의 세례일이 다가오면 감독은 그가 깨끗한 사람인지의 여부를 알아보기 위해서 그들 중 한 사람씩에게 구마식을 하도록 하라. 만일 어떤 사람이 착하지 못하거나 깨끗하지 못한 사람이라면 제외시킬 것인데, 그 이유는 그가 믿음으로 말씀을 듣지 않았기 때문이고, 이질적인 것이 자신을 영원히 감추는 것은 불가능하기 때문이다.

세례를 받게 될 사람들에게 목요일에 목욕을 하고 자기 자신을 씻도록 가르치라. 만약 생리 중에 있는 여성이라면 따로 구별하고 다른 날 세례를 받게 하라. 세례를 받게 될 사람들은 금요일에 금식하도록 하라. 세례를 받을 사람들은 감독의 결정에 따라 토요일에 지정된 장소에 모이도록 하라.[18]

이러한 종교회의를 열어야 하는데 첫 번째 회의는 사순절(역자 주: 문자적으로 사십 일) 전에 (이것은 모든 괴로움이 제거된 후에 깨끗한 선물이 하나님께 드려짐을 의미) 개최하고, 두 번째 회의는 가을쯤에 개최하도록 해야 한다.[19]

---

[18] 히폴리투스(Hippolytus), 『사도 전승(Apostolic Tradition)』 XLI(c. 217). Geoffrey J. Cuming 역, *Hippolytus: A Text for students* (Bramcote, Notts: Grove Books, 1976), 20.

[19] 니케아 종교회의(Council of Nicaea), "미사전문(Canon)," V, (325). Henry R. Percival 역, NPNF, 2nd series, XIV, 13.

여러분은 은총의 긴 기간 즉 회개를 위해서 사십 일을 지키도록 해야 한다. 여러분의 영혼의 의복을 버리고 철저하게 빨아서 옷을 입고 되돌아올 충분한 시간을 가져야 한다. … 왜냐하면 비록 물은 여러분을 받아들일지라도 성령님께서는 여러분을 받아들이시지 않을 것이기 때문이다.[20]

사순절의 사십 일 금식은 구약성서로부터, 모세와 엘리야로부터, 그리고 복음서로부터 그 권위를 이끌어낸다. 왜냐하면 주님은 복음이 율법과 선지자들과 차이가 없음을 보여주시면서 많은 날들을 금식하셨기 때문이다. … 사순절의 준수를 말할 때 일년 중 다른 어느 시기를 더 적절하게 주님의 수난과 연결해 지킬 수 있겠는가?[21]

6) 부활절 후 50일

부활절 이후의 오순절(Pentecost)은 성경강림일에 그 정점에 이른다. 이 50일의 기간은 특별히 대(great, 大) 50일 혹은 기쁨의 50일이라고도 하는데 다시 살아남과 풀려남의 기쁨을 되새기는 절기이다. 레위기에서 성경적인 근원을 찾을 수 있고 완전수로 알려진 7을 7번 곱한 숫자이기에 유대인들에게 더욱 깊은 의미를 갖게 되었다. 50이라는 숫자는 그 자체로 구약에서 희년을 연상시키기에 해방과 놓임의 의미와 조화를 이룬다.

---

20 예루살렘의 치릴루스(Cyril of Jerusalem), *Procatechesis*, IV(c, 350). William Telfer 역, LCC, IV, 68.
21 아우구스티누스(Augustine), 283-84.

성경 • 레위기 23:15-16

안식일 이튿날 곧 너희가 요제로 곡식단을 가져온 날부터 세어서 일곱 안식일의 수효를 채우고 일곱 안식일 이튿날까지 합하여 오십 일을 계수하여 새 소제를 여호와께 드리되

성경 • 고린도후서 3:7-8

돌에 써서 새긴 죽게 하는 율법 조문의 직분도 영광이 있어 이스라엘 자손들은 모세의 얼굴의 없어질 영광 때문에도 그 얼굴을 주목하지 못하였거든 하물며 영의 직분은 더욱 영광이 있지 아니하겠느냐

성경 • 사도행전 1:8-9

오직 성령이 너희에게 임하시면 너희가 권능을 받고 예루살렘과 온 유대와 사마리아와 땅 끝까지 이르러 내 증인이 되리라 하시니라 이 말씀을 마치시고 그들이 보는데 올려져 가시니 구름이 그를 가리어 보이지 않게 하더라

성경 • 사도행전 2:1-4

오순절 날이 이미 이르매 그들이 다같이 한 곳에 모였더니 홀연히 하늘로부터 급하고 강한 바람 같은 소리가 있어 그들이 앉은 온 집에 가득하며 마치 불의 혀처럼 갈라지는 것들이 그들에게 보여 각 사람 위에 하나씩 임하여 있더니 그들이 다 성령의 충만함을 받고 성령이 말하게 하심을 따라 다른 언어들로 말하기를 시작하니라

테르툴리아누스

유월절 이후에 찾아오는 오순절은 세례를 베풀기에 가장 즐거운 기간인데, 이 시기는 주님의 부활이 제자들 중에서 반복해서 증언된 때이기도 하다. 그리고 주님께서 하늘로 되돌아가셨을 때 천사들이 사도들에게 "그분이 하늘로 올라가신 것과 마찬가지로 그렇게 오실 것입니다."라고 말할 때에 주님의 재림에 대한 소망이 간접적으로 제시되었다. 물론 오순절에도 그렇다. 게다가 예레미야가 "내가 잔치가 벌어지는 날에 그 땅의 끝으로부터 그들을 함께 모을 것이다."라고 말했을 때 그는 유월절과 오순절이 '잔치일'이 된다는 것을 알려준다.[22]

돌아가심을 기념하는 날이 돌아오자마자 우리는 생일처럼 죽은 사람들을 위해서 헌물을 만든다. 우리는 주님의 날에 예배드릴 때 금식을 하거나 무릎 꿇는 것을 법에 어긋나는 것으로 간주한다. 우리는 부활절로부터 오순절에 이르기까지 은혜 안에서 똑같은 기뻐한다.[23]

주님께서 부활하신 이후의 날들은 노동의 기간이 아니라 평화와 기쁨의 기간이다. 그 이유는 우리가 금식하지 않고 부활의 상징으로 서서 기도하기 때문이다. 이러한 관습은 매 일요일마다 단에서 지켜지며, 우리가 미래에 해야 할 일들은 다른 것이 아니라 하나님을 찬양하는 것이라는 것을 나타내기 위해서 알렐루야를 부른다.

---

22 위의 책.
23 테르툴리아누스, *De Corona*, III(c.211). S. Thelwall 역, ANF, III, 94.

부활절과 오순절은 가장 강한 성서적 근거를 갖고 있는 절기들이다. 부활절 이전에 40일의 관습은 교회의 명령에 기초를 두고 있으며, 똑같은 근거에 의해서 새로 세례 받은 사람들(역자 주: the noephytes - 부활절 이후에 8일의 교육을 받고서 새롭게 세례를 받음)의 8일은 다른 날들과 구별된다. 그 결과 8일이라는 시간은 전자(부활절 전의 40일)와 조화를 이룬다.[24]

7) 승천일

4세기 후반쯤 승천일(Ascension)은 오순절과 명백하게 구별되기 시작했다. 기쁨의 50일 중 40일째 되는 날로 지킨 예수님의 승천일은 '쿼드라게시마'(Quadragesima, 40일째 되는 날)라고 불리기도 했는데 언제나 목요일에 지켰다. 이 절기는 신학적으로 그리스도이신 예수님 안에서 우리를 향한 하나님의 구속이 완성되는 날이고, 주님의 부활 안에서 모든 인간이 함께 참여하는 날이기도 하다. 승천하신 주님은 인간의 고뇌와 고통을 경험하셨기에 우리를 외면하지 않으시고 우리를 위해 하늘에 호소하신다. 공간적인 이동은 신학적으로 부활하신 주님께서 공간에 얽매이지 않음을 의미하며 승천으로 말미암아 온 세상의 머리가 되심을 선포하게 된다.[25]

그리고 다시 첫 번째 주일로부터 40일을 계수하라. 즉 주일로부터 그 주의 50일째까지 계수하라. 그리고 주님의 승천의 절기를 기념하라. 주님의 승천의 절기에 그분이 모든 하나님의 섭리와 규약을 완성하셨고 그분

---

24 아우구스티누스(Augustine), 284-85.
25 주승중, 『은총의 교회력과 설교』 (서울: 장신대 출판부, 2004), 126-28.

을 보내신 아버지이신 바로 그 하나님께 되돌아가셨으며, 권능의 우편에 앉으셨고 그분의 원수들이 그분의 두 발아래 있을 때까지 머무르실 것이다. 그분은 또한 산 사람들과 죽은 사람들을 심판하시고, 모든 사람들을 각자가 행한 일에 따라 보상하시기 위해서 세상의 끝날에 권능과 영광 중에 오실 것이다.[26]

8) 주현절(현현절)

현현절 혹은 주현절(Epiphany)은 예수님의 세례와 첫 번째 표적을 기념한다. 이 절기는 그리스도이신 예수님께서 인간의 육신을 입으시고 이 세상 만물이 널리 인지할 수 있도록 친히 스스로를 나타내심으로 말미암아 하나님의 영광을 드러내셨다는 의미를 갖는데 오늘날의 약화된 위상과는 달리 교회의 초기 부터 부활절, 오순절과 더불어 큰 위치를 차지했던 특별한 날이다. 역사적으로 주현절은 성탄절에서 분리되어 나왔고 육체를 입으신 하나님을 거부하는 가현설과 같은 이단을 경계하는 전통과 맞닿아있다. 아울러 예수님께서 세례를 받으심으로 말미암아 공생애를 시작하셨고, 그렇게 이 세상에서 구원 사역을 공식적으로 시작하심을 알렸다는 의미도 동시에 내포하게 되었다.

성경 • 요한복음 1:5
빛이 어둠에 비치되 어둠이 깨닫지 못하더라

---

26 『사도헌장(Apostolic Constitutions)』, 447-48.

성경 • 요한복음 1:9

참 빛 곧 세상에 와서 각 사람에게 비추는 빛이 있었나니

성경 • 요한복음 1:32-34

요한이 또 증언하여 이르되 내가 보매 성령이 비둘기 같이 하늘로부터 내려와서 그의 위에 머물렀더라 나도 그를 알지 못하였으나 나를 보내어 물로 세례를 베풀라 하신 그이가 나에게 말씀하시되 성령이 내려서 누구 위에든지 머무는 것을 보거든 그가 곧 성령으로 세례를 베푸는 이인 줄 알라 하셨기에 내가 보고 그가 하나님의 아들이심을 증언하였노라 하니라

성경 • 요한복음 2:11

예수께서 이 첫 표적을 갈릴리 가나에서 행하여 그의 영광을 나타내시매 제자들이 그를 믿으니라

성경 • 디모데전서 3:16

크도다 경건의 비밀이여 그렇지 않다 하는 이 없도다 그는 육신으로 나타난바 되시고 영으로 의롭다 하심을 받으시고 천사들에게 보이시고 만국에서 전파되시고 세상에서 믿은 바 되시고 영광 가운데서 오르셨느니라

알렉산드리아의 클레멘트

바실리데스(Basilides: 영지주의자의 한 사람)의 추종자들은 그 전날 독서를 하면서 예수님께서 세례를 받은 날을 경축일로 지킨다.

그리고 그들은 그날이 티베리우스 시이저(Tiberius Caesar)의 15년, 투비(Tubi)의 달 15일째였다고 말한다. 그리고 어떤 사람들은 같은 달 11일째(1월 6일) 였다고 말한다.[27]

요안네스 크리소스토모스

주현절이라고 불리는 날은 왜 그가 태어난 날이 아니라, 그가 세례 받은 날에 지키게 되는가? 그 이유는 그분(예수님)이 이날에 세례를 받은 날이며, 물의 본질을 거룩하게 만든 날이기 때문이다. … 왜 이 날을 주현절이라고 부르게 되었는가? 그 이유는 그분이 모든 사람들에게 나타나신 것이 그분이 태어나셨을 때가 아니라 세례를 받으셨을 때였기 때문이다. 이 날(주현절)이 되기 전에 그 분은 아직 대중에게 알려지지 않은 상태였다.[28]

왜냐하면 만약 그리스도께서 육체로 태어나시지 않으셨더라면, 그분은 세례를 받지 않으셨을 것이며(주현절), 십자가에 못 박히시지 않으셨을 것이며(역자 주: 유월절, 어떤 텍스트들은 "부활하시지도 않으셨을 것이며"라는 말을 첨가하고 있다), 성령을 보내시지도 않으셨을 것이기 때문이다(오순절).[29]

이집트에서 이 관습은 알렉산드리아의 감독이 이집트의 모든 교회에 편

---

27 알렉산드리아의 클레멘트(Clement of Alexandria), *Miscellanies*, I, 21. (C. 200), William Wilson 역, ANF, II, 333.

28 요안네스 크리소스토모스, "387년 1월 6일 안디옥에서 행한 설교(Sermon Preached at Antioch, January 6, 287)," *Opera Omnia* (Paris: Gaume, 1834), II, 436.

29 요안네스 크리소스토모스, "386년 12월 20일에 행한 설교(Sermon Preached on December 20, 386)," *Opera Omnia* (Paris: Gaume, 1834), I, 608.

지를 보내는 고대로부터의 전통에 의거해 준수되었는데 그 지역의 사제들은 주현절을 주님의 수세일과 탄생일 모두를 포괄하는 날로 지켰고 따라서 서방 지역처럼 어느 한쪽으로 정해서 지키는 것이 아니라 하루에 양쪽 모두를 경축했다. 아울러 사순절의 시작과 부활절기가 모든 도시들에서뿐만 아니라 수도원에서도 지켜지도록 지정되었다.[30]

9) 성탄절

성탄절은 주후 330년 무렵 로마에서 현재의 날짜로 지켜지기 시작했다. 이 절기는 일 년을 주기로 하는 교회력에서 부활절을 정점으로 하는 부활절기와 함께 양대 산맥을 이루는 성탄절기(대림절, 성탄절, 주현절)의 핵심이 되는 절기이다. 그런데 예수님의 탄생에 관한 절기는 그 출발에 있어서 주현절이 더욱 앞서는데 12월 25일로 제정된 정확한 사실은 밝혀지지 않았다.

[12월 25일] 유대 땅 베들레헴에서 그리스도의 탄생[31]
더군다나 이날이 우리에게 명백하게 알려진 이후로 채 10년이 되지 않았다. … 그리고 이날 역시 그러한데, 옛 사람으로부터 서방의 거주민들에게로 알려져 왔으며 지금 우리에게 전해졌다. 이렇게 전해진 것이 그리 오래된 것은 아니며 빠르게 확산되었고 유익한 것으로 입증되었다. … 그리고 그 별은 동방으로부터 동방박사를 인도했다.[32]

---

30 카시안(Cassian), *Conferences*, X, 2(C. 428). E. C. S. Gibson 역, NPNF, 2nd series, XI, 401.
31 *Philocalian artyrology* (c. 354). A. Allen McArthur 역, *The Evolution of the Christian Year* (London: SCM Press, 1953), 42.
32 요안네스 크리소스토모스, "386년 12월 25일 안디옥에서 행한 설교…", 9-50.

그날에 예기치 못한 은혜가 사람들에게 임했기 때문에, 또 하나님의 말씀이신 예수 그리스도께서 세상을 구원하기 위해서 동정녀 마리아에게서 태어나셨기 때문에 그들(노예들)을 그분이 탄생하신 경축일에 쉬게 하라. 아버지께서 수세 시에 그에 대해 증거하시기 위해서 그리스도의 신성이 눈에 보이게 나타났기 때문에 그들로 하여금 주현일에 쉬게 하라. 그리고 비둘기 형상의 보혜사께서 주위 사람들에게 그가 증거가 되는 분임을 나타내셨다.[33]

10) 대림절

대림절의 도래는 주현절을 위한 준비로 맞이했다. 성탄절을 가운데 두고 성탄 절기를 시작하게 되는 오늘날의 대림절은 동방교회가 부활절을 교회력의 시작으로 삼은 것과는 달리 대림절을 교회력의 시작으로 삼는 서방의 전통에 기인한다. 그런데 이 기간은 신년이 주는 희망이라든가 성탄의 세속적 즐거움을 미리 기다리는 단편적인 차원의 의미만이 아니라 세상의 고통 가운데서도 우리를 위해 구원의 방편을 마련해 놓으신 하나님에 대한 신뢰와 구원을 기다리는 의미가 되살아나야 하는 절기이다.

12월 17일부터 1월 6일 주현절까지 교회에 결석하는 것이 허락되지 않았다.[34]

---

33 『사도헌장(Apostolic Constitutions)』, VIII, 33 (c. 375). Jarnes Donaldson 역, NF, VII, 495.
34 Council of Saragossa (380), *The Evolution of the Christian Year*. A. Allan McArthur 역, (London: SCM Press, 1953), 56.

11) 만성절

성자들을 위한 날(만성절, the feast of saints)이 인기를 얻어갔고 결국은 교회력에 편입되었다. 11월1일에 지키는 이 절기는 주님을 믿고 따르는 모든 사람들이 성자임을 확인하고 주님과 이 땅에서 교재를 나누며 살 것을 다짐하는 절기이다. 또한 복음을 지키기 위해 순교했던 모든 앞서간 신앙의 선진들을 기억하되 그들을 통해 일하시고 우리를 인도하시는 주님을 다시 바라보며 감사하는 절기이기도 하다.

그리하여 우리는 후에 보석보다 값지고 금보다 가치 있는 그(폴리갑)의 뼈들을 모아서 적합한 장소에 안치했다. 주님께서는 우리가 먼저 간 경주자들을 기억하며 그가 순교한 날을 생일로 지키게 하기 위해서 기회가 허락되는 대로 즐겁게 함께 모이도록 허락하실 것이다. 그리고 장차 오게 될 사람들이 훈련과 준비를 하도록 하실 것이다.[35]

5. 종교개혁기 교회력의 간소화

1) 루터의 간소화

루터는 비텐베르그에서 간소화된 예배력을 사용했다. 마리아에 관련된 축일들은 기독론적인 강조점을 둔 절기로 대체했고 성령의 구원 사건들을 강조했으며 그 결과 성인들의 축일이 감소되었다.[36]

---

35 "폴리갑의 순교(The Martyrdom of Polycarp)," XVIII(c. 156). Massey H, Shepherd, Jr 역, LCC, I, 156.
36 James F. White, 『개신교 예배』, 김석한 역 (서울: 기독교문서선교회, 1987), 66.

마르틴 루터

그러나 우리는 비텐베르그에서 주일과 주님의 경축일만을 지키려고 한다. 우리는 만성절은 폐지되어야 하며, 혹시 그 축일들 안에 가치가 있다고 한다면 그것은 일요일 설교 안으로 옮겨져야만 한다고 생각한다. 우리는 수세기념 절기와 수태고지의 절기들을 그리스도의 절기들로, 또 주현절과 예수님의 할례절로 간주한다. 성 스테판 절기와 성 요한(복음서 기자) 절기들 대신에 우리는 성탄절의 성무들을 즐겨 사용한다. 성 십자가의 축일들은 지키지 않게 될 것이다. 다른 사람들은 - 성령님께서 말씀하시는바 - 그들 자신들의 양심에 따라서, 그리고 사람들의 약함을 고려해서 행동하게 해야 한다.[37]

우리가 이것을 사용함에 있어서 특별하게 비난받을 만한 것을 발견하지 못하기 때문에, 그리고 복음서 저자들의 모든 책들을 받아들이는 다른 사람들을 반대하지 않기 때문에, 우리는 교회력에 따라서 서신서들과 복음서들에 대한 관습적인 분류 방법을 사용한다. …

그러나 크리스마스, 유월절, 오순절, 성 미가엘의 세정절 등과 같은 절기에 독일어 찬송을 가질 때까지 우리는 계속해서 라틴어 찬송을 사용해야만 했다. …

사순절, 종려주일, 그리고 고난주간은 어떤 사람에게 금식하도록 강요하기 위해서가 아니라, 그 절기를 위해서 지정된 예수님의 수난의 역사

---

[37] 마르틴 루터, 『미사 예식(Formula Missae)』(1523). Paul Zeller Strodach and Urich S. Leupold 역, LW, LIII, 23.

와 복음서들을 보존하기 위해서 사용되어져야 한다. 그러나 이것은 사순절의 휘장, 종려나무를 던짐, 그림을 베일로 가리기, 그리고 그와 같은 어리석은 짓들을 포함하지 않는다. … 고난주간은 예수님의 고난 역사를 매일 한 시간 동안 설명하고, 성례전은 성례전을 갈망하는 모든 사람들에게 주어져야 하는 것을 제외하고 다른 어떤 주간과 같게해야 한다.[38]

2) 영국 국교회

영국 국교회는 시간적인 주기와 신약성경에 나오는 성도들만을 위해서 특별 예배들을 마련했다. 성일과 금식의 수가 크게 감소되었고 기독론적 절기들을 위한 성무일과 준비가 되었지만 성경에 기록되지 않은 이후 세대의 많은 성인들을 위한 성무일과는 마련되지 않았다.[39]

일 년 중 주의 만찬과 성찬성례전에서 사용되어질 [초입경(初入經)], 기도문, 서간경(역자 주: 성찬식에서 낭독되는 사도행전의 발췌), 그리고 복음서들: [갖가지의 잔치들과 축일들을 위한 특별예배 시편과 교훈들과 함께]

대림절 첫 번째[두 번째, 세 번째, 네 번째] 주일
성탄절에; 조과(朝課, 역자 주: 한밤중 또는 이른 새벽에 드리는 기도)에; 첫 번째 영성체에서; 두 번째 영성체에서
성 스테판의 축일

---

38 마르틴 루터, 『독일어 미사(German Mass, 1526)』, Augustus Steimle 역, LW, LIII, 68, 90.
39 James F. White, 『개신교 예배』, 김석한 역 (서울: 기독교문서선교회, 1987), 168.

성 요한(복음서 저자)의 축일

성탄절 이후 주일

그리스도의 할례축일

주현절

주현절 이후 첫 번째(두 번째, 세 번째, 네 번째, 다섯 번째) 주일

부활절 바로 앞의 주일(the next Sunday before Easter)

부활절 전 월요일… [화요일, 수요일, 목요일]

성금요일

부활절 전야

부활절

부활절 주간의 월요일…[화요일]

부활절 이후의 첫 번째 주일…(두 번째, 세 번째, 네 번째, 다섯 번째)

(예수님의) 승천 대축일(역자 주: 부활절로부터 40일째의 목요일)

예수님의 승천 대축일 이후 주일

성령 강림절

성령 강림절 주간의 월요일…[화요일]

삼위일체 주일

삼위일체 주일 이후 첫 번째 주일[…25번째]

성 안드레 축일

성 토마스 사도

성 바오로 개종

성 동정녀 마리아 세정절

성 맛디아 축일

성모 마리아 수태고지

성 마가 축일

성 빌립과 야고보

성 바나바

성 세례 요한

성 베드로 축일

성 마리아 막달레나

성 야고보 사도

성 바돌로메

성 마태

성 미가엘과 모든 천사들

성 루가 복음서 기자

사도 시몬과 유다

만성절[40]

3) 스코틀랜드 교회

스코틀랜드 교회는 개정에 보다 철저했다.

우리는 사람들이 하나님의 말씀에 대해 명시된 명령이 없이도 법과 종교회의 혹은 규약들을 통해서 사람들의 양심을 강요해온 것을 익히 알

---

40 공동기도서(the Book of the Common Prayer, 1549), 꺾쇠괄호 안에 있는 항목들은 1552년에 소멸된다. 에드워드 6세의 첫 번째와 두 번째 공동기도서(*the First and Second Prayer Books of Edward VI*, London: J. M. Dent & Sons, 1910), 32-211.

고 있다. 이와 같은 것들은 순결의 서약, 결혼에 대한 강한 부정, 남자들과 여자들을 몇 가지 변장된 옷으로 둘러싸는 것, 금식일들에 대한 미신적인 엄수, 양심상에 있어서 고기에 대한 생각의 차이, 죽은 사람들을 위한 기도, 그리고 사람에 의해서 만들어진 어떤 성자들의 축일을 지키는 것 등이 해당된다. 성자축일은 교황제 옹호론자들이 발명해 낸 모든 것들인데, 이는 그들이 부르는 바와 같이 사도들, 순교자들, 수녀들의 축일과 성탄절, 주현절, 수세기념절, 그리고 우리 성모마리아의 다른 축일 등이다. 이런 축일들은 하나님의 성경 말씀 속에서 어떤 명령이나 확증도 찾아낼 수 없기 때문에 우리는 전적으로 이것들을 폐지하려고 한다. 더 나아가서 우리는 그러한 혐오스러운 습관들을 고수하고 가르치는 사람들은 행정관의 처벌이 불가피함을 확신한다.[41]

4) 청교도

청교도들은 주일과 하나님의 임재 행위들에 대해 반응하는 일에 초점을 맞추었다. 성일에 대해서는 성경적인 근거가 빈약하기에 관심을 쏟지 않았고 주일이 중시되었다. 전체 교회력의 절기들 중에 청교도들은 사순절을 비판적으로 봤는데 그 이유는 한 해 전체가 거룩하게 지켜져야 한다는 것이었다.[42]

우리들의 일상적인 소명인 세속적인 직업들을 그렇게 정리하고 때를 따

---

41 『규율서(the Book of Discipline, 1560)』 "존 낙스의 스코틀랜드에서의 종교개혁사" (In *John Knox's History of the Reformation in Scotland*) (London: Thomas Nelson & Sons, 1949), II, 281.

42 James F. White, 『개신교 예배』, 212.

라 멈추며, 그래서 일상적인 직업들이 주일이 다가올 때 주일을 신성하게 하는 데 방해되지 않도록 주일이 사전에 기억되어야 한다.

그날은 하루 종일 개인이나 기독교인들의 안식일로써 주님께 거룩하게 기념되어야 한다. 모든 불필요한 노동으로부터 필히 종일토록 거룩하게 쉬어야 하며, 스포츠와 오락뿐만 아니라 모든 세속적인 언어와 생각도 삼가야 한다.

기독교인의 안식일인 주일을 제외하고 복음서에 따르면 성경 안에 그 어떤 날도 거룩하게 지키도록 명령되지 않다.
통속적으로 성일이라고 불리는 축일들은 하나님의 말씀에 정당한 근거가 없기 때문에 계속될 수 없다.
그럼에도 불구하고 특별히 긴급한 경우에 하루나 며칠을 공중 금식이나 감사를 위해서 구별하는 것은 합법적이고 필요한 일이다. 왜냐하면 하나님의 특별하고도 탁월한 섭리는 그의 백성들에게 원인과 기회를 주기 때문이다.[43]

5) 감리교

존 웨슬리는 교회력에 대해 실용적인 접근을 한다. 자신의 주일 예배에서 성탄절 후부터 부활절 전 주일까지, 또 삼위일체 주일부터 계산

---

43 "(영국, 스코틀랜드, 그리고 아일랜드에 있어서) 공중예배를 위한 규범(*A Directory for the Publique Worship of God*)," 『웨스트민스터 예배모범(Westminster Directory)』, (London: 1644[1645]), 56, 85.

되는 주일들을 나타내는 달력을 정리했다. 많은 성일들이 폐지되었고 성탄절, 성금요일, 승천일 정도만이 남게 되었다.[44]

존 웨슬리

대부분의 (소위 말해) 성일들은 오늘날 가치 있는 목적이 있다고 알려주지 못하기 때문에 생략되었다.[45]

대림절에서 첫 번째 일요일…[두 번째, 세 번째, 네 번째]

흔히 성탄절이라 불리는 우리 주님의 탄생, 또는 그리스도의 탄신일

성탄절 이후 첫 번째 일요일…[두 번째에서 15번째]

부활절 바로 앞의 일요일

성금요일

부활절

부활절 이후 첫 번째 일요일…[두 번째에서 15번째]

승천일

승천일 이후의 주일

성령강림절

삼위일체주일

삼위일체주일 이후 첫 번째 주일…[삼위일체주일 후 두 번째에서 25번

---

44 James F. White, 『개신교 예배』, 265.
45 "1784년 9월 9일로 적혀진 일요일 예배와 관계된 편지(Letter bound with The Sunday Service)" (Nashville, TN: United Methodist Publishing House, 1984), n.p.

째 주일][46]

6. 일반 달력에 따른 교회력의 주기

일 년을 통틀어 볼 때 교회력은 그 분위기에 있어서 대림절부터 시작되어 성탄절에 이르러 일차적인 고조를 이루게 된다. 이후 주현절부터 다시 차분한 분위기를 이어가다 재의 수요일에 이르러서는 사순절이 시작된다. 다른 절기보다 독특한 의미를 갖는 절기가 부활주기인데 재의 수요일 이후 서서히 성도들의 관심이 집중되며 사순절기 내내 고양된 마음은 수난주간에 급격하게 그 감정과 제의적인 중요성이 상승되는 국면을 맞는다. 이때 무르익은 교회력상의 관심과 열정은 부활절 내내 이어지게 된다. 부활절은 교회력에 있어서 일 년 중 가장 중요하고 의미가 깊은 절기이다. 이후 오순절을 지나며 다소 차분한 분위기로 일상성을 회복한 후 성탄주기를 맞는 순환주기를 갖는다.

---

46 "연중 사용되어질 기도(문), 서간경, 그리고 복음서들 (The Collects, Epistles and Gospels to be used throughout the Year)," *The Sunday Service of the Methodists in North America* (London, 1784), 27-124.

일반 달력에 따른 예배력의 주기들[47]

특별한 절기들(일반 달력)	부가적인 대축일들 (로마 가톨릭)
주현절(Presentation, 2월 2일)	예수님의 어머니, 마리아 축일(1월 1일)
수태고지일(Annunciation, 3월 25일)	마리아의 배필, 요셉 축일(3월 19일)
성모 방문일(Visitation, 5월 31일)	성체 축일(Corpus Christi, 5월 또는 6월)
십자가 현양일(Holy Cross, 9월 14일)	성심 성월(Sacred Heart, 5월, 6월 또는 7월)
만성절(All Saints, 11월 1일 또는 11월 첫 번째 일요일)	세례 요한의 탄생 축일 (6월 24일)
추수감사절(Thanksgiving Day) 　카나다: 10월 8-14일 　미　국: 11월 22-28일	베드로와 바울 사도 축일(6월 29일) 성모 승천일(Assumption, 8월 15일) 성모 마리아 무흠 잉태 축일(Immaculate Conception, 12월 8일)

47　James White, *Documents*, 39.

제2장
매일 공중 기도

일반적으로 기도에는 예배 중 공적으로 드리는 기도(공동 기도) 뿐만 아니라 개인적인 기도도 포함이 된다. 기도의 전통은 유대교의 관습으로부터 영향을 받았다. 개인적인 기도와 더불어 다른 사람과 함께 기도하는 전통이 형성되었는데 하루의 일과 중 시간을 따로 정해서 기도하는 절차가 정착되었다. 성경은 이미 이런 매일 기도하는 모임에 대해 기록하고 있다.

1. 개인 기도

1) 성경본문
성경은 초기 그리스도인들에게 매일 기도의 유형들을 제시했다.

출애굽기 • 29:38-39
네가 제단 위에 드릴 것은 이러하니라 매일 일 년 된 어린 양 두 마리니

한 어린 양은 아침에 드리고 한 어린 양은 저녁때에 드릴지며

시편 • 55:17
저녁과 아침과 정오에 내가 근심하여 탄식하리니 여호와께서 내 소리를 들으시리로다

시편 • 119:62, 164
내가 주의 의로운 규례를 인하여 밤중에 일어나 주께 감사하리이다

주의 의로운 규례들로 말미암아 내가 하루 일곱 번씩 주를 찬양하나이다

시편 • 141:2
나의 기도가 주의 앞에 분향함과 같이 되며 나의 손 드는 것이 저녁 제사 같이 되게 하소서

다니엘 • 6:10
다니엘이 이 조서에 왕의 도장이 찍힌 것을 알고도 자기 집에 돌아가서는 윗방에 올라가 예루살렘으로 향한 창문을 열고 전에 하던 대로 하루 세 번씩 무릎을 꿇고 기도하며 그의 하나님께 감사하였더라

사도행전 • 2:15; 10:9; 3:1; 16:25
[오순절] 때가 제 삼 시(오전 9시)니 너희 생각과 같이 이 사람들이 취한 것이 아니라

이튿날 그들이 길을 가다가 그 성에 가까이 갔을 그 때에 베드로가 기도하려고 지붕에 올라가니 그 시각은 제 육 시더라

제 구 시 기도 시간에 베드로와 요한이 성전에 올라갈새

한밤중에 바울과 실라가 기도하고 하나님을 찬송하매 죄수들이 듣더라

데살로니가전서 • 5:17
쉬지 말고 기도하라

2) 기도를 위한 훈련
기도 시간을 위한 훈련이 초기에 발전되었다.

여러분들은 위선자들과 같이 기도하지 말고 주님께서 그의 복음서에서 우리에게 명령하신 대로 다음과 같이 기도해야 합니다.

하늘에 계신 우리 아버지
이름이 거룩히 여김을 받으시오며
나라가 임하게 하시고 뜻이 하늘에서 이룬 것 같이 땅에서도 이루어지게 하소서
오늘 우리에게 일용할 양식을 주시옵고
우리가 우리에게 죄 지은 사람을 용서하여 준 것과 같이
우리 죄를 사하여 주시고

우리를 시험에 들게 하지 마옵시고

악에서 구하시옵소서

권능과 영광이 영원히 아버지의 것입니다[48]

알렉산드리아의 클레멘트

그렇다면 좀 더 과감하게 말하자면 기도는 하나님과 대화하는 것이다. 우리가 비록 속삭일지라도, 그리고 두 입술을 벌리지 않을지라도, 침묵 속에서 말할지라도, 우리 내적으로는 크게 외친다. 그 이유는 하나님께서는 모든 내적인 대화를 끊임없이 들으시기 때문이다. 그러므로 우리는 지적인 본질을 향해서 방향지어진 영의 갈망을 따라서 머리를 들고, 두 손을 하늘을 향해서 올리며, 두 발을 침묵의 기도를 드릴 때 움직인다. 땅으로부터 그 몸을 분리시키려고 애를 쓰고, 강론과 함께 영혼을 드높이며, 보다 나은 것들을 향해 갈망하면서 우리는 기도가 육체의 사슬을 무시하는 거룩한 영역으로 나아가도록 해야 한다.

만약 어떤 사람이 기도를 위하여 한정된 시간들 – 예를 들자면 3시, 6시, 9시 – 를 할당한다면, 영지주의자[역자 주: Gnostic, 여기서는 진실한 기독교인]는 그의 전 생애를 통해 기도하고, 그 기도를 통해서 하나님과 교제하려고 노력하는 것이다. 간단하게 말해 이런 단계에 이르기 위해, 또 인간이 사랑으로 말미암아 완전함에 이르는 것을 받아들이기 위해 그는

---

48 『열두 사도들의 가르침(The Didache)』 14장(1세기 후반, 또는 2세기 초반). Cyril C. Richardson 역, LCC, I, 174.

도움이 되지 않는 모든 것들을 내려놓는다.⁴⁹

테르툴리아누스

베드로는 제 육 시에 먼저 기도하기 위해서 지붕에 올라갔으나 (시장해서) 음식을 먹으려고 했다. 그런데 하루 중 제 육 시는 베드로에게 있어서 명백하게 기도 후에 그 의무를 다하기 위한 최소한의 기준이었다. 더군다나 누가복음의 똑같은 사건의 기록에 따르면 제 삼 시는 기도의 시간으로 제시되어졌기 때문에 성령의 처음 선물을 받았던 사람들이 술 취한과 같았던 것은 바로 이 시간 무렵이었다. 베드로가 지붕위에 올라갔던 시간은 제 육 시였다. 그리고 그들이 성전 안에 들어갔을 때는 제 구 시 였다. 우리는 왜 완전히 무관심하게 항상 어디에서나 매시에 기도해야만 한다는 사실을 이해하지 못하는가? 우리는 인간사에서 특징 되어진 바와 같이 하루를 나누고, 일을 구분하게 하는 이 세 가지 시간들(제 삼 시, 제 육 시, 제 구 시)이 기도할 때에 특별히 엄숙한 시간이라는 것을 왜 이해하지 못하는가? 다니엘이 하루 세 번 기도했다는 증거 역시 이 사실을 뒷받침해준다.⁵⁰

기도론

기도에 대한 훈계를 엄중하게 하고 그것이 마치 법인 것처럼 우리의 일상적인 일로부터 구분한다는 몇 가지 가정을 설정하는 것이 좋은 것으

---

49 알렉산드리아의 클레멘트(Clement of Alexandria), *Stromata or Miscellanies*, VII, 7(c. 200). William Wilson 역, ANF, II, 534.

50 테르툴리아누스, 『금식론(On Fasting)』, X (c. 210). S. Thelwell 역, ANF, IV, 108.

로 인정되었다. 따라서 - 우리가 읽는 것은 다니엘에게서 볼 수 있는 것과 같이 우리가 이스라엘의 규율과 일치되는 것인데 - 우리 죄인들은 삼위 성부, 성자 그리고 성령에게 적어도 하루에 세 번 이상 기도한다. 물론 아침과 저녁이 시작될 때 어떠한 핑계도 없이 의무적으로 하는 우리의 정규 기도에 더해서 우리는 하루에 적어도 세 번 이상 기도해야 한다. 그런데 기도가 끝나기 전에는 음식을 섭취하지 않고 목욕을 하지 않는 것이 신자가 되는 것이다. 왜냐하면 영의 음식물과 자양분이 육체의 음식물과 자양분보다 더 중요하고 천상적인 것들은 지상적인 것들보다 더 중요하기 때문이다.

당신은 기도하지 않고서 너의 집에 들어가는 형제를 떠나게 하지 말라 - 성경에 "당신은 한 형제를 본적이 있는가? 당신은 당신의 주를 본 적이 있는가"를 묻는다 - 특별히 "낯선 사람"은 "천사"일 수 있다. 그러나 다시 당신 자신이 형제들에 의해서 받아들여질 때, 당신은 땅의 음식물을 천상의 음식물보다 중요하게 여기지 말라. 만약 당신이 집에 있는 그들과 함께 서로 평화를 나누지 않는다면, 당신이 어떻게 가르침에 따라서 "이 집에 평화가 있기를"이라고 말할 수 있겠는가?[51]

오리게네스

필요한 행위들을 기도와 함께 연결시키고 기도를 적절한 행위들로 연결시키는 사람은 (덕스러운 행위들이나 명령들이 기도의 일부로 성취되기

---

51 테르툴리아누스, 『기도론(On Prayer)』, XXV-XXVI (C. 200). S. Thelwell 역, ANF, III, 690.

에) 끊임없이 기도한다. 그러므로 만일 우리가 성도의 전 삶을 위대하고 온전한 기도로 말한다면, 우리는 "끊임없이 기도하라"는 명령을 하나의 실행 가능한 말로 받아들일 수 있다. 그러나 흔히 기도라고 일컬어지는 행위는 성도의 전 생애의 일부분일 뿐이다. 그에게 큰 위험이 닥칠 때 "하루에 세 번 기도했던" 다니엘의 경우에 있어서 명백한 바와 같이 이것은 매일 세 번 이상 기도해야함을 의미한다. 최종적인 것은 다음과 같은 말들, "나의 손을 드는 것이 저녁 제사와 같이 되게 하소서(시편 141:2)."안에 제시되어 있다. 정말로 우리는 이 기도가 없이는 심지어 밤 시간조차도 적절하게 지나갈 수 없다. 왜냐하면 다윗이 "내가 주의 의로운 규례를 인하여 밤중에 일어나 주께 감사하리이다(시편 119:62)."라고 말하기 때문이다. 그리고 사도행전에서 진술되어있는 바와 같이 "한밤중에 빌립보에서 실라와 함께 바울은 하나님께 기도하고 찬양을 드리고 있었다." 그 결과 심지어 "죄수들조차도 그들의 기도와 찬양을 들었다."[52]

키프리아누스

기도에 대해서 말할 때 우리는 다니엘과 함께한 세 소년들이 믿음으로 강해지고 포로된 신분에도 불구하고 의기양양해져서 소위 말하는 삼위일체되신 하나님에 대한 성례로 제 삼 시, 제 육 시, 제 구 시 기도를 지켰다는 사실을 우리는 발견한다. … 영적인 의미에서 오래 전부터 이 시간들의 자리가 결정되었기 때문에 하나님을 예배하는 사람들은 기도를

---

[52] 오리게네스(Origenes), 『기도론(On Prayer)』, XII, 2(c. 233). John Ernes Leonard Oulton 역, LCC, II, 261-62.

위해서 그 시간들을 확보하고 구속력이 있는 시간들로 지켜야만 한다.⁵³

크리소스토모스

우리가 저녁 내내 잠을 자야하고, 게을러도 된다는 이유로 밤이 만들어지지 않았다. … [밤에] 잠이 본성을 침입해서 패배시킨다. 다시 말해서 그것은 죽음의 이미지이며 모든 것의 종말의 이미지이다. … 이 모든 것은 영혼을 깨우기에 충분하며, 모든 것의 종말에 있을 일들을 암시한다.

나의 강론은 참으로 남자들과 여자들 모두를 위한 것이다. 두 무릎을 꿇고 고뇌에 찬 소리를 내며, 주님의 자비를 간구하라. 당신이 쉬어야 하는 밤에 쉬지 않고 울부짖는다면 그분은 기도하는 이로 인해 더 많이 감동을 받으실 것이다. … 그러한 철야 기도를 한 후에 달콤한 잠과 놀라운 계시가 뒤따라 온다. 여자 뿐만 아니라 남자인 당신도 기도를 해야 한다. 만약에 당신이 어린아이들을 깨울 수 있다면 당신의 집이 남자들과 여자들로 구성되어진 교회가 되게 해야 한다. … 당신의 집이 밤새도록 교회가 되게 하라. 그러나 만약에 그들이 허약해서 깨어있을 수 없다면 그들이 첫 번째 기도나 두 번째 기도 동안에 머물러 있게 하고, 그 다음에 그들이 쉬도록 보내야 한다. 당신 자신이 습관적으로 기도하게 해야 한다.⁵⁴

---

53 키프리아누스(Cyprian), 『주님의 기도에 관하여(On the *Lord's* Prayer)』, XXXIV (c. 251). Roy J. Deferrari 역, *Saint Cyprian's Treatises*, FC, XXXVI, 157.

54 크리소스토모스, "사도행전 26장의 설교(Homily 26 on the Acts of the Apostles," (c. 400). J. Sheppard Walker and H. Browne 역, NPNF, XI, 172-73.

2. 일반 성무

기도는 자발적인 마음에서 드려지는 것이 원칙이지만 규칙을 정해서 드릴 때에 더욱 마음을 모을 수 있다는 것이 교회의 역사가 보여주는 지혜였다. 속사도 시대 이후 성직자를 중심으로 함께 모여 기도하는 일이 규정되는 절차를 밟았다. 그 형태에 있어서는 대성당을 중심으로 모이는 형태와 수도원을 중심으로 모이는 형태로 분화되었는데 도시에 위치한 대성당과 외진 곳에 위치한 수도원 사이의 차이만큼이나 예배의 형태와 기도의 모양도 차이를 가져왔다.

1) 평신도 성무와 대성당 성무
평신도들의 성무나 대성당의 성무는 박해가 끝난 후에 공중 예배에 있어서 중요한 일상의 형태가 되었다.

히폴리투스
부제들과 성직자들은 감독이 그들에게 명한 장소에 매일 모이시오. 부제들은 병 때문에 모이기가 불가능한 경우를 제외하고 매번 반드시 모이도록 하시오. 모든 사람들이 모이면 그들로 하여금 교회 안에 있는 사람들을 가르치게 하고, 이런 식으로 그들이 기도한 다음에 각자에게 맡겨진 일터로 나가게 하시오. …

만약에 어떤 사람에게 하나님의 말씀 안에 있는 가르침이 주어진다면, 각자는 그 마음속으로 가르치는 사람 안에서 그가 듣는 것이 바로 하나님의 말씀이라는 사실을 생각하면서 그 장소로 가야한다.

교회 안에서 기도하는 사람은 그날의 사악한 것들을 피할 수 있을 것이다. … 그러므로 각 사람은 성령이 일하시는 장소인 교회로 오는 것에 부지런해야 한다. 만약 교훈이 없는 하루가 있다면 각자는 집에 있을 때 거룩한 책을 들어 그에게 유익을 가져다줄 것을 충분히 그 책 안에서 읽도록 하라.[55]

가이사랴의 유세비우스

정확히 말해서 전 세계에 있는 하나님의 교회 안에서 찬미와 찬양과 진실로 거룩한 기쁨을 태양이 떠오르는 아침과 해가 지는 저녁 시간에 하나님께 드리는 것은 하나님의 권능에 대한 평범한 표식이 아니다. 왜냐하면 하나님의 기쁨들은 참으로 아침과 저녁에 그분의 교회 안에서 땅의 모든 곳에 쏟아지는 찬송이기 때문이다. 어느 곳에선가 "나의 찬송이 그분께 기쁨이 되게 하소서." "나의 손을 드는 것이 저녁제사와 같이 되게 하소서." 그리고 "나의 기도가 당신의 눈앞에서 향이 되게 하소서."라고 말하고 있다. 그러므로 이 기쁨들은 구세주의 표식이 된다.[56]

2) 만인을 위한 공중 기도

모든 사람들을 위한 아침과 저녁 공중 기도가 일반적으로 행해지

---

55 히폴리투스(Hippolytus), 『사도 전승(Apostolic Tradition)』 XLI(c. 217). Geoffrey J. Cuming 역, *Hippolytus: A Text for students* (Bramcote, Notts: Grove Books, 1976), 28-29.

56 가이사랴의 유세비우스(Eusebius of Caesarea), "시편 64:10 주석(Commentary on Psalm)" (c. 337). PG, XXIII, 640.

게 되었고, 토요일 저녁 철야가 첨가되었다.

사도헌장

감독인 당신이 사람들을 가르칠 때 매일 아침과 저녁에 계속해서 교회에 오도록 명령하고 권고하라. 그리고 결코 어떠한 이유로도 그것을 단념하지 말고, 계속해서 모이게 하라. 그들이 빠져나감으로 인해서, 그리고 그리스도의 몸을 그 성원들이 없어지게 함으로 인해서 교회가 작아지게 하지말라. 왜냐하면 주님께서 "나와 함께 아니하는 자는 나를 반대하는 자요, 나와 함께 모으지 아니하는 자는 해치는 자니라(마태복음 12:30)."라고 말씀하신 것을 고려해 볼 때에, 그것은 사제들에 관하여서만 말씀하신 것이 아니라, 그것을 자기 자신에 관한 것으로 주의를 기울이는 평신도 중의 모든 사람들에게 하신 말씀이기 때문이다. 그러므로 그리스도의 구성원인 당신은 함께 모이지 않음으로 인해 당신 자신을 해치지 말아야 한다. 왜냐하면 당신은 그의 약속에 따라서 현존하시고 당신에게 말씀하시는 당신의 머리이신 그리스도를 소유하기 때문이다. 구세주이신 당신의 주님을 빼앗기지 않도록 하나님의 말씀보다 이 생명의 기회들을 더 좋아하지 않도록 자신이 주의해야 한다. 오직 아침과 저녁으로 매일 찬양하며 하나님의 집에서 기도하라. 다시 말해서 아침에는 시편 63편을 암송하고, 저녁에는 시편 141편을 암송하되 주로 안식일에 그렇게 하라. 주일인 우리 주님의 부활의 날에 보다 부지런히 모여서 예수님과 함께 세상을 만드시고 그분을 우리에게 보내 주셔서 그분을 부끄러움을 무릅쓰고 고통당하도록 하시고 죽은 사람들 중에서 일으키신 하나님께 찬양을 드리라. 그렇지 않으면 우리가 삼 일 만에 살아나시고 선지자들의 글과 복음서의 가르침과 희생의 제물과 거룩한 양식의 선물을 이루시는 그분을 기억하면서, 우리가 서서 세 번 기도하는 그날에 부활에 관해서 구원의 말을 듣기 위해서 모이지 않은 사람이 어떤 말로 하나님께 변명할 수 있겠는가? …

만약 교회나 집에서 모이기가 불가능하다면, 각자가 또는 두 세 사람이 함께 찬송하고 성경책을 읽으며 기도하도록 하라. 왜냐하면 "두 세 사람이 내 이름으로 모인 곳에는 나도 그들 중에 있으리라(마태복음 18:20)."라고 약속하고 있기 때문이다. 신자들 중에 누구라도 예비 신자와 함께 기도하지 못하게 하고, 한집에 있지 못하게 하라. 왜냐하면 인정을 받은 사람(역자 주: 신자)이 인정을 받지 못하자는 자(역자 주: 예비신자)와 더불어 오염되어지는 것이 타당하지 않기 때문이다. 신실한 사람들 중에 한 사람이 이방인과 함께 기도하지 않게 하고, 한집에 있지 못하게 하라. 왜냐하면 "어찌 빛이 어두움과 함께 거하겠는가?"

그러므로 육체를 따라 그리스도의 형제요, 독생하신 하나님의 종이며, 주님 그분 자신에 의해서 예루살렘의 감독과 사도로 임명받은 나 야고보는 다음과 같이 제정한다. 저녁이 되면 감독인 여러분들은 교회를 소집하고, 영광을 밝게 하는 시편을 반복해서 읽은 후에 부제는 우리가 공식적으로 말해온 바와 같이 예비신자들, 귀신들린 이들, 교화된 사람들, 그리고 회개한 사람들을 위해서 기도하도록 명하라. 그러나 이것을 끝낸 후

에 부제는 성도 여러분, 주님께 기도합시다라고 말하라.⁵⁷

크리소스토모스

나는 만물의 하나님께 기도와 고백을 드리기 위해서 새벽에 교회에 모임으로써 당신이 큰 열정을 보이기를 촉구한다. 그리고 나는 그분이 이미 주신 은사들에 대해서 당신이 그분께 감사드리기를 촉구한다. 그분께 지금부터 이 보물을 지키는 데 있어서 그분의 능력 있는 도구들을 당신에게 빌려주시도록 간청하라. 각 사람이 자기의 일상의 임무를 수행하기 위해서 교회를 떠나게 하라. 어떤 사람은 두 손으로 일하도록 서둘러 떠나게 하고, 또 어떤 사람들은 군사지역으로 서둘러 떠나게 하며, 또 다른 사람은 그의 공무원의 직책으로 서둘러 떠나게 하라. 그러나 각 사람들이 그의 일상 업무들을 두렵고 고뇌하는 마음으로 임하게 해서 저녁에 그가 교회로 돌아와야 하고 그의 하루의 생활을 주님께 설명해야 하며 그의 잘못들에 대해서 주님께 용서를 빌어야한다는 생각으로 하루를 보내게 하라. …

이것은 매일 저녁에 우리가 이 모든 잘못들을 위해서 주님으로부터 용서를 받아야만 하는 이유이다. 이것은 우리가 하나님의 인자하심을 향해서 재빨리 다가가야 하고, 그분께 우리들의 호소를 아뢰어야 할 이유이다. 그 다음에 우리는 그 저녁의 시간들을 아주 진지하게 보내야 하며 이런 방식으로 새벽에 고백을 해야 한다. 우리들 중에 각자가 자기 자신

---

57 『사도헌장(Apostolic Constitutions)』, II, 59; VIII, 34,35(c. 375). James Donaldson 역, ANF, VII, 422-23, 496.

의 삶을 이런 방식으로 영위해 간다면 그는 위험이 없이 이 삶의 바다를 건널 수 있고 주님의 인자를 받을 가치가 있을 것이다. 그리고 그에게 있어서 교회에서 모이는 시간이 되었을 때 그가 이 모임에 참석해서 그 밖의 어느 곳보다도 영적인 것들에 더 높은 가치를 두게 하라. 이런 방식으로 우리는 우리 양손에 있는 것들을 관리하고 안전하게 보관해야 한다.[58]

3) 예루살렘 성무일과

예루살렘에 있는 성지에는 매일 예배를 드릴 때에 수도사들과 수녀들, 평신도들과 성직자들을 위한 위치가 정해져 있는데, 이 위치에 따라서 그들이 각자 다른 역할들을 했음을 알 수 있다.

에게리아

사랑하는 자매들이여, 나는 거룩한 장소들에서 그 사람들이 매일 드리는 예배에 관해서 여러분들이 알고자 한다고 확신합니다. 그래서 나는 여러분들에게 그것들에 관해서 말해야만 합니다. 부활의 장소(All the doors of the Anastasis place of the resurrection)가 매일 수탉이 울기 전에 열리고, 그들이 부르는 대로 말하자면 "수도사와 수녀들"이 들어오며 일부의 평신도 남녀들도 또한 들어옵니다. 일부 평신도 남녀들은 이른 아침에 기꺼이 일어납니다. 그때부터 동틀 무렵까지 그들은 찬송과 시편과 교송성가를 반복해서 부릅니다. 거기에는 순서를 따라 매일 두 명 내지 세 명의 장로들과 부제들이 있기 때문에 시편 찬송 사이사이에는 기도가

---

[58] 요안네스 크리소스토모스, "세례 강론(Baptismal Instructions)," XVII-XVIII(388). Paul W. Harkins 역, *St. John Chrysostom: Baptismal Instructions*, ACW, XXXI, 126-27.

드려집니다. 그리고 두세 명의 장로들과 부제들은 수도사들과 함께 있어서 모든 찬송과 교송성가 사이사이에 기도를 합니다.

동이 트자 마자 그들은 아침 찬송을 시작합니다. 그리고 감독들은 그의 성직자들과 함께 나와서 그들과 합세합니다. 감독은 곧장 동굴[무덤]로 들어가서 휘장 안쪽에서 먼저 모든 사람들(그가 원하는 어떤 사람들을 열거하면서)을 위하여 기도하고, 그 다음에 예비신자들을 축복하고, 그 다음에 다른 기도를 드리며, 신자들을 축복합니다. 그런 다음 감독은 휘장 밖으로 나갑니다. 그러면 모든 사람들이 다가가서 감독의 손에 키스를 합니다. 감독은 그 사람들에게 한 사람 한 사람씩 축복해 주고 밖으로 나아갑니다. 그러면 그때쯤 해산하게 되는데 이미 날이 밝아 있습니다.

다시 **정오**에 모든 사람들이 부활의 장소 안으로 들어가서 메시지가 감독에게 내려올 때까지 찬송과 교송을 부릅니다. 그는 다시 들어가서 자리에 앉지 않고 곧장 (그가 이른 아침에 들어갔던 그 동굴 내) 부활의 장소의 안쪽으로 들어갑니다. 그런 다음 기도를 드리고 나서 그는 신자들을 축복하고 휘장 밖으로 나옵니다. 그러면 다시 모든 사람들은 나와서 감독의 손에 키스를 합니다.

3시에 그들은 정오에 행했던 일을 다시 한 번 반복합니다. 그러나 4시 정각에 그들은 그들이 부르는 대로 하자면, **뤼크니콘**(Lychnicon)이라는 4시에 드리는 기도회를 갖는데, 이것은 우리말로 한다면 루체르나레(Lucernare)입니다. 모든 사람들이 부활의 장소에 다시 한 번 모여들어서 등불과 촛불을 모두 밝히는데, 이로써 그곳이 매우 밝게 됩니다. 불은 밖에서 가져오는 것이 아니라 - 휘장 안쪽에 있는 - 동굴에서 가져오는데 이곳에는 등불이 밤낮으로 항상 켜있습니다. 루체르나레의 찬송과 교송을 부릅니다. 그런 다음 그들은 주요한 자리에 들어가서 앉아 있는 감독을 부르러 보냅니다. 장로들은 또한 그들의 자리에 들어가서 앉아서 찬송과 교송을 계속 부릅니다. 그런 다음 그들은 지정된 모든 찬송을 그들이 끝마칠 때, 감독은 일어서서 휘장(예를 들면 동굴) 앞으로 나아갑니다. 부제들 중에 한 사람이 개인들에 대한 평범한 축하의 말을 합니다. 그리고 매번 그는 **키리에 엘레이손**(우리말로 "주여 자비를 베푸소서")을 반복하며 많은 소년들의 이름을 열거합니다. 그들의 목소리는 매우 컸습니다. 그 부제가 그의 역할을 다 하고 나면, 감독은 기도를 하고 모든 사람들을 위해서 기도합니다. 이때까지 신자들과 예비신자들은 함께 기도를 하고 있습니다. 그러나 이제 그 부제는 모든 예비신자들을 그가 있는 곳으로 불러세워서 절하게 합니다. 그리고 감독은 그가 있는 자리에서 예비신자들을 축복합니다. 또 다시 기도가 있습니다. 그러고 나서 감독은 모든 신자들을 불러 절하게 합니다. 그리고 감독은 그가 있는 자리에서 신자들을 축복합니다. 이렇게 함으로써 부활의 장소에서 기도회가 끝납니다. 모든 사람들은 감독에게 다가와 감독의 손에 한 사람씩 키스를 합니다.

그 다음에 찬송을 부르면서 그들은 감독을 부활의 장소에서 십자가의 장소로 데리고 가며 모든 사람들이 감독과 함께 갑니다. (십자가의 장소에) 도착 하자마자 감독은 기도를 하고 예비신자들을 축복합니다. 그런 다음 또 다시 기도하고 신자들을 축복합니다. 다음에 다시 감독과 모든 사람들이 십자가 뒤로 가서 그들이 십자가 앞에서 행했던 것을 행합니다. 그들이 부활의 땅에서 행했던 것과 마찬가지로 양쪽 장소에서(십자가 앞 뒤) 모든 사람들은 감독의 손에 키스하기 위해서 나옵니다. 커다란 불이 모든 곳에 켜지고, 부활의 장소와 십자가 앞뒤에 많은 초가 있습니다. 이 모든 것이 끝날 무렵에는 황혼쯤이 됩니다. 이것들은 십자가와 부활의 땅에서 매 주간 드려지는 예배입니다.

그러나 **주일**인 제7일에는 마치 부활절과 같이 가능한 한 많은 사람들이 닭 울기 전에 안 뜰에 모여듭니다. 그 안뜰은 부활하신 장소 곁에 있는 "바실리카(basilica)"인데 이는 다른 말로 말하자면 문들의 밖입니다. 그리고 등불이 그들을 위해서 그곳에 켜져 있습니다. 두려워하는 사람들은 닭이 우는 이른 시간에 도착하지 못해서 찬송과 교송을 부르며 앉아서 기다립니다. 그리고 그들은 그 철야를 위해서 항상 장로들과 부제들이 준비되어 있기 때문에 사이사이에 기도를 합니다. 왜냐하면 사람들이 너무 많이 모여있기 때문인데 닭이 울기 전에 거룩한 장소들을 개방하는 것은 흔한 일이 아닙니다.

첫 번째 닭이 울자마자 감독은 부활의 땅에 있는 동굴 안으로 들어갑니다. 그 문들은 모두 열려 있어서 모든 사람들이 이미 램프들이 켜져 있는 부활의 땅으로 들어갑니다. 그들이 안에 있을 때 장로들 중에 한 사람에 의해서 시편이 낭독되고 모든 사람들이 응답하며 장로에 의해서 기도가 드려집니다. 그런 다음에 부제들 중에 한 사람에 의해서 시편이 낭독되어지고 또 다른 기도가 드려집니다. 그런 다음에 성직자들 중에 한 사람이 세 번째 찬양을 하고, 세 번째 기도와 모든 사람들을 위한 추모를 합니다. 이 세 번의 시편과 세 번의 기도를 마친 후에 그들은 향로를 가지고 부활의 땅에 있는 동굴 안으로 들어가는데, 그 부활의 땅 바실리카는 온통 향기로 가득 채워집니다. 그런 다음 감독은 휘장 안쪽에 서서 복음서를 들고 문으로 가는데 그곳에서 그는 주님의 부활에 대한 설명을 읽습니다. 책을 읽기 시작할 때 그 모든 집회에 참석한 사람들이 주님께서 우리를 위해서 겪으신 그 모든 것을 듣고 한숨을 쉬며 탄식합니다. 그리고 그들이 우는 방법은 아무리 단단한 마음을 가진 사람이라고 해도 눈물을 흘릴 정도로 감동적입니다. 복음서 낭독이 끝날 때 모든 사람들이 나와서 노래를 부르면서 감독을 십자가로 데려가며, 그 모든 사람들이 그와 함께 갑니다. 그들은 거기에서 시편 한편을 낭독하고 기도를 한 다음에 감독은 사람들을 축복합니다. 그것으로 집회가 해산됩니다. 감독이 나갈 때 모든 사람들은 나와서 감독의 손에 키스합니다.

그런 다음 즉시 감독은 자기 집으로 돌아갑니다. 모든 수도사들은 날이 샐 때까지 시편과 교송을 부르기 위해서 부활의 장소로 되돌아갑니다. 모든 시편과 교송 사이사이에 기도가 있으며 장로들과 부제들은 사람들과 함께 철야를 하기 위해서 부활의 땅에서 매일 자기 순서를 행합니다. 어떤 평신도 남녀들은 날이 샐 때까지 거기에 머물러 있고자 하지만, 다른 평신도 남녀들은 잠을 자기 위해서 침대로 돌아가기를 원합니다.

우리가 다음에서 이야기하게 될 특별한 날들을 제외하고 이 규칙들은 일년 중 매일 준비됩니다. 이 모든 것에 대해서 내가 발견했던 가장 감명 깊였던 것은 그것이 밤이든 이른 아침이든, 정오의 기도이든, 세 시든, 네 시 기도이든 간에 그들이 사용하는 시편과 교송이 항상 적절했다는 것입니다. 모든 것이 하고자 하는 것에 적절하고 알맞으며 잘 어울렸습니다.[59]

3. 수도원 성무

공동으로 드리는 기도는 초기 교회부터 4세기를 거쳐 점차 교구나 수도원 등을 중심으로 정착했다. 시간을 따라 기도하는 것은 하루 자체를 거룩하게 구별하는 신앙의 적극적인 표현이라는 의미를 갖는다. 다시 말해 기도하는 시간만 귀중하고 성화되는 것이 아니라 매순간이 하나님과 연합하는 삶이라는 것을 성무일과를 통해 확인한다는 의미이다. 수도원에서 드리던 예배는 본질적으로 많은 사람들이 함께 참여하는 것이라기보다는 각자가 모여서 함께 개인의 기도를 한다는 의미가 더 강했다.[60]

1) 이집트의 수도원

이집트의 수도원들은 높은 권위에 의해서 제정되어진 12개의 시편으로 저녁과 이른 아침의 성무에 대한 유형을 마련했다.

59　에게리아(Egeria), 에게리아의 순례기(Pilgrimage of Egeria) XXIV-XXV(c. 384). 『에게리아의 여행기』(c. 384). John Wilkinson 역 *Egeria's Travels* (London: SPCK, 1971), 123-26.

60　W. Jardine Grisbrooke "The Formative Period-Cathedral and Monastic Office," Cheslyn Jones 편, *The Study of Liturgy,* (New York, NY: Oxford University Press, 1992), 403-05.

카시아누스

이집트와 테베의 전 영역을 통해서 수도원 제도가 발전되었는데, 이 수도원 제도는 세상을 포기한 모든 사람들의 공상에서 발견되는 것이 아니라, 오늘에 이르기까지 조상들과 그들의 전통의 계승을 통해서 발견되어 지거나 남겨진 채로 발견되는 저녁과 철야 집회 시에 기록물로 정착된 기도의 체계를 통해서 알 수 있다. …

그들이 매일의 의식과 기도를 드리러 가기 때문에 어떤 이는 사람들 사이에 끼어서 주님께 시편들을 찬송하러 올라간다. 찬송의 가사에 집중하면서 (아직도 이집트에 남아있는 관습과 같이) 그들이 모두다 앉아있는 동안에, 그리고 그가 사람들 사이에 소개되어진 기도에 의해서 분리되어진 12편의 시편을 노래할 때, 그는 알렐루야의 응답송으로 12번째 시편을 마친다. 그러고 나서 그가 모든 사람들의 눈에서 갑자기 사라짐으로써 그들의 토론과 예배가 갑자기 끝난다.

교부들의 존경할만한 집회는 하나님의 섭리에 의해서 일반적인 규칙이 천사의 지시대로 형제들의 집회를 위해 이미 된 것으로 이해되며, 따라서 이런 숫자들이 아침 예배나 저녁 예배 때에 모두 보존되어야만 한다는 교령이 반포되었다. 그리고 그들이 구약과 신약으로부터 유래한 기도문들을 덧붙였을 때 그들은 이것들을 단지 부가되는 것으로, 또 자기 자신들의 선택에 의한 것으로 택했는데 이는 성경을 잘 기억하려고 하는 마음에서 지속적으로 공부하려는 자발적이고 열의가 있는 사람들을 위한 것이었다. 그러나 토요일과 일요일에 그들은 신약성경 즉 다시 말해서 서간문들이나 사도들의 행전들 중의 하나와 4복음서들 중의 하나에서 그것들을 읽었다. 그리고 이것은 부활절에서 성령강림절에 이르기까지 성경을 읽는 것과 묵상하는 것에 관심이 있는 사람들이 행하는 것이다.[61]

2) 동방교회

동방교회는 4세기에 8개의 성무일과표(a cycle of eight daily offices)를 발전시켰다.

바실레이오스

영혼과 마음의 첫 번째 움직임이 하나님께 봉헌되어지도록, 그리고 "내가 하나님을 기억하여 기쁨이 됩니다."라고 기록된 바와 같이 우리가 하나님에 대한 생각으로 인해서 고무되어지고 격려되어지기 전에 우리가 다른 어떤 생각들을 품지 않도록, 그리고 우리가 "여호와여 아침에 주께서 나의 소리를 들으시리니 아침에 내가 주께 기도하고 바라리이다.(시편 5:3)"라는 시편의 글귀를 우리가 수행하기 전에, 우리의 몸이 우리의 일들로 바빠지지 않도록 하기 위해서 이른 아침에 기도해야 한다. 비록 형제들이 그들의 다양한 일 때문에 여기저기 흩어져 있을지라도, **제 삼 시**에 형제들은 기도를 위해서 모여야 하며, 다른 사람들도 기도하러 가도록 해야 한다. 제삼시에 사도들에게 수여되었던 성령의 은사를 마음속에 회상하면서 모든 형제들은 함께 예배드려야 한다. 그 결과 그들은 신성한 은사들을 받을 가치가 있게 되고 성령의 인도와 선하고 유용한 그분의 가르침을 탄원해야 한다. …

---

61   카시아누스(Cassian), 『규칙(Institutes)』, II, 3, 5-6(c. 420). Edgar C. S. Gibson 역, NPNF, 2nd series, XI, 205, 207.

그러나 비록 그들의 일의 성격과 장소가 너무 멀기 때문에 출석하지 못한다 할지라도 그들은 엄격하게 그들이 어디에 있든지 신속하게 참석해야 하며, "두 세 사람이 내 이름으로 모인 곳에는 나도 그들 중에 있느니라(마태복음 18:20)."라고 주님께서 말씀하셨기 때문에 모두 참석해야만 한다. 우리가 판단해 보건대 "저녁과 아침과 정오에 내가 근심하여 탄식하리니 여호와께서 내 소리를 들으시리로다(시편 55:17)."라고 말한 성도들을 본받아서, **제 육 시**에 기도가 필요한 것은 당연하다. 그리고 이 시간에 낮의 악마의 침략으로부터 우리가 보호받기 위해서 우리는 시편 91편을 암송해야 한다. 그러나 **제 구 시**에는 "베드로와 요한이 제구 시 기도 시간에 성전으로 올라갔다."라고 사도행전에서 사도들 자신에 의해서 기도를 위한 강제적인 시간이 지정되었다. 하루의 일과가 끝날 때 우리를 인도해 주신 것에 대해서 감사를 드리거나, 우리가 올바로 행했던 것에 대해서 감사를 드리거나, 만일 우리가 말로나 행동으로나 마음속으로 어떤 것에 대해 죄를 범할 기회가 있었다면 고의적으로든 고의적이지 않든 우리가 빠뜨린 것에 대한 고백을 드려야 한다. 왜냐하면 기도를 통해서 우리는 우리들의 악한 행위들을 하나님께 용서받을 수 있기 때문이다. 우리의 과거의 행동에 대한 조사는 또다시 똑같은 범죄로 빠지지 않도록 도와준다. 그렇기 때문에 시편 기자는 "너는 떨며 범죄치 말지어다. 자리에 누워 심중에 말하고 잠잠할 지어다(시편 4:4)."라고 말한다.

다시 **한밤중에** 우리는 우리의 휴식이 죄가 되지 않고 꿈으로 인해서 방해받지 않도록 기도해야만 한다. 이 시간에는 또한 시편 19편을 암송해야 한다. 게다가 사도행전에서 "한밤중에 바울과 실라가 하나님께 찬송하니"라고 기록하고 있는 것처럼 바울과 실라는 밤에 의무적으로 행하는 기도의 관행을 우리에게 전해주었다. 시편 기자는 또한 "내가 주의 의로운 규례를 인하여 밤중에 일어나 주께 감사하리이다."(시편 119:62)라고 말한다. 그 다음에 우리가 졸거나 침대에서 자고 있지 않도록 우리는 또한 기도함으로써 새벽 미명을 고대해야 한다.[62]

3) 성 베네딕투스

수도원의 8개의 성무일과에 대한 서방 교회 유형은 6세기에 성 베네딕트에 의해서 고정되었다.

누르시아의 베네딕투스

겨울철 즉 다시 말해서 11월 1일부터 부활절까지 다른 환경에 유의해서 사려 깊게 행하려고 한다면 새벽 2시에 일어나야만 하는데, 한밤중 조금 지나서까지 쉬고 소화도 다 되었을 때가 이 때이다. 그 성무일과가 끝난 이후에 남은 시간은 만약 형제들이 시편과 말씀들을 완전히 알지 못한다면 공부하는 데 사용할 수 있다.

부활절부터 11월초까지는 형제들이 야간 성무일과를 다음과 같이 배정해야 한다. 야간 성무 이후 짧은 시간적인 간격을 주어서 (형제들이 생리적인 필요를 위해서 밖에 나가도록 해야 하며) 그 다음에 날이 밝기 시작할 때 바쳐야 할 아침기도를 시작해야 한다.

---

62 바실레이오스(Basil), "긴 규칙들(The long Rules)," XXXVII(358-64). M. Monica Wagner 역, *Saint Basil: Ascetical Works*, FC, IX, 309-10.

선지자는 "내가 하루 일곱 번씩 주를 찬양하나이다(시편 119:164)."라고 말했다. 만약 우리가 찬과(讚課, 역자 주: 새벽 미명에 드리는 기도), 일시과(一時課, 역자 주: 그 후 조금 있다가 드리는 기도), 삼시과(三時課, 역자 주: 오전 9시에 드리는 기도), 육시과(六時課, 역자 주: 정오에 드리는 기도), 구시과(九時課, 역자 주: 오후 3시에 드리는 기도), 만과(晩課, 역자 주: 하루 일과가 끝날 때 드리는 기도), 종도(終禱, 역자 주: 잠자리에 들기 전에 드리는 기도) 시간에 우리의 섬김의 의무를 다 드린다면, 우리는 이 거룩한 일곱이라는 숫자를 채우게 될 것이다. 왜냐하면 이 낮시간들에 관하여 그가 말하기를 "내가 하루 일곱 번씩 주를 찬양하나이다."라고 말했기 때문이다. 그리고 그밖에 다른 곳에서 같은 선지자는 야간의 성무에 관해서 말하기를 "나는 당신께 찬양하기 위해서 한밤중에 일어났습니다."라고 말했다. 그러므로 이 시간들 즉 찬과, 일시과, 삼시과, 육시과, 구시과, 만과, 종도 때에 우리의 창조주께 "그분의 정의의 판결에 대한 찬미"를 바치도록 하고 그분을 찬양하기 위해서 밤에 일어나도록 해야 한다. …

이것들은 주간 성무에 부를 성가를 위한 배열들이다. 남아있는 모든 시편들은 7일간의 야간 성무 중에 똑같이 배분되어야 하며, 그 가운데서 더 긴 시편들은 나눠서 매일 밤마다 12개씩 해야 한다.

그러나 여기에서 우리가 주장하기를 만일 어떤 사람이 현재와 같은 시편들의 배정에 대해서 찬성하지 않는다면 그는 그가 좋게 여기는 대로 다르게 배치할 것이다. 다만 그가 주의해야 할 것은 매 주간에 시편 150편 전체를 다 암송해야 하며 매 주일 야간 성무에서 시편을 처음부터 다시 시작해야 한다는 것이다. 만약 어떤 수도사들이 한 주간 안에 전체 시편집과 소곡(小曲, 역자 주 : 시편 이외의 성경에 나와있는 노래들)를 완전히 암송하지 않는다면, 그것은 자기의 거룩한 섬김에 대해서 너무 태만함을 드러내는 것이다. 우리가 읽은 바에 따르면 우리들의 거룩한 교부들은 하루에 시편집 전체를 다 암송했다. 그러나 하나님께서는 게으른 그들의 후손인 우리들이 7일 안에 시편을 읽도록 허락하셨다.[63]

4. 종교개혁 이후

대성당을 중심으로 지켜지던 성무일과는 후에 수도원에 특화된 형태로 정착되고 수도원 중심의 성무일과는 후에 제2차 바티칸 공의회까지 명맥을 유지한다.

1) 수도원 성무와 종교개혁자들
이 시기에 서방 교회에서 공중 예배를 위해 유일하게 친밀한 형태를 취했던 것은 수도원의 성무이었다. 그 수도원의 성무를 몇몇 종교개혁자들이 받아들였다.

마르틴 루터
평일이라 불리는 날들에 미사가 중단되는 것에 대해서 용인하지 못할 이유를 찾기 힘들다. 조과에는 세 개의 본문들이 더불어 있고 기도 시간들,

---

[63] 누르시아의 베네딕투스(Nursia의 Benedict), "베네딕투스의 규칙서(The Rule)," VIII, XVI, XVIII(c. 530). Owen Chadwick 역, LCC, XII, 304-05, 307, 309.

만과(晩課), 종도(終禱)에는 -만성절의 특별기도를 제외하고 - 성경의 거룩한 말들로만 구성되어있다. 소년들은 성경에서 나온 시편과 교훈들을 읽고 듣는 데에 익숙해져야 할 필요가 있다. 만약에 어떤 것이 변화되어진다면 감독은 세 개의 시편들이 조과 동안, 세 개가 만과 동안에 한두 개의 응창성가에 따라 불리도록 자신의 판단에 따라 예배의 길이를 줄일 수도 있다. 이러한 문제들은 감독의 판단에 기꺼이 맡겨져야 한다. 감독은 똑같은 것을 너무 많이 반복함으로 인해서 사람들이 지루해지거나, 성가와 교훈이 너무 많이 변화됨으로 인해서 사람들이 당황하지 않도록 주의를 기울이면서 가장 훌륭한 응창성가와 교창을 선택해야만 하고, 주일부터 다음 주일까지 주간 내내 그것들을 지정해 주어야 된다. 시편은 한 편씩 전체가 사용되어야 하고, 성경은 본문을 따라 전체가 사람들에게 읽혀져야 한다. 그러나 우리는 - 내가 그 밖의 다른 곳에서 설명한 바와 같이 - 파이프나 하프 소리와 같이(고린도전서 14:7) 사람들이 이해하지 못한 상태로 그들의 입술만으로 찬송하지 않도록 주의를 기울여야 한다. 그러므로 일상 교훈들은 다음과 같이 배정되어야 하는데, 하나는 아침에 신약이나 구약성경에서 읽혀야 하고, 또 다른 하나는 만과 동안에 일상어로 해설되어진 다른 성경책(역자 주: 아침에 구약을 읽었다면 만과에서는 신약을 읽게 됨을 의미함)에서 읽혀져야 한다. 이 의식이 옛날의 의식이라는 사실이 관습 그 자체와 조과의 설교라는 단어와 만과와 또 다른 성무일도(聖務日禱) 안의 총회라는 단어에 의해서 증명되어진다. 즉 다시 말해서 그들이 함께 모이자마자 기독교인들은 무엇인가를 읽고, 그 다음에 그것을 고린도전서 14:26-27에서 바울이 그 고유한 방법으로 묘사한 것처럼 해석한다. 그러나 악한 세대가 오면 선지자들과 성서 해석자들이 적어진다. 교훈과 법령에 따라 남겨진 이 모든 것들은 "하나님께 감사하리로다."라고 하는 반응이었다. 해석, 교훈, 시편, 찬송 그리고 다른 것들 대신에 지루한 반복이 더해졌다. 비록 찬송과 테 데움이 적어도 소위 그들이 하나님을 찬양하는데 사용한 데오 그라시아스와 똑같은 것을 확인했음에도 불구하고 설명과 훈계 이후에 그들은 하나님께 감사하곤 했으며, 그분의 말씀의 밝혀진 진실에 대해서 감사를 드리곤 했다. 그것은 내가 하고자 했던 일종의 자국어 노래들이다.[64]

이것은 하나님의 말씀 안에 있는 매일 드리는 예배와 가르침에 관해서 내가 이야기해야만 하는 것인데, 하나님의 말씀은 주로 젊은이들을 훈련시키고 배우지 못한 사람들에게 도전을 주는 데 도움을 준다. 이제까지 라틴어 예배에서 그랬던 것처럼, 새로운 것들에 대해서 호기심을 가지고 있는 사람들은 그 모든 것에 대해 곧 질리고 싫증을 낼 것이다. 매일 교회 안에서 찬송과 성경 봉독이 진행되었다. 그러나 사람들은 교회를 등지게 되었고 교회는 텅 비어 버렸다. 이미 독일의 예배 안에서 똑같은 현상이 일어났다. 그러므로 앞으로 오게 될 젊은이들과 배우지 못한 사람들의 편에서 예배를 계획하는 것이 최상의 방책이다. 다른 사람들에 대해서는 법을 적용하는 것도, 꾸짖거나 달래는 것도 효과가 없을 것이다. 그들이 원치 않는 예배를 드릴 때, 그들이 기꺼이 그리고 즐겁게 이러한 일들로부터 떠나게 허락하라. 하나님께서는 마지못해서 드리는 예배를 기뻐 받

---

64 마르틴 루터, 『미사 예식(Formula Missae)』(1523). Paul Zeller Strodach and Urich S. Leupold 역, LW, LIII, 37-39.

지 않으신다. 그런 예배들은 무익하고 쓸모가 없다.⁶⁵

크리스천 게버

매일 공적으로 예배가 진행되어지는 도시에서 사는 사람은 행복하다. 이러한 점에서 드레스덴과 라이프치히에 거주하는 사람들은 행복하다. 왜냐하면 이 두 도시들 안에서는 매일 설교와 기도가 있는 예배가 진행되어서 그들은 모든 말씀과 지식으로 풍부하고, 어떤 영적 은사에도 모자라지 않기 때문이다.⁶⁶

프란치스코 퀴노네스

[1536] 사람의 지능으로 하는 일이 그 어느 것도 처음부터 제대로 되는 일은 없었고 오히려 많은 사람들의 판단을 거친 후에야 보다 완벽하게 되었다. 다시 말해서 이것은 우리가 초기 교회의 모습을 따라 교회를 갱신할 때 봐왔던 것들이다.

[1535] 참으로 어떤 이가 대부분의 사람들로부터 공식적으로 전해져 내려온 기도의 방법에 대해서 주의 깊게 고려한다면, 각각의 시간의 적절한 특징들이 명확해져야 한다는 것을 발견할 것이다.

---

65 『독일어 미사(The German Mass)』(1526). Augustus Steimle and Ulrich S. Leupold 역, LW, LIII, 89-90.
66 크리스천 게버(Christian Gerber), "작센 지방에서 교회 의식의 역사 (Historie der Kirchen Ceremonien in Sachsen, 1732)," in Gunther Stiller, *Johann Sebastian Bach and Liturgical Life in Leipzig*, Herbert J. A. Bouman, Daniel F. Poellot, and HIlton C. Oswald 역 (St. Louis, MO: Concordia Press, 1984), 55.

[1536, 1536] 그러나 사실은 어떻게 고대 교부들에 의해서 제정된 가장 거룩한 관습들이 조금씩 규정되어진 기도의 관습으로부터 어긋나게 되었는지 내가 알지 못한다.

[1535] 우선 일 년 중 몇 번에 걸쳐서 읽도록 명령되어진 성경책들을 읽기 시작한 일은 거의 없다. 그리고 사람들은 기도를 거의 빼먹고 지나간다.

예를 들면 창세기를 들 수 있는데 창세기는 사순절에 시작되고, 이사야서는 대림절에 시작된다. 이 책들의 한 장도 끝까지 읽혀지지 않으며, 같은 의미에서 구약성경의 다른 책들도 우리는 읽기보다는 그저 맛을 보기만 할 뿐이다.

[1535, 1536] 직제는 너무 복잡하게 되었고 기도에 대한 계획이 너무 어려워서 실제로 책을 읽는 것보다 규정된 것을 찾아내는 데 더 많은 시간이 걸린다.

[1535, 1536] 교황 클레멘트 7세는 사물에 대한 어떤 인식을 행복하게 생각하는 것을 의무로 여겨왔다. … 그래서 기도 시간들을 더욱 확산시키기 위해서 그는 나를 격려했고 권위를 부여해 주었다. 그 결과 이전에 말했던 바와 같이 어려운 문제들을 해결했고, 주요한 직제 안에 있는 수도사가 보다 전통적인 기도를 하는 데에 많이 끌리게 되었다.

[1535] 교송, 응답송, 그리고 많은 찬송과 성경 읽기에 방해가 되는 어떤

종류의 다른 것들이 생략되었다. 일과기도서는 시편과 신구약의 성경과 우리가 수집한 증명되고 진지한 그리스어 저자들과 라틴어 저자들로부터 수집한 성인들의 역사로 구성되어 있다.[67]

에드워드 4세(Edward VI)의 기도서 1, 2권
【공동기도서(1549), "서문" 3-5】

재치 있는 사람에 의해서 잘 고안되고 확실하게 규정되어서 결코 부패하지 않은 것은 그 어느 것도 없었다. 비록 그것이 교회에서 평범한 기도에 의해서 평범하게 나타났다 할지라도 보통 그것은 거룩한 예배서라 불린다. 먼저 원래적이고 근본적인 것에 대해서는 전체 성경(또는 그것의 가장 위대한 부분)은 일 년에 한번 이상 읽혀져야만 한다. … 더구나 (교회 안에서 읽혀지는 성경을 매일 들음으로써) 백성들은 계속적으로 하나님을 아는 지식에 있어서 점점 더 도움이 되어야만 하고, 진실한 종교의 사랑으로 불타게 되어야 한다. 그러나 이와 같은 고대 교부들의 경건하고 친절한 직제가 전해진 지 오랜 세월이 흘렀고, 깨어졌으며, 무시되었다. … 그 결과 성경을 읽을 때 3-4장 정도만 읽고 나머지는 읽지 않게 되었다. 이런 식으로 이사야서는 대림절에 시작되었고, 창세기는 사순절에 시작되었다. 그러나 그 책들은 단지 읽혀지기 시작하기만 했고 끝까지 읽혀지지는 않았다. … 많은 경우에 꼭 읽어야만 하는 것들을 구별해 내고 그렇게 찾은 것들을 읽을 필요가 있었다.

---

67 프란치스코 퀴노네스(Francisco de Quinones), "서문(Preface)," *Breviarium Romanae Curiae* (1535 and 1536). 1535 and 1536 editions in the sequence used by Thomas Cranmer, in *Cranmer's Liturgical Projects*, J. Wickham Legg 편 (London: Henry Bradshaw Society, 1915), HBS, L, 168-82.

따라서 다음과 같은 불편들이 예상되었다. 여기에서 똑같은 것을 재조정하는 것으로 차례를 정한다. 이 문제를 해결할 목적으로 교회력이 제작되었다. 그래서 그 교회력은 이해하기에 쉽고 용이했다. 그러므로 성경을 읽는 것이 그렇게 전개되어서, 하나의 조각이 다른 조각과 나누어짐이 없이 모든 것들이 순서대로 되어 질 것이다. 성경 읽기의 계속적인 과정이 깨어졌듯이 이러한 이유 때문에 축송과 응답송과 초사(招詞)와 그와 같은 것들이 깨어질 것이다. …

그러나 사람들이 사적으로 아침기도와 저녁기도를 드릴 때, 그들이 스스로 이해할 수 있을 정도의 쉬운 언어로 똑같은 것을 말하는 것을 의미하지는 않는다.

【"성찬대와 교회력…" 6】
시편집은 매월 한 번씩 읽혀져야만 한다. 몇몇 달들은 다른 달보다 길기 때문에 이런 식으로 똑같이 균등하게 읽는 것이 좋다.

【공동 기도서(1552), "서문" 323】
모든 사도들과 부제들은 그들이 설교에 의해서, 하나님의 성서 연구에 의해서, 또는 다른 긴급한 이유들로 인해서 방해받는 것을 제외하고 사적이든 공적이든 간에 매일 아침과 저녁에 드리는 기도를 반드시 드려야 한다.

모든 지역교회나 예배당에서 사역하고 있는 부목사는 … 그가 사역하고 있는 지역교회나 예배당에서 똑같은 것을 말해야 하며 그가 예배를 시작하기 전 편리한 시간에 시작종을 울려야 한다. 그 결과 계획되어졌던 바와 같이 사람들이 하나님의 말씀을 들으러 올 것이며 그와 함께 기도하러 올 것이다.

【"(시편집과 비교하여서) 성경의 나머지 부분이 읽혀지도록 지정되었던 순서" 329】
구약성경은 아침과 저녁기도회에서 첫 번째 독서에 읽도록 지정되어 있는데, 덕을 함양하지 못하고, 시간을 낭비하게 하며, 그에 따라 읽혀지지 않는 채 내버려져야 할 어떤 책들과 장들을 제외하고 일 년에 한 번 읽혀져야 할 것이다.

신약성경은 매일 아침과 저녁 기도에서 두 번째 독서에 지정되어 있다. 그리고 신약성경은 서신서들과 복음서들을 … 제외하고 일 년에 순서대로 세 번 읽도록 되어 있다.[68]

2) 가정 예배
매일 드리는 가정 예배는 기독교적 경건 실천의 중요한 부분이 되었다.

은혜 가운데 세워진 회중의 공적 예배를 제외하고 각 사람의 비밀한 예배와 가족들의 사적인 예배가 강조되어 시행되기 시작한 것은 시기적으로 적절하고 필요했다. 다시 말해서 국가적인 종교 개혁과 함께 개인적

---

68 『Edward VI세의 기도서』 1, 2권, *The First and Second Prayer Books of Edward VI* (London: J. M. Dent & Dons, 1910

으로나 가정적으로나 경건의 능력이 향상되었다.

【Ⅰ】첫 번째로, 비밀한 예배를 위해서 아침과 저녁, 그리고 다른 때에 이 의무를 행하는 것이 가장 필요하다. …

【Ⅱ】그들이 이러한 취지에서 소집될 때 가정 안에 반드시 있어야만 하는 경건의 훈련 아래에서 얻어지는 평범한 의무들은 다음과 같다. 첫 번째, 기도와 찬양은 이 왕국에 있어서 하나님의 교회의 공적인 조건뿐만 아니라 각 가정과 그 가정의 모든 구성원들에 대한 오늘의 문제들에 이르기까지 관계하게 된다. 다음으로 평범하게 교리문답식으로 성경을 읽는 것, 즉 보다 단순한 이해는 공중 규정 하에서 보다 더 잘 이루어질 수 있고, 그들이 성경책을 읽을 때 보다 잘 이해할 수 있게 된다. 가정에서 권위를 갖고 있는 사람으로부터 훈계와 책망을 받듯이 함께 경건한 대화를 하는 것은 가장 경건한 믿음 속에서 모든 성원들에게 덕을 끼치는 경향이 있다.

【Ⅳ】가장은 가정 구성원의 그 누가 가정의 예배에서 빠지는 것을 살펴야 한다.[69]

3) 감리교
존 웨슬리는 즉흥적인 공중 기도와 형식적인 공중 기도를 배합했다.

---

69   스코틀랜드 교회(Church of Scotland), 『가정 예배를 위한 안내서(The Directory for Family-Worship)』, Ⅰ, Ⅱ, Ⅳ(1647) (Philadelphia, 1829), 595-96.

존 웨슬리

나는 영국 교회(내가 생각하기에 이 세상에서 가장 훌륭하게 구성된 국가 교회이다)의 예전과 조금 다른 예전을 준비해왔다. 그런데 나는 모든 순회설교자들이 수요일과 목요일에만 연도를 읽고, 모든 다른 날에는 즉흥적인 기도를 하며, 주일에 그들의 회중 사이에서 영국 교회의 예전을 사용하도록 조언한다. 나는 또한 장로들에게 매주일 주님의 만찬을 집행하도록 조언한다.[70]

많은 시편들과 다른 부분들은 기독교 회중의 취향에 상당히 부적절하기 때문에 삭제된다.[71]

4) 수요 기도

수요 기도 모임은 초기 기독교인들의 성무(흔히 친밀한 찬송과 기도를 사용함)의 특징 중 일부를 회복시키고, 사회의 변혁(노예의 해방, 금주 운동 등)을 이끌어갔다. 사도시대부터 전해져 내려오던 일주일 중 주기적으로 수요일과 금요일 등을 구별해서 신앙과 결부시키는 행위는 그 명맥을 기도 모임의 방법을 통해서 이어왔고 한국 교회의 수요(기도회) 모임까지 그 맥이 닿아있는 것을 볼 수 있다.

---

[70] 존 웨슬리, "주일예배와 관련된 1784년 9월 10일의 편지," *John Wesley's Sunday Service* (Nashville, TN: United Methodist Publishing House, 1984), n.p.

[71] 위의 책, 주일 예배와 관련된 1784년 9월 9일의 편지.

찰스 G. 피니

여성 기도 운동들 - 지난 몇 년 이내에(1830년대) 여성 기도 운동들은 뉴욕주에서 광범위하게 방해를 받아왔다. 얼마나 끔찍한 일인가! 지금은 고인이 되신 어떤 목사님이 그가 처음으로 이 모임을 설립하고자 했을 때, 그의 주변에 있는 모든 성직자들이 그에게 반대를 했다. "여성들이 기도하도록 세운다고? 왜, 다음번에는 여성들로 하여금 설교하라고 하겠는 걸." 만약 여성들이 함께 기도하도록 허락되어진다면, 시온의 안전을 위하여 심각한 염려가 고려될 지경이었다. 현대조차도 어떤 교회에서는 여성들이 너그럽게 이해되어지지 않고 있다.[72]

5) 로마 가톨릭 교회(1970년대)

1970년대에 로마 가톨릭에 의해서 예배 일과(시간 전례)가 개혁되었다.

그들은 이 예전이 드려져야 하는 두 개의 중심점인 시간들에 대해 적절한 중요성을 제시해야 된다. 다시 말해서 예전이 시행되어야 하는 두 개의 중심점이란 아침 기도인 조도와 저녁 기도인 만과이다. 특별한 이유가 없다면 사람들로 하여금 이 두 시간들(조도와 만과)을 빼먹지 않도록 돌봐야 한다.

사람들은 또한 성경 읽기를 충실하게 수행해야 하는데 하나님의 말씀을

---

72 찰스 G. 피니 (Charles G. Finney), "종교 회복에 대한 강의(Lectures on Revivals of Religion, 1835)," William G. McLoughlin 편 (Cambridge, MA: Harvard University Press, 1960), 259.

읽는 것은 모든 예전적 의식들보다 위에 있다. …

그들이 정오와 종과에 낭송하게 된다면 그 날이 온전히 성화될 것이다. 이를 통해 그들 자신을 하나님께 맡기며, 잠자기에 들어가기 전에 온전한 "하나님의 일"을 완성하게 된다. …

시편은 4주간의 주기로 나누어져 있다. 이 주기 안에서 몇몇 시편이 생략된다. 반면에 전통적으로 보다 중요한 시편들이 빈번하게 반복된다. 조과, 만과, 종도는 그들 각자의 시간에 부합하는 시편들을 갖는다.

예배 일과에 있어서 성경 읽기는 미사에서 성경 읽기와 연결되어 있고, 그것을 완성하게 된다. 이러한 방식으로 구원의 역사는 전체적으로 조망된다.[73]

---

[73] "예전 시간들에 관한 일반적인 지침(General Instruction on the Liturgy of the Hours)," XXIX, CXXVI, CXLIII. Peter Coughlin and Peter Purdue 역, *The Liturgy of the Hours* (London: Godfrey Chapman, 1971), 27, 45, 48.

제3장

말씀의 예전

　예배의 순서에 있어서 하나님을 만날 준비를 한 자녀들이 예배의 형식에 따라 자리를 잡고 기도를 하며, 죄의 문제를 하나님 앞에 내어놓는 등의 순서를 거치고 나면 그 마음은 말씀을 기다리는 상태가 된다. 다른 예배의 요소들과 대비되는 '말씀의 예전'의 특징은 하나님께서 인간에게 말씀하신다는 점이다. 성경(봉독)을 통해서 먼저, 그리고 설교를 통해서 더욱 세밀하게 하나님의 뜻이 전달이 된다. 그런데 성경을 낭독하는 순서에 있어서 반드시 있어야 할 것은 그 말씀을 들은 '인간의 응답'이다. 낭독한 사람이 "주님의 말씀입니다."와 같은 내용을 말하면, 회중은 "하나님 감사합니다."와 같은 응답의 말로 이 낭독된 말씀이 하나님의 말씀인 것을 인정하게 된다. 이 순간이 바로 선포를 일방적인 하나님의 통고가 아닌 듣는 우리와의 상호 소통을 통한 깊은 말씀의 내면화가 시작되는 출발점으로 삼게 되는 지점이다. 설교자의 설교 말씀이 있게 된 후 주신 말씀에 대한 다양한 인간의 반응이 감사와 헌신의 형태로 예배의 순서를 통해서 표출된다.

1. 초기의 기록

1) 회당예배

회당예배의 전통은 단절되어서 사라진 것이 아니라 후대에도 지속되었다.

누가복음 • 4:16-21(참고 마태복음 7:28-29; 마가복음 1:21-28)
예수께서 그 자라나신 곳 나사렛에 이르사 안식일에 늘 하시던 대로 회당에 들어가사 성경을 읽으려고 서시매 선지자 이사야의 글을 드리거늘 책을 펴서 이렇게 기록된 데를 찾으시니 곧 주의 성령이 내게 임하셨으니 이는 가난한 자에게 복음을 전하게 하시려고 내게 기름을 부으시고 나를 보내사 포로 된 자에게 자유를, 눈 먼 자에게 다시 보게 함을 전파하며 눌린 자를 자유롭게 하고 주의 은혜의 해를 전파하게 하려 하심이라 하였더라 책을 덮어 그 맡은 자에게 주시고 앉으시니 회당에 있는 자들이 다 주목하여 보더라 이에 예수께서 그들에게 말씀하시되 이 글이 오늘 너희 귀에 응하였느니라 하시니

사도행전 • 13:14-16
그들은 버가에서 더 나아가 비시디아 안디옥에 이르러 안식일에 회당에 들어가 앉으니라 율법과 선지자의 글을 읽은 후에 회당장들이 사람을 보내어 물어 이르되 형제들아 만일 백성을 권할 말이 있거든 말하라 하니

바울이 일어나 손짓하며 말하되 이스라엘 사람들과 및 하나님을 경외하는 사람들아 들으라

순교자 유스티누스

주일이라 불리던 어느 날 도시 혹은 시골에 살던 사람들의 집 가운데 어느 한 곳에서 모임을 갖는다. 사도들의 기록들과 선지자들의 문서들을 시간이 허용하는 한 읽고, 봉독자가 다 읽은 후에 설교를 맡은 사람이 설교를 통하여 권면하며, 신자들이 이러한 거룩한 일들을 본받도록 부탁한다. 모든 신자는 함께 일어나서 기도를 드린다.[74]

2) 예배순서

로마의 예배 순서가 규정되었고 후에 중세 유럽 대미사의 모델이 되었다.

교황이 그들[촛대들을 나르는 이들] 사이를 지나 찬양대석의 위쪽을 향해 간다. 그리고 제단을 향해 경배를 드린다. 그리고 사제는 일어서 기도를 드리며 그의 이마에 십자가 성호를 그린다. 그 후에 교황은 그 주간을 담당한 주교 중 한 사람에게 사랑의 입맞춤을 한 후에 주임사제에게도 입맞춤을 하고 모든 부제들에게도 입맞춤을 한다. 그런 후 선창자를 향해 돌아서서 그에게 소영광송을 부르도록 신호를 보낸다. 그러면 선창자는 교황에게 머리를 숙인다. 그러고 나서 음악이 시작된다. 이러는 동안에 만

---

[74] 순교자 유스티누스(Justin Martyr), "제1 변증서(First Apology)" LXVII (c. 155). Edward Rochie Hardy 역, LCC, I, 287.

약 사순절이나 속죄일에 예배에 지장이 되지 않으면 찬양대의 지휘자는 제단 앞에 있는 그의 자리에 앉기 위해 교황을 앞서간다. 제단에 다 와서 총주교는 입당송을 복송 할 때까지 그곳에서 기도한다. "이제는 시작할 때입니다."라고 말하면 부제들이 일어나서 제단의 양편에 인사한다. 처음에는 두 명, 그러고 나서 두 사람씩 나머지 사람도 인사한다. 그리고 교황에게 되돌아간다. 그러면 나머지 사람들은 일어선다. 그리고 제단과 복음서에 입을 맞춘다. 그리고 자기 자리로 돌아가면서 동쪽을 향하여 선다.

이제 교창이 끝난 이후 찬양대는 키리에 엘레이손을 시작한다. 그러나 선창자는 그의 시선을 교황을 계속 봐야 하는데 만약 교황이 그에게 신호를 보내 자비송의 수를 바꾸기를 원할 수도 있기 때문이며 교황에게 머리를 숙인다. 성가가 끝나면 교황은 회중 쪽으로 방향을 바꾸며, 만약 예배에 지장이 없다면 대영광송을 시작한다. 그러고 나서 회중에게 다시 돌아선 후에 교황은 "평화가 여러분과 함께"를 말한다. 그리고 한 번 더 방향을 틀어 동쪽을 향하여 기도로 부름을 말하며, 그리고 본기도가 뒤따른다. 이것이 끝나면 교황은 앉는다. 그리고 주교와 장로들이 같은 방법으로 앉는다.

그동안 구교구 차부제가 제단을 향해 오며, 제단의 왼편과 오른편에 알아서 자리를 잡는다. 그리고 교황이 주교들에게 신호를 보내면 장로들이 앉는다. 이제 봉독하려는 차부제는 교황 이후에 주교와 장로가 앉자마다 곧 설교대로 올라가서 서신을 읽는다. 그가 읽기를 마치면, 한 찬양대원이 성가집을 가지고 올라가서 응답송을 부른다. 그러고 나서 알렐루야가 불리기에 괜찮은 절기라면 알렐루야를 다른 찬양대원이 부른다. 만약 그렇지 않다면 영송[참회구절]을 부른다. 만약 두 가지가 다 준비되지 않았다면 단지 응답송만을 부른다.

그리고 나서 부제는 교황의 발에 입을 맞춘다. 그리고 교황은 부제에게 낮은 목소리로 "하나님께서 마음과 입을 깨끗이 하소서"라고 말한다. 그러고 나서 부제는 제단 앞으로 나온다. 복음서에 입을 맞춘 후에 그것을 손으로 잡아 안에 취하고, 향을 피우는 차부제 보조의 손으로부터 향로를 취한 두 명의 교구 차부제들을 앞에 두고, 설교대를 향해 나온다. 그들 앞에는 두 촛대를 운반하는 복사들이 있다. 설교대에 나오면서 설교대 앞의 복사자리와 복음서를 지닌 차부제와 부제들 사이를 지난다. 향로를 운반하지 않는 차부제는 부제를 향하여 움직이고, 복음서를 주기 위해 그의 왼팔에 쥐고 있는데 이는 부제가 읽기위해 표시해주었던 곳을 오른손이 열지도 모르기 때문이다. 그래서 그의 손가락이 시작하려는 장소에 놓여 있으며, 부제는 읽으려고 앞으로 나간다. 그러는 동안 두 명의 차부제는 뒤로 돌아서 설교단에서 내려오는 층계 앞에 서 있다. 말씀이 끝났다. 교황은 "당신에게"를 말하며 이어서 "주님이 당신과 함께"를 말한다. 응답은 만들어져 있는데 "당신의 영과 함께"이다. 그리고 교황은 기도하자고 말한다.

부제가 설교대에서 내려올 때, 처음 미리 복음서를 열어 보았던 차부제는 부제로부터 복음서를 취한다. 그리고 그 행렬에 서 있는 차부제 보조에게 그것을 넘긴다. 그래서 차부제 보조는 그의 제의[chasuble] 밖으로 그의 가슴 앞에 책을 품고, 그 책을 그들의 행렬의 순서대로[찬양대에서] 서 있는 모든 사람의 입을 맞추기 위해 제공한다. 이런 이후에 복사는 상자를 가지고 설교대 옆의 계단에서 준비를 하고 있는데 차부제가 복음서를 놓았던 같은 상자이기에 봉인이 되어 있을 수 있다. 그러나 차부제가 속한 같은 지역의 복사는 라테란 성전에 그것을 가지고 돌아간다.[75]

2. 종교 개혁기의 변화들

여러 가지 측면에서 종교개혁기는 설교가 중요하게 여겨지던 시기였다. 그러나 동시에 로마 가톨릭교회 역시 설교에 대한 관심이 고조되었던 것이 역사적 사실이다. 예수회와 같이 설교의 확산에 기여한 흐름들은 예배당 안에서 음향에 대해서까지 고려할 정도로 가톨릭 안에서의 변혁을 꾀했다.

1) 루터교회의 말씀 예전

종종 개신교 설교의 아버지라고도 불리는 루터는 그리스도인들이 예배를 드리기 위해서 모일 때는 언제나 설교를 해야 한다고 주장했다. 이러한 주장과 더불어 루터는 설교를 목회사역과 예배의 중심 요소로 확고히 했다.[76] 한편 말씀의 예전 자체에 있어서 루터교회의 변화는 보수적이다.

---

75 *Ordo Romanus Primus*, VIII-XI (c. 700). E. G. Cuthbert F. Atchley 역 (London: De La More Press, 1905), 129-33.

76 James F. White, 『예배의 역사』, 정장복 역 (서울: 쿰란 출판사, 2000), 192.

그러므로 첫 번째로 우리는 단언한다. 지금도 갖고 있으며, 이제까지 쭉 갖고 있는 우리 의도는 완전하게 하나님의 전례적 예배를 제거하는 것이 아니라 더욱 더 부패하고 불행한 첨가물로부터 현재 사용하는 것을 정결케 하며 복음적 의식을 보여주는 것이다. 우리에게 미사 즉 빵과 포도주의 성찬은 그리스도 자신이 신성하게 제정한 의식이다. 그리고 성찬성례전은 그리스도에 의해 준수되었다. 그러고 나서 사도에 의해 아주 단순하게, 어떤 첨가도 없이 복음적으로 준수된 것을 부인할 수 없다. 그러나 시간의 흐름 속에서 많은 인간의 창작들이 첨가되어 미사와 성찬성례전이라는 이름 외에 순수한 것은 없게 되었다.

빵과 포도주를 축성하기 전에 조심스럽게 한 개나 두 개의 시편을 기도한 것이 기록된 초기 교부들의 저작들은 매우 훌륭하다. 아타나시우스와 키프리아누스이 이러한 것을 행하였음을 생각할 수 있다. 키리에 엘레이손을 첨가하였던 사람들 역시 잘한 것이다. 우리는 대 바실레이모스(Basil)의 영향 하에서, 키리에 엘레이손이 모든 사람들에게 공통적으로 사용되었다는 것을 읽는다. 복음서과 서신서의 봉독은 역시 필요하다. 단지 이것을 평범한 사람들이 이해할 수 없는 언어로 읽는 것은 잘못된 것이다. 이후에 영창이 시작되었을 때, 시편은 입당송으로 변하였다. 천사의 찬양(높은 곳에는 영광 땅에는 평화), 층계송, 알렐루야, 니케아 신조, 상투스, 하나님의 어린양, 그리고 성체성사들이 첨가되었다. 이러한 모든 것들, 특히 주일에 템포에 따르는 찬양은 반대할 수 없다. 왜냐하면 이러한 날에 그들 스스로 고대의 청결함을 시험하였고, 교회법은 제외되었다. …

우리는 미사에 사용하였던 것을 고려하면서 의식을 설명할 것이다.

【첫째】우리는 주일과 부활절, 오순절, 성탄절과 같은 그리스도의 경축일에 비록 우리가 구약성경을 이용하였던 것처럼 시편을 선호할지라도 입당송을 계속 사용하며 계속적으로 증명한다. 그러나 당분간은 우리가 수용하였던 의식을 인정한다. 만약 누군가 입당송을 사도의 기념일, 성모 마리아와 다른 성인들의 기념일에 사용하려는 것을 인정하길 바라더라도, (그것들이 성경의 다른 구절들과 시편에서 나왔기 때문에) 우리는 그들을 비난할 수 없다. … Ⅱ장, 문서41을 보라

【둘째】우리는 지금까지 다른 절기에 또한 다양한 멜로디와 함께 사용되었으며, 뒤 이어 천사의 찬송 글로리아 인 엑첼시스와 함께 지금까지 사용되었던 형식 속에서 키리에 엘레이손을 받아드린다. 그러나 감독(목사)은 그들이 원할 때마다 글로리아 인 엑첼시스를 빠뜨리려고 결정할지도 모른다.

【셋째】복음적이며 일반적으로 주일에 행해지는 기도와 본기도는 수용된 형태로 계속적으로 사용되어야 할 것이다. 그러나 그것이 유일한 형태는 아니다. 이 시간 이후에 서신서를 읽는다. 확실히 개정을 시도하려는 때는 아직까지 오지 않았는데, 믿음은 배워야 한다는 바울 서신의 여러 부분들이 아주 드물게 읽힌 것 이외에 비복음적인 것이 전혀 읽히지 않았기 때문이며, 반면에 윤리에 관한 훈계가 아주 빈번하게 읽혔다. 서신서들은 개별적으로 사역을 배우지 못하고, 미신적인 주창자에 의해서

선택되어진 것 같이 보인다. 예배 때문에 그리스도안의 믿음은 배워야 한다는 구절을 포함하는 구절들에 대해 먼저 우선권이 주어졌을 것이다. 서신은 이러한 교훈들을 선택한 이가 누구든지 간에 그들에 의해 복음서 안에서 더욱더 확실하게 인정받게 되었다. 그러는 동안에 자국어로 행하는 설교는 부족한 것을 나타낼 것이다. 만약에 미래에 자국어로 그리스도가 인정하였던 미사가 집례 되어지면 누구든지 최상이며 가장 비중있는 문서들의 부분들로 추려진 서신서들과 복음서들이 미사에서 읽혀지는 것을 반드시 볼 것이다.

【넷째】두 구절의 층계송은 감독의 결정에 따라 알렐루야와 함께 혹은 둘 중 하나만이 찬양된다. 그러나 사순절 응답송과 두 구절이 넘는 것들은 원하는 사람들에 의해 집에서 찬양되어질 것이다. 교회에서 우리는 지루함으로 믿음의 성령을 끄는 것을 원하지 않는다. 우리는 성례전의 한 부분만을 가지고 미사의 불완전함으로 그리스도를 조롱하거나 비웃음거리가 되지 않도록 하기 위해서 다른 날로부터 사순절, 거룩한 주일, 그리고 성금요일을 구별하는 것이 타당하지 않다. 왜냐하면 그리스도의 고난과 승리의 회상이 영원한 것같이 알렐루야는 교회의 영원한 소리이기 때문이다.

【다섯째】우리는 감독이 그리스도의 출생에 대한 짧은 구절의 사용을 원할 때에야 속창이나 구절을 허락한다.

【여섯째】복음서 일과가 뒤따른다. 우리는 촛대나 향을 피우는 것을 금지하지도, 지정하지도 않는다. 자유롭게 하라.

【일곱째】니케아 신조의 찬양의 관습은 우리를 실망시키지 않았다. 그럼에도 불구하고 이 문제는 또한 감독의 결정에 달려있다. 마찬가지로 우리는 자국어로 하는 설교가 신조 후인가 아니면 미사의 입당송 이전인가 하는 문제를 고려하지 않는다. 그럼에도 불구하고 이것이 주장하는 바는 복음은 광야에서 목놓아 울부짖는 것이며, 불신자를 믿음으로 인도하는 것이라는 점이다. 이것은 특별히 미사 전에 설교하는 것이 적합하게 보인다. 정확히 말하자면 미사는 주의 식탁에서 성찬성례전을 하는 것과 복음을 듣는 것으로 구성된다. 이는 믿는 자에게 속한 것이기 때문이며, 이는 불신자와 구별된 것을 증명하는 것이라 하겠다. 그러나 우리는 자유하기 때문에 이러한 주장에 속박되지 않으며, 특별히 신조에 이르기까지 모든 것이 우리의 것이기에 자유롭고 하나님에 의해 정해진 것도 아니다. 그러므로 미사와 반드시 관련된 것이 있다고 할 수는 없다.[77]

2) 칼뱅의 회중찬송
칼뱅은 회중이 부르는 시편 찬송을 도입했다.

우리는 초기 교회가 규범으로 삼았고 바울 자신이 입술과 마음으로 회중들이 찬양하는 것이 좋다고 말한 내용이 되는 시편을 교회에서 부르기를 원한다. 우리는 체험해보기 전에는 이것으로부터 생길 유익과 우리를 깨우쳐줄 것들에 대해서 알 수 없다. 확실한 것은 믿음의 기도가 아주 차가워져서 우리가 부끄럽고 낙담하게 되었다는 점이다. 시편은 하나님을 향

---

[77] 마르틴 루터, 『미사 예식(Formula Missae)』(1523). Paul Zeller Strodach and Urich S. Leupold 역, LW, LIII, 20-25.

해 우리의 마음을 들어 올리게 자극하고, 그분의 이름의 영광을 찬양하고 높이도록 한다. 나아가 이것은 교황과 그에게 속한 이들이 교회로부터 빼앗았던 위안과 교회의 유익이 어떤 것이었는지를 파악하게 할 것이다. 이는 교황이 참된 영적인 노래여야 하는 시편들을 아무런 이해 없이 자기들끼리 웅얼거리는 것으로 축소하였기 때문이다.

이런 행동 방법이 특별히 우리에게 유익하게 보이는데, 미리 적당한 교회 찬양을 따라했던 어린이들의 경우 큰소리의 독특한 목소리로 찬양한다. 모든 사람들이 한 목소리로 찬양하는 것에 익숙해질 때까지 주의를 집중해서 듣고 입으로 찬양하는 것을 열심히 따라한다. 그런데 혼돈을 피하려면 교만한 마음에 사로잡혀 있거나 회중을 우습게 만드는 사람은 반드시 제재해야 한다. 그들은 채택하였던 순서를 혼란스럽게 만들 것이다.[78]

3) 영국교회의 말씀 예전

영국교회에서 성찬을 받을 사람이 없을 때에 성찬식에서 말씀 예전이 분리가 되었다. 예식은 간소화되었지만 제거되지는 않았다.

성찬식 끝부분의 예식법 (229)

수요일과 금요일에 영국인들의 탄원 기도는 나중에 왕의 명령에 의해 확정된 것과 같은 형태로 모든 장소에서 찬양이나 말로 드려졌다. … 그리고 사제에 의해 진달되는 것이 없을지라도 간구가 사라진 요즘에도 사제

---

78 장 캘뱅, "1537년 1월 16일 회의에서 목회자들에 의해 제안된 제네바에서의 교회의 조직과 예배에 관한 논문들"(1537). J. K. S. Reid 역, LCC, XXII, 53-54.

는 장백의 혹은 중백의를 사제복과 함께 입을 것이며, 봉헌 때까지 제단에서 (주님의 만찬에서 제정되어진 말하도록 되어 있는) 모든 것들을 전한다. 그래서 특별한 경우에 사제의 결정권에 의해 진행되어진 것 같이 미리 작성된 기도문에 하나 또는 두 개를 첨가하였으며, 회중에게 기도문을 돌리고 익숙한 축도로 함께 시작했다. 똑같은 순서가 회중들이 기도하기 위해 교회에 모이는 때라면 언제라도 사용되어야 한다. …

"예식에 관하여, 왜 어떤 예식은 삭제되고 어떤 것은 보존되었는가" (278-288)

나아가 상당히 남용되었기 때문에 어떤 예식들은 폐지가 되었는데 그렇게 된 중대한 이유 중 일부는 미숙하고 배우지 못한 미신적인 맹목성에 기인하고 일부는 하나님의 영광보다는 자신의 이익을 추구하는 만족을 모르는 탐욕 때문이다. 그러한 남용들은 완전히 제거되지 않고 여전히 남아 있다.

그러나 몇몇 고대의 관례들이 아직까지 고수된 것에 대해 기분이 몹시 불쾌할 것이라고 생각할 만한 사람들에 대한 염려가 아직 남아 있다. 만약 그들이 그렇게 생각하더라도 몇몇 예식이 없다면 교회 내에 평온한 훈련과 어떤 질서를 유지하는 것이 불가능할 것이다. 그들은 자신들의 판단을 새롭게 하기 위한 원인을 손쉽게 인지할 수 있다. 만약 고대의 예식의 어떤 부분에 만일 정말 남아 있다면 모든 것들을 새롭게 하는 것이 좋을 것이다. (몇몇 과거에 행했던 예식의 편리함을 인정했던) 이들은 과거의 것들에 익숙할 것이다. 이 고전적인 예식을 이성적으로 비난한다면 그것은 자신이 우매하다는 증거가 될 뿐이다. 만약 그들이 자기 자신들을 개혁이나 최첨단을 걷는 것이 아니라 … 연합과 일치에 열중하는 사람들이라고 선언하려고 한다면 이 경우에 그들은 오래된 것을 존중하는 것이 좋다.[79]

4) 청교도

청교도들은 남아있던 다수의 예식들을 거부했으나 결국에는 합의에 의하여 말씀의 예전을 구성해서 전통을 이어갔다.

절대자를 향한 우리의 탄원은 아래와 같은 죄들에 대한 것인데 몇몇은 제거 될 지도 모르며, 몇몇은 수정되고 몇몇은 받아들여질 것이다.

교회의 예배 현장에서: 과도해서 제거되어야 할 것들로 세례 시 십자가,
유아들에게 행해졌던 질문들, 견진성사;
이미 설명된 여성에 의해 베풀어지지 않는 세례;
논쟁의 여지가 없는 모자나 의상들;
성찬성례전 이전에 시행되는 질문들;
…
이 책에 나온 바와 같이 수정될 여지가 있는 몇몇 목사의 용어들, 사죄, 사용된 몇 가지 것들, 결혼반지;
짧아진 예배시간의 길이, 더 좋은 교화를 위해 절제된 찬양과 음악들;
주일날은 세속화되지는 않음;
거룩한 날을 안식하는 것은 강하게 요구되지 않음;

---

79 *The Book of the Common Prayer* (1549), *First and Second Prayer Books of Edward VI* (London: J. M. Dent & Sons, 1910)

규정된 교리의 통일성이 필요할 수도 있음.

더 이상 가르쳐지거나 변론되지 않는 교황의 의견;

예수의 이름에 경배하는 그들의 백성들을 가르칠 책임있는 목사들이 없음; 성경의 말씀이 교회 안에서만 읽히는 문제.

교회 목회에 관하여: 바로 지금부터는 목회로 인정될만한 것은 없지만 가능하고 역량을 갖춘 사람, 그리고 특히 주일에 열정적으로 설교할 수 있는 이들이 존재함; 바로 이미 벌써 들어와 있거나 설교할 수 없는 사람은 내어쫓김을 당했는지도 모르고, 몇몇 은혜로운 과정이 그들을 구원하였을 수도 있음.[80]

웨스트민스터 예배모범

【회중들의 모임과 예배를 위한 자세에 관하여】

공중 예배를 드리기 위해 회중이 모이면 사람들은 모두 마음의 준비를 하고 예배 장소에 미리 참석한다. 태만이나 사적인 모임으로 인해 공공의식에 빠지지 않도록 한다.

회중들은 공손하고 엄숙하며 정숙한 태도로 예배당에 들어가 특정 장소를 향해 절하거나 또는 서로 인사하지 않고 자리에 앉는다.

회중이 다 모이면 목사는 위대하신 하나님의 성호를 향한 장엄한 예배로 그들을 부른 후에 다음과 같은 기도로 예배를 시작한다. …

---

80 *The Millenary Petition* (1603). *Documents Illustrative of English Church History*, Henry Gee and William John Hardy 역 (London: Macmillan & Co., 1910), 509-10.

【성경 봉독】

공공 예배의 한 순서인 성경 봉독은 하나님께 대한 우리의 의지와 순종을 고백하는 시간이며 하나님의 백성을 훈육하기 위해 하나님이 거룩하게 하신 것으로 목사와 교사가 진행한다. …

한 번에 몇 장을 읽을 것인지는 목사가 지혜롭게 결정한다. 통상적으로 매 집회 때마다 신·구약 한 장씩을 읽는 것이 좋으며, 종종 짧은 장이거나 내용상 연결이 필요할 때는 더 읽을 수 있다.

회중이 전체적인 성경 말씀에 더욱 익숙해지도록 성경은 반드시 순서대로 읽어야 하고, 일반적으로 이번 주일에 성경 봉독이 끝난 뒤부터 다음 주일에 계속 읽어 나간다.
또 성경 봉독자가 말씀을 듣는 회중을 가르치는 데 필요하다고 생각되면 시편 같은 책을 더욱 자주 읽을 것을 권면한다.

봉독한 목사가 봉독한 말씀의 어떤 부분을 상세히 설명해야 할 필요가 있다고 판단될 때에는 장 전체 또는 시편이 끝난 후에 강해할 수 있다. 설교 또는 다른 순서에 지장을 받거나 지루해지지 않도록 시간을 항상 고려한다. 이러한 모든 규칙은 다른 모든 순서에서도 지켜져야 한다. …

【설교 전의 공중 기도】
말씀 봉독 후 또는 시편 찬송 후 설교할 목사는 자신과 회중의 마음이 죄로 인해 오염되어 있음을 올바로 인식하여 참회하는 심령으로 더욱 간절히 죄를 고백하고 주님 앞에 통회하도록 힘쓰며, 예수 그리스도 안에서 하나님의 은총을 사모하는 갈급함과 목마름 속에서 거룩한 표정으로 주님을 부르며 이렇게 기도한다. …

【설교】
구원으로 인도하는 하나님의 능력이며 복음 사역에 있어 가장 위대하고 탁월한 일에 해당하는 말씀 선포는 다음과 같이 수행한다. 즉 사역자는 수줍어 할 필요가 없으며 오직 자신과 청중들을 구원하기 위하여 설교하도록 한다. …

일반적으로 설교의 주제는 성경의 본문에서 채택하는데, 기독교의 중요한 원리나 또는 당시의 긴급한 상황에 잘 맞는 내용이어야 하며, 목사가 적절하다고 생각될 때에는 시편의 다른 본문이나 성경 등을 토대로 설교할 수 있다. …

그러나 방법이야 어떻든 그리스도의 종은 다음의 몇 가지를 자신의 사역에서 감당하여야 한다: 수고를 아끼지 않으므로, … 누구나 그 의미를 이해하도록, … 믿음의 눈으로, … 지혜롭게, … 엄숙한, … 애정을 가지고, … 하나님을 가르치고 진심으로 믿게 함으로써…

【설교 후 기도】
설교가 끝나면 목사는 이렇게 기도한다.

… 감사드리옵니다. … 복음과 모든 의식이 … 지속되기를 … 설교의 중요하고 가장 유용한 내용들이 기도가 되게 하시고, … 죽음과 심판을 준비하기 위하여 …

그리스도께서 제자들에게 가르쳐 주신 기도는 기도의 한 모형일 뿐 아니라, 그 자체가 가장 함축적인 기도이므로 우리는 그것을 또한 교회 기도 순서 때 사용하기를 권면한다. …

목사는 설교 전후에 그런 행사들을 위하여 진심으로 기도해야 한다. 기도하는 방법은 목사의 자유이며 하나님께서는 목사가 의무를 감당할 수 있도록 지혜와 경건을 허락하시고 인도하실 것이다.

기도가 끝나면 상황에 따라, 예를 들어 다른 순서가 없을 때 찬송가를 불러도 좋다. 목사는 엄숙한 축도로 회중들을 세상으로 내보낸다.[81]

5) 라이프치히 예배

라이프치히의 예배 순서는 유명한 음악가인 요한 세바스찬 바흐(J. S. Bach, 1685-1750)에 의해 기록되었다.

【강림절에서 첫 번째 주일: 아침】

(1) 전주

---

81 Thomas Leishman, *The Westminster Directory*, 『웨스트민스터 예배모범』, 정장복 역 (서울: 예배와 설교 아카데미, 2002), 43-57.

(2) 모테트

(3) 협주되었던 음악을 통하여 연주되었던 키리에의 전주

(4) 제단 앞에서 영창하기

(5) 서신서 봉독

(6) 탄원의 찬양하기

(7) 찬양대의 찬양 전주[그리고 찬양]

(8) 복음서 봉독

(9) 기본적인 작곡[칸타타]의 연주의 전주

(10) 신조 찬양

(11) 설교

(12) 평상시처럼 설교 후 찬양의 여러 구절을 찬양하기

(13) 성례전 제정의 말씀들

(14) 연주의 전주 [칸타타의 두 번째 부분], 번갈아하는 전주 그리고 성찬식이 끝날 때까지 찬양대의 찬양[82]

【캠프 집회】

훈련과정과 가정예배의 순서에 관하여, 나는 아래와 기술한 것들이 잘 행해진 것을 대체적으로 주목하게 되었다.

(1) 아침에 5시이나 5시 30분에 기상.

(2) 6시 30분부터 7시 30분까지 가족기도와 아침식사.

(3) 성찬대에서 전체 기도 모임은 주임 교역자에 의해 임명된 여러 명

---

82 "Order of Divine Service in Leipzig," (1714년 11월 2일), Arthur Mendel 역, *The bach Reader*, Hans T. David and Arthur Mendel 편 (New York, NY: W.W. Norton & Company, 1966), 70.

의 목회자의 인도 하에 아침 8시 30분에 진행된다.

(4) 10시 30분에 설교가 있으며, 연이어서 12시까지 기도모임이 있다.

(5) 오후 12시 30분에 점심식사를 한다.

(6) 오후 2시나 2시 30분에 설교가 있으며, 5시까지 제단에서 기도가 뒤 따른다.

(7) 오후 6시에 차를 마신다.

(8) 오후 7시 30분에 설교가 있으며, 9시나 10시까지 제단에서 기도모임이 뒤따른다.

(9) 모임을 떠나려는 모든 초신자들과 신자들은 10시에 돌아가게 하거나 그 이후 서둘러 돌려보낸다.

설교 이후의 제단에서의 기도 모임은 훌륭한 설교자들과 예배위원들과 함께 어울려 뜨겁게 행해져야 한다. 연단에서 집례를 인도하는 주임 교역자의 지도하에 행해지거나, 또는 몇몇 다른 사람들에 의해 행해진다.

특별한 주위 환경 때문에 때때로 어떤 정해진 과정으로부터 벗어나게 되는 일이 있을 것이다. 그런데 그것은 확정된 순서를 유지하거나 견고하게 유지하는 데에 도움이 된다.

모임의 마지막 밤에 예배는 때때로 밤새도록 연장되었다. 대게 이런 경우는 그 실효성이 의심스럽다. 적절하게 마치는 방법은 회심한 사람들의 명단과 같은 것을 언급한 후에 앞으로 관심을 기울여야 할 일을 나누거

나 주님의 만찬을 시행하는 것이다.[83]

3. 현대의 변화들

말씀의 예전이 가장 두드러진 시기가 근대 이후 오늘까지 이어지는 기간이다. 미국의 부흥운동에서부터 영국 국교회, 가톨릭 부흥 운동에 이르기까지 설교에 대한 관심이 증대되었다. 설교의 장소도 예배당에 국한되지 않았고 야외 설교도 큰 부분을 차지할 정도로 확대되었다.

1) 회심을 위한 예배

근현대에 들어서 미국의 개신교 예배에 영향을 준 것으로 변방 예배를 먼저 손꼽을 수 있는데 개인적인 종교적 체험을 강조한 것이 특징이다. 그 이후 또 다른 주일 예배의 특징으로 대두된 것이 회심에 관한 관심이 증대되었다는 점이다.

주일예배는 회심에 초점을 맞추게 되었다. 찰스 G. 피니(1792-1875)는 예배에 관해서 실용적인 접근을 증진시키는 데에 공헌했고, 예배의 형태가 항상 변해왔기 때문에 현재에 사용하는 것 이외에 성서적으로 혹은 역사적으로 규범이 되는 예배 형태는 없다고 주장했다.

찰스 피니

찬양대 … 얼마나 많은 회중들이 목회자의 욕망에 의해서, 그리고 음악

---

[83] B. W. Gorham, *Camp Meeting Manual: A Practical Book for the Camp Ground* (Boston, MA: H. V. Degen, 1854), 155-56.

을 향상시키려고 하는 몇몇 개인에 의해서, 그리고 찬양대의 조직으로 말미암아서 찢기고 따로따로 나누어졌는가…

악기를 사용하는 음악 … 오르간을 용인하지 않는 교회들이 지금도 많이 있다. 모임 장소(역자 주: 집회를 위한 장소)에 오르간이 들어온다고 했을 때 흥분할 사람들에 비하면 죄인들이 지옥에 간다는 소리를 듣고 기뻐할 사람들은 채 반도 되지 않을 것이다…

즉흥적인 기도. 얼마나 많은 사람들이 마치 기도서가 성스러운 제도에 관한 책인 것처럼 말하고 있는가? 예견하건데 많은 회중들이 그렇게 믿고 있다. 그리고 교회의 많은 부분들 속에서 누군가 자신의 앞에 기도서 없이 기도하는 것을 묵인하지 않을 것이다…

기도하면서 무릎 꿇기. 이것은 전국의 많은 곳에서 굉장한 혼란을 일으켰다. 뉴잉글랜드의 회중교회에서 남자나 여자가 기도모임에서 무릎을 꿇는 것에 대해 부끄러워했었던 때가 있었는데 그 이유는 감리교인으로 오인될지도 모른다는 두려움 때문이었다. 나는 가족들 중에 무릎 꿇고 기도했던 유일한 사람이었다. 감리교인들을 따르게 되는 것은 아닌가 의심하면서 다른 이들은 모두 서 있다. 이러한 것은 확정된 형식 위에 혁신을 인정하는 것이라고 믿는다. …

우리가 더욱 영감있는 설교를 해야 하며, 고귀한 성품을 소유하고, 연륜을 요구하는 것은 분명하다. … 연륜의 특성은 변화한다. 그러나 그러한 설교자들은 여기에 순응하지 않으며, 지난 반세기에 행하였던 경직되고, 무미건조하고, 단조로운 설교 형태를 고수하였다.

감리교인들을 보라. 그들의 목회자 중 많은 수는 일반적으로 말해 배우지를 못했다. 그들 중 많은 수가 공장이나 농장으로부터 바로 소명을 받았다. 그럼에도 불구하고 그들은 회중을 모았고 그들의 길을 걸어갔으며, 그들이 있는 곳마다 영혼을 구원했다. 감리교인들이 가는 곳마다 그들의 평이하고 요점을 집으며, 단순하지만 동시에 따뜻하고 생동감있는 설교는 항상 회중들을 모았다. … 우리는 생명력이 있으며 힘이 있는 설교를 해야만 한다. 그렇지 않으면 감리교인들이 구원하는 사람들을 빼고 나머지는 사탄이 삼키게 될 것이다…

그런데 감리교는 장로교회나 다른 교회들이 보기에 특정한 형태를 고수하거나 자신들만이 신적인 권위 위에 서있다고 하는 것처럼 인식될 정도로 완전히 열광적이다. 사실 종교적인 이득을 증진하기 위해서 하나님께서 교회를 세우시지도, 어떤 특별한 형태나 예배의 자세도 제정하신 적이 없다. 성경은 복음의 섭리 아래에서 이런 주제에 대해서 철저하게 침묵하고 있고, 교회는 이런 모든 문제와 관련해서 재량껏 행동하라고 했다…

복음의 섭리 아래에서 지켜야 할 것들에 관련하여 강조되던 유일한 것은 바로 품위와 순서일 것이다. … 그러나 나는 어떤 교회들이 익숙하게 예배하는 어떠한 특별히 규정된 형태를 이해하는 데 있어서 "순서"에 의해

서 집례되는 것을 상상할 수 없다.[84]

【감리교 공예배】

질문. 어떤 지침들이 주님의 날에 우리 가운데 공식 예배 안에서 통일성을 형성 할 수 있는가?

〈답1〉 아침 예배는 찬양, 기도, 구약성경 안에서 뽑은 장과 신약성경에서 뽑은 장 읽기, 그리고 설교로 구성하라.

〈답2〉 오후 예배는 찬양, 기도, 성경에서 뽑은 한 장이나 두 장 읽기, 그리고 설교로 구성하라

〈답3〉 저녁 예배는 찬양, 기도, 그리고 설교로 구성하라.

〈답4〉 그러나 성찬성례전을 행하는 날에는 아침 예배 시간에서 두 장을 읽는 것을 생략할 수 도 있다.

〈답5〉 성찬성례전의 집례와 장례식에 있어서, 훈련이라는 형식을 사용하라. 주님의 기도 또한 모든 예배의 마지막 기도로 사용하라. 그리고 회중의 해산에 있어서 사도의 축도(고린도후서 13:13)를 사용하라

〈답6〉 이것이 행하여질 수 있는 어느 장소이든지 안식일에는 집회를 마련하라.[85]

---

[84] 찰스 G. 피니, "부흥을 증진하는 수단 (Measures to Promote Revivals)" (1835). *Lectures on Revivals of Religion,* William G. McLoughlin 편 (Cambridge, MA: Harvard University Press, 1960), 250, 256-57, 273, 276.

[85] "공예배에 관하여(Of Public Worship)"(1844). *The Doctrines and Discipline of the Methodist Episcopal Church* (Cincinnati, MO: L. Swormstedt & J. T. Mitchell, 1844), 78.

2) 화니 크로스비

크로스비(Fanny J. Crosby, 1820-1915)는 당대에 유명한 미국 찬송 작사가인 동시에 널리 알려진 신앙인 중 한명이었다. 본명이 Frances Jane Van Alstyne였던 그녀는 뉴욕주에서 태어나자마자 아버지를 여의고 6살 때 시력마저 잃게 된다. 그러나 회심한 이후 인생의 역경에 굴하지 않고 팔천 곡 이상의 찬송시를 통해 하나님을 믿는 신앙과 주님과 동행하는 삶에 대해 많은 감동을 전해주었다.

예수를 나의 구주삼고 성령과 피로서 거듭나니
이 세상에서 내 영혼이 하늘의 영광 누리도다

온전히 주께 맡긴 내영 사랑의 음성을 듣는 중에
천사들 왕래하는 것과 하늘의 영광 보리로다.

주안에 기쁨 누림으로 마음의 풍랑이 잔잔하니
세상과 나는 간 곳 없고 구속한 주만 보이도다.

후렴
이것이 나의 간증이요 이것이 나의 찬송일세
나사는 동안 끊임없이 구주를 찬송하리로다. 아멘

3) 제2차 바티칸 공의회

제2차 바티칸 공의회는 1962년 교황 요한 23세가 소집해서 1965

년에 폐막한 공의회로 가톨릭 전반에 걸친 변화를 가져왔는데 특별히 예배에 있어서 라틴어 대신 모국어의 사용과 평신도의 참여와 같이 현대의 흐름에 맞는 개혁을 시도하는 계기가 되었다. 말씀의 예전(설교, 강론)에 있어서도 다음과 같은 변화를 가져왔다.

【51】성경이라는 보화는 풍족하게 열려있는 상태이다. 그래서 더욱 풍성한 음식이 믿는 이들을 위해 하나님의 말씀의 식탁에 제공된다. 이를 위해서 성경의 보다 대표적인 부분을 정해진 분량만큼 일 년을 통해 읽게 된다.

【52】강론을 통해 믿음의 신비와 그리스도인의 삶의 지도 원리가 교회력에 따른 거룩한 본문으로부터 설명된다. 그러므로 강론은 예전 자체의 한 부분으로 높게 평가되었다. 주일과 축일을 성실히 지키려는 사람들의 참여로 이 미사들이 드려지며, 특별한 이유를 제외하고는 생략되지 않는다.

【53】특히 주일과 축일을 성실하게 지키는 축일에 복음과 설교이후에 "공동기도"와 "보편지향기도"가 복원되었다. 이러한 기도를 함으로 그 안에서 회중들이 역할을 감당하게 되었다. 중보는 거룩한 교회, 시민의 권위, 다양한 요구에 의해 억압을 받았던 이들, 모든 인류, 전 세계의 구원에 향하여 나아가게 한다.[86]

---

86 *Constitution on the Sacred Liturgy*, LI-LIII (Collegeville, MN: Liturgical Press, 1963) 31-32.

제4장

성례전

성례전은 고유한 뜻에 집착한다면 기독교의 예전만을 의미하지는 않게 된다. 인간의 고유한 신적인 존재에 대한 반응이 어떻게 나타나는지가 성례의 기본적인 의미를 이루기 때문이다. 그러나 기독교에 있어서 성례전이란 '그리스도인'이라는 정체성을 형성하는 데에 불가분리적인 관계를 형성한다. 이전의 삶과 결별하고 하나님을 향한 삶으로 전환된 인생이 자신의 진정한 의미를 발견하게 되는 현장이 바로 성례전의 자리이다. 성례전을 통해서 인간은 절대자이신 하나님께 다양하게 반응하고 인격적인 교류를 갖게 되며 그 안에서 이 세상을 살아가는 공동체를 더욱 공고히 하게 된다. 기독교의 성례전이 독특한 또 다른 이유는 그리스도이신 예수님의 삶과 활동하심과 고난당하심, 그리고 죽음과 부활이 그 내용을 이루고 있다는 점이다.

1. 성례전 일반

성례의 정의, 중심 개념, 초기 교회 및 중세 신학자들에 있어서 성례의 숫자에 관해서는 역사적으로 다음과 같은 관점과 견해들이 있었다.

1) 아우구스티누스

아우구스티누스는 후대 성례신학의 중심 개념을 명확하게 표현하고 있다.

만일 그 이유가 물에 있어서조차 정결케 하는 것이 말씀이 아니라면 왜 그분은 "너희가 씻음을 받은 세례로 인하여 너희는 깨끗하다."라고 말씀 하시지 않고 "너희는 내가 일러준 말로 인하여 (이미 깨끗하다, 요한복음 15:3)"라고 말씀하시는가? 말씀을 제해 버리면 물은 물 이외에 무엇이겠는가? 그 말씀은 그 성물과 결합되어 있고 그 결과가 곧 성례이며 어떤 의미에서 그 자체가 또한 가시적 말씀이다. … 몸을 씻기고 영혼을 깨끗하게 할 만큼 그처럼 높여진 이 물의 권능이 말씀의 능력을 통하여 오는 것이 아니라면 어디로부터 오는 것인가? 그것이 선포되어지기 때문이 아니라 그것을 믿기 때문인가? … 이 신앙의 말씀은 하나님의 교회 안에서 그 효험이 너무나 커서 그 말씀을 믿는 자, [세례를 받을 아이]를 데리고 온 자, 그리고 [그 아이에게] 물을 뿌릴 자 뿐만 아니라 아직 너무 어려서 마음으로 믿어 의에 이를 수도 없고 입술로 신앙을 고백하여 구원에 이르지 못할지도 모르지만 그 아이 자신도 깨끗하게 씻어준다. 이 모든 것은 주님이 말씀하신 "너희는 내가 너희에게 일러준 말로 인하여 이미 깨끗하다."는 그 말씀을 통하여 일어나는 것이다.[87]

거짓 종교든 진정한 종교든 어떤 종교에서도 사람들이 같이 모여 어떤 가시적 상징물이나 성례로 함께 나눔이 없다면, 그들은 그 종교와 아무런 관련이 없다. 그리고 이 성례의 능력은 표현할 수 없을 정도로 효력이 있으며, 앞으로 만약 그것이 무시된다면 신성모독으로 간주될 것이다.[88]

그러면 모세와 주님은 어떻게 성별되는가? … 모세는 그의 사역을 통한 눈에 보이는 성례에 의하여, 그리고 하나님은 그 안에 눈에 보이는 성례들의 온전한 열매가 들어 있는 성령을 통한 보이지 않는 은총에 의하여, 그 보이지 않는 은총의 축성이 없다면 눈에 보이는 성례가 무슨 소용이 있겠는가?[89]

그 두 개의 계약, 즉 새 계약과 옛 계약을 잘 검토해 보면 그 성례들이 똑같지 않고 그 약속들도 똑같지 않다. … 그 성례들은 구원을 가져오는 성례와 구세주를 약속해주는 성례들 간에 차이가 있기 때문에 동일하지 않다. 새 법의 성례들은 구원을 가져오고, 옛 법의 성례들은 구세주를 약

87　*Treatise on the Gospel of John*, LXXX,3 (c. 416). Paul F. Palmer 역, *Sacraments and Worship* (London: Darton, Longman & Todd, 1957), 127-28.

88　"마니교도 파우스투스를 반박함(Against Faustus the Manichaen)," XIX, 11 (c. 398). Bernard Leeming 역, *Principles of Sacramental Theology* (London: Longmans, 1960), 562-63.

89　"7경(七經)에 관한 문제(Questions on the Heptateuch)," III, 84 (c. 410). 위의 책, 563.

속해 주었다.[90]

복음의 말씀으로 세례를 받을 때 사제나 수세자의 잘못이 아무리 크다 해도 그것이 누구의 성례이든 그 성례는 하나님 편에서는 본질적으로 성스러운 것이다. 만일 어떤 사람이 잘못 가르침 받은 자로부터 세례를 받는다 해도 그 이유 때문에 그가 사제의 악함을 받는 것이 아니라 오로지 거룩한 신비를 받는 것이다. 그리고 만일 그가 훌륭한 신앙과 소망과 자비로 교회와 충심으로 한 몸이 되어 있다면, 그는 죄의 용서를 받는다. … 그러나 수세자 자신이 잘못이 있다면 그가 받는 세례는 그가 그 잘못에 빠져 있는 한 아무런 유익이 없지만 그가 받은 그 세례는 그 안에서 여전히 성스러운 것이며, 또한 그가 잘못에서 돌아왔다고 해서 그 성례를 결코 다시 시행하지는 않는다.[91]

2) 성 빅터의 휴

성 빅터의 휴(Hugh of St. Victor)는 12세기 파리 소재의 성 빅터 수도원에서 활동한 사제수사로 성경 주석과 영성 신학에서 학문적인 두각을 나타냈는데 수도 서원(修道 誓願), 교회에 헌신, 죽음, 그리고 심판 등을 포함하여 열두 가지 이상의 성례의 의미를 정확하면서도 세세하게 정의한다.

---

[90] "시편 주석(Commentary on the Psalms)," LXXIII, 2 (c. 416). Paul F. Palmer 역, *Sacraments and Worship* (London: Darton, Longman & Todd, 1957), 128-29.

[91] "도나투스 주의자들에 반(反)한 세례론(On Baptism against the Donatists)," IV, 11, 18 (c. 400). 위의 책, 123.

이제 성례가 무엇인지 보다 정확하고 충분하게 정의하고 싶다면 다음과 같이 말할 수 있다. "성례란 외견상 어떤 모습으로 보여주고, 제정의 말씀으로 의미를 나타내며, 성화로 불가시적이고 영적인 은총을 포함하는 육체적이거나 물질적인 요소들로 이루어진 것이다." 이 정의는 어떤 한 성례뿐 아니라 모든 성례에도 적합한 것임이 밝혀질 정도로 매우 적절하고도 완벽한 것으로 인식되고 있다. 이 세 가지가 있는 모든 것이 성례이며 이 세 가지가 없는 모든 것은 제대로 성례라고 부를 수 없다.

모든 성례는 그 실체 자체와 유사한 일종의 모습을 지녀야 한다. 그리고 그것에 따라서 모든 성례가 동일한 것을 보여줄 수 있게 된다. 또한 모든 성례는 이 실체의 의미를 나타내도록 하는 제정의 말씀을 포함해야 하고 마지막으로 성례에는 죄 씻음을 받을 자들에게 동일한 것을 주는데 효력이 있는, 그리고 그 실체를 포함하도록 하는 성화가 있어야 한다.[92]

3) 피터 롬바르드

주후 1095-1160년간 살았던 12세기 스콜라 철학자로 다음에 소개한 내용을 담고 있는 *The Four Books of Sentence*(명제집)이라는 신학지침을 저술했다. 피터 롬바르드는 일생을 통해 성례신학의 종합을 이루었으며 성례의 수를 규정했다.

---

92 Hugh of St. Victor, *On the Sacraments of the Christian Faith*, I,9 (1140). Roy J. Deferrari 역, *Hugh of St. Victor on the Sacraments of the Christian Faith* (Cambridge: Medieval Academy of America, 1951), 155.

【1】"성례란 거룩한 것의 표지(sign)이다"[아우구스티누스]. 그러나 성례는 하나님의 성례라고 부르는 것과 마찬가지로 거룩한 비밀이라고 부르기도 한다. 그래서 성례는 무엇인가를 거룩하게 하기도 하고 거룩하게 구별된 그 무엇이기도 하다. 그러나 지금 이것은 표지 그 자체로서의 성례에 관한 문제이다.

다시, "성례는 비가시적 은총의 가시적 형태이다"[아우구스티누스].

"표지란 눈에 보이는 것 이상의 무엇이며 그것은 그 의미에 형태를 입혀 준다. 이것은 그 표지로 인하여 그 이외의 무엇이 생각 속으로 들어오기 때문이다"[아우구스티누스].

"어떤 표지들은 연기가 불을 나타내듯이 자연적인 것이며 또 다른 표지들은 부여된 것이다"[아우구스티누스]. 그리고 받은 표지들 중에도 어떤 것들은 성례이고 어떤 것들은 성례가 아니다. 이것은 모든 성례는 표지이지만 모든 표지가 곧 성례는 아니기 때문이다.

성례는 그 실체와 유사성을 가지며 그것이 곧 그것의 표지이다. "만일 성례들이 그 자체가 성물인 본질들과 유사성이 없다면, 그들을 성례라고 부르는 것은 올바르지 못할 것이다"[아우구스티누스]. 하나님의 은총의 징표요 보이지 않는 은총의 형태인 그것이 성례라고 불리는 것은 정당하다. 그래서 그것에는 그 형상이 있으며 그 이유로 그것은 존재한다. 그러므로 성례들은 예시하기 위해서뿐만 아니라 거룩하게 하기 위하여 제정되었다. …

"성례들은 삼중적 이유로, 즉 겸손을 증진시키는 수단으로, 교훈의 수단으로, 그리고 활동에 대한 격려로 제정되었다"[성 빅터의 휴]. …

"더욱이 성례에는 두 가지 구성요소, 즉 말씀과 실체가 있다. 말씀은 삼위일체의 부름과 같은 것이고 실체는 물, 기름 등과 같은 것이다".

이제 옛 성례들과 새로운 성례들 사이에 차이가 있음을 알아야 한다. 그래서 우리는 옛 성례들이 거행되었던 시대에는 성례들이 희생제물, 봉헌물 등과 같은 성스러운 것을 의미했던 것이라고 생각한다.

사실 아우구스티누스는 "옛 성례들이 단지 구원을 약속하고 의미하는 것이었다면 새 성례는 구원을 가져다주었다."고 말함으로써 이 둘 사이의 차이를 간단히 표현했다.

그럼에도 불구하고 그들 가운데에도 어떤 성례, 다시 말해서 오늘날 세례가 하는 죄에 대하여 똑같이 치유해주는 할례가 있었다. …

할례가 제정된 때부터 할례를 통하여 젊은이와 노년층 모두에게 하나님께서 오늘날 세례로 우리에게 주시는 것과 똑같이 원죄와 자범죄를 용

서해 주셨다.[93]

【2】이제 새 법의 성례들을 살펴보자. 그들은 다음과 같다: 세례, 견진, 은총의 떡, 즉 성찬성례전, 고해, 도유식(병자성사), 서품, 그리고 혼인. 이들 중에 몇몇은 죄에 대해서 치유을 제공하고 세례와 같이 돕는 은혜를 공급하기도 한다. 다른 것들은 혼인성사처럼 단지 치유책의 기능을 하고 성찬성례전이나 서품성사처럼 은총과 권능으로 우리를 강하게 한다.

의로움과 구원이 성례 안에 있는데 왜 인간이 타락한 직후에 그 성례들이 제정이 되지 않았냐고 묻는다면, 은총이라는 것을 가지고 오신 분이 바로 그리스도이기에 그 분이 오시기 전에는 은총의 성례들이 주어지지 않았다고 하겠는데 그 이유는 그분의 죽음과 고난으로부터 성례들이 그 능력을 부여받기 때문이다. 그리스도께서는 인간이 자연법 뿐 아니라 기록된 법도 그를 지탱해줄 수 없다는 것을 확신하기 전에는 오시기를 원하지 않으셨다.

"그러나 혼인성사는 죄[타락] 이전에 치유로서 제정된 것이 아니라 의무와 성례로 제정되었다"[성 빅터의 휴]. 사실 죄 이후에 그것은 육적인 정욕으로 인한 타락을 막기 위한 치유책이었고 우리는 그 입장에서 그것을 다룰 것이다.[94]

93　피터 롬바르드(Peter Lombard), *The Four Books of Sentences*, IV (c. 1152), "Distinction I," 2-7. Owen R. Ott 역, LCC, X, 338-41.
94　위의 책, II, 1, 344-45.

【3】[세례]: 여기에서 우리는 어떤 사람은 성례와 실체[res, 物]를 받고, 어떤 사람은 성례는 받되 실체는 받으며, 어떤 사람은 실체만 받고 성례는 받지 않는다고 말하지 않을 수 없다.[95]

【4】[성찬성례전]: 이제 성례는 무엇이며 실체[res, 物]는 무엇인지 살펴보자. "성례란 비가시적 은총의 가시적 형태이다"[아우구스티누스]; 그러므로 여기 보이는 떡과 포도주라는 형태는 성례, 즉 "그것이 우리의 감각기관에 보여주는 그 눈에 보이는 것 이상으로 우리의 마음에 무엇인가를 불러일으키기 때문에 성스러운 것의 징표"인 것이다. 그러므로 그 눈에 보이는 모습은 "이전의 그들의 본래의 이름, 즉 떡과 포도주라는 그 이름을 그대로 간직하고 있다."

"더욱이 이 성례의 실체[res]는 이중적이다: 그 하나는 포함되어 의미를 나타내는 것이며, 다른 하나는 의미는 드러내지만 포함은 되지 않는 것이다. 포함되고 표현되는 것은 동정녀에게서 받은 그리스도의 살과 그분이 우리를 위해 쏟으신 그 피다. 표현은 되지만 포함되지 않는 것은 미리 예정되고, 부르심을 받고, 의롭다함을 입고, 그리고 영화롭게 된 자들 안에 있는 교회의 통일성이다."[96]

【5】[도유식] 병자에게 기름을 바르는 이 성례는 사도들이 제정한 것이

---

95 "Distinction IV, 1," Elizabeth Frances Rogers 역, *Peter Lombard and the Sacramental System* (Merrick, N.Y.: Richwood Publishing Co., 1976), 95.

96 위의 책, VIII, 6-7, 122.

라고 말한다. 이는 사도 야고보가 "너희 중에 병든 자가 있느냐?"[야고보서 5:14]라고 말하고 있기 때문이다.[97]

【6】[서품식] 이제 성스러운 직제에 관하여 생각해 보자.
영적 기능을 가진 일곱 등급 즉 일곱 개의 직제가 있는데 이것은 분명히 교부들의 저작에서 물려받았고 우리의 머리되신 예수 그리스도께서 모범을 보여 주신 것이다. 그분은 자신 안에 그 기능의 모든 것을 보여주셨고 그의 몸된 교회에 지켜야 할 똑같은 직제를 남기셨다.

더구나 성령의 일곱 가지 은혜로 인하여 일곱 직제가 있는데, 성령께서 함께하지 않는 자들이 교회의 직제에 가까이 하는 것은 헛된 일이다. ……

칠중적 성령의 성례에서는 일곱 가지의 교회 지위, 즉 문지기, 렉터(성경낭독자), 엑소시스트(구마사), 복사, 차부제(次副祭), 부제, 사제 등이 있다. 그러나 이들 모두는 성직자, 즉 제비로 뽑은 성직자들이다[사도행전 1:26][98]

【7】그런 까닭에 옛날의 사람들 사이에서는 감독과 장로가 똑같았다. 왜냐하면 그것은 연령에 따른 이름이 아니라 성직에 따른 이름이었기 때문이다.[99]

---

97 위의 책, XXIII, 3, 221.
98 위의 책, XXIV, 1-3. Owen R. Ott 역, LCC, X, 349.
99 "Distinction XXIV," Elizabeth Frances Rogers 역, *Peter Lombard and the Sacramental System* (Merrick, N.Y.: Richwood Publishing Co., 1976), 231

【8】비록 모든 영적 신분은 성스러운 것이지만, 그 규정들은 오직 두 가지, 즉 집사의 직 그리고 장로의 직만 부름을 받았다고 결론 내리고 있다. 왜냐하면 "원시 교회가 이 둘만을 가지고 있었기" 때문이다[그라티안] … 시간이 지남에 따라 교회는 차부제와 복사들을 직접 임명했다[그라티안].

만일 성직이라고 부르는 것이 무엇이냐고 묻는다면, 그것은 어떤 표지, 즉 성스러운 그 무엇이며 그것에 의하여 영적 권능과 직무가 성직 수임 후보자에게로 인도된다고 확실히 말할 수 있다. 그 안에서 능력의 상승이 있는 영적 신분을 성직위 또는 성직제라고 부른다.

그리고 이러한 성직들은 그것들을 받을 때 거기에서 이루어지는 모든 일에서 나타나는 성스러운 것, 즉 은총이 주어지기 때문에 성례라고 부른다.

성직이 아닌 위엄과 직무를 나타내는 다른 명칭들이 있다. "감독"은 위엄을 나타내는 이름인 동시에 직무를 나타내는 이름이다.…

"주교는 소위 따르는 자들의 길인 사제들 중 수석이다. 그는 또한 대사제라고도 불린다. 왜냐하면 그가 사제와 부제를 만들고 모든 교회의 성직들을 배분하기 때문이다"[세빌의 이시도레].[100]

---

100 "Distinction XXIV," 12-16. Owen R. Ott 역, LCC, X, 350-51.

4) 후기 스콜라 신학자들

후기 스콜라 신학자들은 이 개념들을 더욱 명백하게 설명한다.

【문제 61】제1항목: "성례가 인간 구원에 꼭 필요한지 여부"…
나는 다음과 같이 답한다. 성례가 인간 구원에 필요한 것은 세 가지 이유 때문이다. 그 첫째는 인간 본성의 상태에서 유래하는데, 인간의 본성이란 원래 그런 것이어서 형체가 있고 감지할 수 있는 것에 의해서 영적이고 정신적인 것으로 인도되어야 한다.… 둘째 이유는 죄를 지을 때 육적인 것에 대한 애착으로 인하여 스스로 무릎을 꿇는 인간의 상태에 유래한다.… 세 번째 이유는 인간이 그의 활동을 주로 물질적인 것으로 향하게 하는 경향이 있다는 사실에서 기인한다.…

【문제 62】제1항목: "성례가 은총의 근거가 될 수 있는가 여부"…
나는 다음과 같이 답한다. 우리는 반드시 어떤 방식으로든 새 법의 성례들은 은총의 근거가 된다라고 말해야 한다. 이것은 새 법의 성례들을 통하여 사람이 그리스도와 연합되는 것이 분명하기 때문이다.…

【제4항목】"성례에 은총을 가져오는 능력이 있는지 여부"…
나는 다음과 같이 답한다. 만일 어떤 성례가 은총을 가져오는 데 도움이 된다고 주장한다면, 성례에는 성례의 효능을 가져오는 데 도움이 되는 어떤 능력이 있다고 반드시 말해야 한다.…

【제6항목】"옛 법의 성례들이 은총의 근거가 되었는지 여부"…

나는 다음과 같이 답한다. 옛 법의 성례들이 스스로, 즉 그 자체의 능력으로 죄를 씻는 은총을 주었다고 말할 수 없다. 왜냐하면 예를 들어 그리스도의 수난이 필요 없었을 것이기 때문이다.…

【문제 63】제1항목: "성례가 인간의 마음에 어떤 성질을 새길 수 있는지 여부"…

나는 다음과 같이 답한다. … 그러므로 성례에 의하여 사람들이 하나님의 예배에 속한 영적 예배에 위임되었으므로 그들의 이름으로 신자들은 어떤 영적인 성질의 것을 받는다는 결론이 내려진다.…

【제5항목】"사람에게서 어떤 성질이 완전히 지워질 수 있는지 여부"…
나는 다음과 같이 답한다. … 지성이 영원하며 부패하지 않는 것이라면 어떤 성질도 사람에게서 결코 지워질 수 없음이 명백하다.…

【제6항목】"새 법의 각 성례에 의하여 어떤 성질이 새겨지는지 여부"…
나는 다음과 같이 답한다. … 이 세 가지 성례, 즉 세례, 견진, 그리고 성품(신품) 성사는 어떤 성질을 명확하게 한다.…

【문제64】제2항목: "성례가 오직 하나님에 의해서만 제정되었는지 여부"…

나는 다음과 같이 답한다. … 그러므로 성례의 능력이 오직 하나님에게서 나오기 때문에 하나님만이 성례를 제정할 수 있다는 결론을 내릴 수 있다. …

【제5항목】 "악한 사제들도 성례를 줄 수 있는지 여부"…
나는 다음과 같이 답한다. … 교회의 사제들은 비록 그들이 악하다 하더라도 성례를 줄 수 있다.…

【제7항목】 "천사들도 성례를 집전할 수 있는지 여부"…
나는 다음과 같이 답한다. … 성례를 집전하고 그 성례 집전에 참여하는 것은 인간에게 속한 것이지 천사에게 속한 것이 아니다.…

【제9항목】 "성례 집례자에게 신앙은 반드시 필요한 것인지 여부"…
나는 다음과 같이 답한다. … 그런 이유로 정당한 성례는 사제가 자비심을 가질 것을 요구하지도 않고 죄인들조차도 성례를 줄 수 있는 것처럼, … 사제가 신앙을 가져야 할 필요도 없고, 불신자들조차 나머지 필요한 것들이 모두 갖춰져 있다면 진정한 성례를 베풀 수 있다.…

【문제65】 제1항목: "반드시 일곱 가지의 성례가 있어야 하는지 여부"…
나는 다음과 같이 답한다. 위에서 언급한 것처럼 … 교회의 성례들은 이중적 목적, 즉 그리스도인의 삶의 종교에 따라 하나님께 드리는 예배에 속한 것들로 사람을 온전케 하기 위하여, 그리고 죄로 인한 흠을 고쳐주기 위하여 제정되었다.… 그리고 그 두 가지 면에서 일곱 가지 성례가 있는 것이 적당하다.…

【제3항목】 "성찬성례전이 성례들 중에 가장 중요한 것인가 여부"…
나는 다음과 같이 답한다. 무조건적으로 말해서 성찬성례전은 모든 성례들 중에서 가장 중대하며 이것을 세 가지 면에서 살펴 볼 수 있다. 첫째는 그것이 그리스도 자신을 실제로 포함하고 있기 때문이며… 둘째, 이것이 다른 성례들과의 관계를 서로 고려해 봄으로 분명해졌다. 이것은 다른 모든 성례들이 그 목적에 관한한 이 성례와 관련하여 제정된 것으로 보이기 때문이다.… 셋째, 이것은 성례 예전을 고려해 봄으로 분명해졌다. 왜냐하면 거의 모든 성례들은 성찬성례전으로 종결되기 때문이다.…

【제4항목】"모든 성례들이 구원에 꼭 필요한가 여부"…

나는 다음과 같이 답한다. 첫째로, 세 개의 성례는 구원에 필요하다. 그들 중 둘은 개인에게 필요한 것으로, 세례는 단 한 번 그리고 절대적으로, 그리고 고해는 세례를 받은 후 중한 죄를 저질렀을 경우에 필요하다. 반면에 성품(신품) 성사는 교회에 필요한 것으로 다스리는 자가 없으면 백성이 망하기 때문이다(잠언 11:14).

그러나 두 번째로 다른 성례들도 필요하다. 어떤 의미에서 견진은 세례를 완전하게 해주고, 도유식(병자성사)은 고해성사를 완전하게 해주기 때문이다. 반면에 혼인성사는 자손을 번창케 함으로 교회의 회원의 수를 유지해준다.[101]

5) 토마스 아퀴나스

중세의 성례 제도는 "아르메니아인들에 대한 포고령"에 요약되어

---

[101] 토마스 아퀴나스, 『신학대전(Summa Theologica)』, 3부, 61-65 (c. 1271). Fathers of the English Dominican Province 역 (New York, NY: Benziger Brothers, [1947]), II, 2352-379.

있으며, 아퀴나스에게 크게 의존하고 있다.

다섯 째, 우리는 현재 또는 장차 아르메니아인들을 더 쉽게 가르치기 위하여 교회의 성례들에 대한 진리를 가장 간결한 양식으로 기록해 두었다. 새 법의 일곱 가지 성례가 있는데 그것은 세례, 견진, 성찬, 고해, 도유식(병자성사), 성품, 그리고 혼인성사이다. 이것들은 옛 법의 성례들과는 많이 다르다. 옛 법의 성례들은 은총의 근거가 되지 못하고 오직 그리스도의 수난의 모형으로만 기여했다. 우리의 성례는 진정으로 은총을 포함하고 있으며 그것을 받을 만한 자들에게 준다.

이들 중 다섯은 개인을 영적으로 완전하게 하는 데 적합하고, 나머지 둘은 교회를 다스리고 증진시키도록 제정되었다. 세례를 통하여 우리는 영적으로 다시 태어난다. 견진성사를 통하여 우리는 은총 속에서 성장하며 믿음으로 강건하게 된다. 우리가 다시 태어나고 그리고 강건하게 되면, 성찬성례전의 하나님의 양식이 우리를 유지시켜 주신다. 그러나 만약 죄 때문에 우리의 영혼이 병들게 되면, 고해성사를 통하여 우리는 건강하게 되고, 도유식을 통하여 우리는 그 영혼이 필요로 하는 대로 영적으로 그리고 육적으로 고침을 받게 된다. 성품성사를 통하여 교회는 영적으로 다스림을 받고 커지게 되며, 혼인성사를 통하여 실제적으로 교회가 성장하게 된다.

모든 성례들은 세 가지의 것, 즉 물질인 실체, 양식인 말씀, 그리고 교회가 하는 일을 할 목적으로 성례를 시행하는 사제인 사람에 의하여 완전하게 이루어진다. 만일 이것들 중 하나만 없어도 그 성례는 완전하지 않다.

이 성례들 가운데 그 영혼에 어떤 성질, 다른 모든 것과는 구별되는 어떤 영적인 표지를 지울 수 없도록 부과하는 세 가지의 성례 – 세례, 견진, 성품 – 가 있다. 이 세 가지 성례는 같은 사람에게는 반복해서 시행되지 않는다. 나머지 네 성례는 어떤 성질을 부과하지 않으며 동일인에게 반복해서 시행할 수 있다.[102]

2. 종교개혁자들의 견해

종교개혁자들 간에 개혁의 성향에 관해서는 같은 방향을 지향했으나 성례전의 본질과 숫자에 관하여 의견은 일치하지 않았다. 예배 전반에 걸쳐 어떤 개혁자들은 이전의 예배를 최대한 유지하려는 경향을 보였고, 다른 개혁자들은 과거와의 결별을 요구했다.

1) 마르틴 루터

마르틴 루터는 개신교 성례신학의 기초를 세웠고 중세 성례 제도의 상당 부분을 거부했다. 츠빙글리도 이것을 따르고 있다.

우선 나는 일곱 개의 성례가 있다는 것을 부인하며 당분간은 오로지 세

---

102 "아르메니아인들에 대한 포고령(The Decree for the Armenians)",(1439). Henry Denzinger and Adolf Schonmetzer 역, *Enchiridion Symbolorum Definitionum et Declarationum*, 33판 (Freiburg: Herder, 1965), 332-33.

가지의 성례 즉 세례, 고해성사, 그리고 떡(성찬성례전)만이 있다고 주장한다. 이 세 개 모두는 불행하게도 로마 교황청에 의하여 감금되었으며 교회도 그 모든 자유를 박탈당하였다. 그러나 내가 감히 성경의 용례에 따라서 말한다면, 나는 오직 단 하나의 성례[그리스도, 디모데전서 3:16]만을 인정할 것이다. 그러나 적당한 때에 그 성례의 세 가지 징표를 보다 자세히 다룰 것이다.

견진 성사

손을 얹는 것으로 견진의 성례를 하면 그것이 이러한 사람들의 마음 안으로 들어온다는 것은 놀라운 일이다.…

나는 내가 일곱 가지 성례를 비난하기 때문이 아니라 그 일곱 가지 성례가 성경에서 그 근거를 찾을 수 있다는 사실을 부인하기 때문에 이것을 말하는 것이다. 우리가 그것을 견진이라고 부르든, 치유라고 부르든, 교회 안에서 사도 시대 때처럼 그와 같은 손에 바르는 것이 있다면 얼마나 좋겠는가! 그러나 교회 안에서 행하지 않으면 전혀 아무 것도 아닐 수도 있는 감독들의 직무를 돋보이게 하기 위하여 우리 스스로가 만들어낸 것 이외에는 그것에 관하여 남아있는 것은 전혀 없다.…

성례가 되기 위하여 무엇보다도 신앙을 북돋우어 줄 수 있는 하나님의 약속의 말씀이 있어야 한다.…

이러한 것들은 신앙의 성례라고 부를 수 없다. 왜냐하면 그것들에는 그들과 관련된 하나님의 약속도 없고 또한 구원의 능력도 없기 때문이다. 그러나 성례는 하나님의 약속의 말씀을 믿는 자들을 분명히 구원한다.

혼인 성사

혼인은 최소한의 성경적 근거도 없는 성례일 뿐 아니라 그것을 성례라고 찬양하는 바로 그 의식들이 그것을 웃음거리로 바꾸어 버린다. 이것을 잠시 살펴보자.

모든 성례에는 그 징표를 받아들이는 사람이라면 누구나 믿는 하나님의 약속의 말씀이 있다는 것과 그리고 그 징표만으로는 성례가 될 수 없다는 것을 말하여 왔다.…

성품 성사

이 성례에 관하여 그리스도의 교회는 전혀 아는 바가 없다. 그것은 교황의 교회가 만들어낸 것이다. 어디에서도 그것과 관련된 은총의 약속이 없을 뿐 아니라 신약성경 전체 어디에서도 그것에 관하여 언급된 단 한 마디도 없다. 하나님께서 제정하셨다는 것이 입증될 수 없는 어떤 것을 하나님의 성례라고 부르는 것은 우스꽝스러운 일이다. … 우리는 우리가 자랑하는 신앙의 모든 항목들이 확실하고 순수하며, 성경의 분명한 말씀에 바탕을 두고 있다는 것을 알아야 한다. 그러나 우리가 생각하고 있는 그 성례의 경우에는 전혀 그것을 할 수 없다.

도유식(병자성사)

우리 시대의 신학자들은 병자에게 기름을 바르는 이 의식에 그들이 가치 있다고 여기는 두 가지를 첨가하였다. 첫째는 그것을 성례라고 부르는 것이며 둘째는 그것을 마지막 성사로 만드는 것이다. …

나는 여전히 어느 사도[야고보]도 그 자신의 권위로 성례를 제정할 권리, 다시 말해서 그 성례에 속한 징표로 하나님의 약속을 줄 수 있는 권리는 없다라고 말하고 싶다. 이것은 오로지 그리스도에게만 속해있기 때문이다. …

성례로 여기는 것이 가능해 보이는 몇 가지 다른 것들, 즉 하나님의 약속이 주어진 기도, 말씀, 그리고 십자가 등등과 같은 모든 것들이 여전히 있다.…

그럼에도 불구하고 성례의 수를 그들에게 속한 표지를 가지고 있는 그 약속의 말씀으로 제한하는 것이 올바른 것처럼 보인다. 그 나머지는 그 표지들과 직접 관련이 없으므로 단순한 약속일 뿐이다. 그러므로 엄격히 말해서 하나님의 교회 안에서는 오직 두 가지의 성례, 즉 세례와 떡(성찬성례전)만이 있다. 이 두 가지의 성례에서만 우리는 하나님이 제정하셨다는 징표와 죄를 용서해 주신다는 약속을 찾아볼 수 있기 때문이다. 내가 이 둘에 더하는 고해(참회)의 성례는 하나님이 제정하셨다는 가시적 징표는 없지만 내가 전에 언급한 것처럼 단지 세례에 이르는 길일 따름이다. 스콜라 학자들은 그들의 정의가 고해성사에 적합하다고 말할 수 없다. 왜냐하면 그들은 진정한 성례에는 반드시 가시적 표지가 있다는 사실에 지나치게 의존하고 있으며, 그 가시적 표지는 그것이 눈에 보이지 않게 만들어 낼 그 형식을 우리의 감각에 인상 깊게 각인 시켜줄 것이기 때문이다. 그러나 고해나 죄의 용서에는 그와 같은 표지가 없다. 그러므로 그들은 그들 자신의 정의에 따라서 고해는 성례가 아니라는 것을 인정하고 성례의 수를 줄이든가 아니면 성례에 대한 또 다른 정의를 마련해야 할 것이다.[103]

2) 츠빙글리

성례는 표식이거나 의례여서 그것으로 말미암아 인간이 의식적이든지 아니든지 자기 자신이 그리스도의 군사인 것을 증명하는 것이고 자기 자신의 신앙이 아니라 전체 교회에 이것을 알리는 것이다. 왜냐하면 만약 당신의 신앙이 의례적인 표식이 확인을 해줄 필요성도 없을 정도로 온전하지 않다면 그것은 신앙이 아니기 때문이다. 왜냐하면 신앙은 바울이 성경의 여러 곳에서 우리에게 보여준 바와 같이 요동하지 않고 확실하며 올곧은 하나님의 자비에 의지하는 것이기 때문이다.

명칭에 많은 의미가 담겨 있다. 그리스도께서는 우리에게 세례식과 성찬성례전이라는 두 가지 성례전만을 남기셨을 뿐 더 이상은 없다. 세례를 통해 우리가 새롭게 되기에 그 이름을 붙였고 다른 하나를 통해 우리 안에 그리스도의 승리하심이 가득해지고 그분의 교회의 일원이 되기에 그 이름을 붙였다. 세례식을 통해서 우리는 그리스도의 통치를 따라 우

---

103 마르틴 루터(Martin Luther), Babylonian Captivity of the Church (1520). A. T. W. Steinhäuser, Frederick C. Ahrens, and Abdel Ross Wentz 역, LW, XXXVI, 18, 91-92, 106-07, 117-18, 123-25.

리 삶을 바꿔나갈 것이라는 증표를 받게 된다. 성찬성례전을 통해서 우리는 그리스도께서 돌아가셨음을 확인하게 되는데 그 죽으심은 우리를 위해 그가 스스로 돌아가신 구속의 은총이기에 우리는 그 주님과 동행하게 됨을 기뻐하고 감사를 드리게 된다. 다른 성례들은 예식이라고 할 만한 것들로 하나님의 교회에서 어떠한 근원도 찾을 수가 없기 때문이다. 따라서 그 기타 성례들을 제하는 것은 전혀 부적절한 것이 아니다. 왜냐하면 그것들은 우리를 교회로 인도하도록 하나님에 의해서 제정된 것들이 아니기 때문이다.[104]

---

[104] 울리히 츠빙글리(Ulrich Zwingli), *Commentary of False Religion* (1525), Samuel Macauley Jackson and Clarence Nevin Heller 역 (Durham, NC: Labyrinth Press, 1981), 184.

제5장
기독교 입문에 관한 예식

세례는 기독교로의 입문에 있어서 기초적이면서 필수적인 단계이다. 공동체는 통과의례와 같은 이 성례전을 통해 구성원을 세워나가고, 같은 세례를 통해 하나의 정체성을 확립할 수 있다. 교회의 전통에 있어서 물로 씻는 세례 의식 한 가지만을 입문 예식으로 삼지 않고 물 세례와 물이 없어도 되는 견진례를 넓은 의미의 입교 예식으로 삼기도 했다. 구약의 할례예식에서 그 일차적인 기원을 찾을 수 있는 세례성례전은 구원의 반열에 드는 것이 출생에 의해서가 아니라 하나님의 복음의 사역에 참여하느냐 그렇지 않느냐에 따라 결정됨을 분명히 알아야 한다.

1. 4세기 동안의 기독교 입문 방식

1) 성경의 기록

성경은 세례에 있어서 기독교적인 경험들이 무엇인가를 설명하기 위해서 많은 비유들을 사용하고 있다. 아울러 단지 물만이 아니라 선행되는 회개와 물세례와 비견되는 성령의 역사가 그 구성요소로 고려되었다. 성경의 기록들은 성령을 받는 것이 물세례와 결부되는 과정을 자연스럽게 전한다.

예수님의 세례

마가복음 • 1:9-11(마태복음 3:13-17, 누가복음 3:21-22, 요한복음 1:29-34)

그때에 예수께서 갈릴리 나사렛으로부터 와서 요단강에서 요한에게 세례를 받으시고 곧 물에서 올라오실 쌔 하늘이 갈라짐과 성령이 비둘기 같이 자기에게 내려오심을 보시더니 하늘로서 소리가 나기를 너는 내 사랑하는 아들이라 내가 너를 기뻐하노라 하시니라

로마서 • 6:3-5

무릇 그리스도 예수와 합하여 세례를 받은 우리는 그의 죽으심과 합하여 세례를 받은 줄을 알지 못하느냐 그러므로 우리가 그의 죽으심과 합하여 세례를 받음으로 그와 함께 장사되었나니 이는 아버지의 영광으로 말미암아 그리스도를 죽은 자 가운데서 살리심과 같이 우리로 또한 새 생명 가운데서 행하게 하려 함이라 만일 우리가 그의 죽으심과 같은 모양으로 연합한 자가 되었으면 또한 그의 부활과 같은 모양으로 연합한 자도 되리라

고린도전서 • 12:13

우리가 유대인이나 헬라인이나 종이나 자유자나 다 한 성령으로 세례를

받아 한 몸이 되었고 또 다 한 성령을 마시게 하셨느니라

사도행전 · 2:38

베드로가 이르되 너희가 회개하여 각각 예수 그리스도의 이름으로 세례를 받고 죄 사함을 받으라 그리하면 성령의 선물을 받으리니

요한복음 · 3:5

예수께서 대답하시되 진실로 진실로 네게 이르노니 사람이 물과 성령으로 나지 아니하면 하나님의 나라에 들어갈 수 없느니라

사도행전 · 8:36-38

길 가다가 물 있는 곳에 이르러 그 내시가 말하되 보라 물이 있으니 내가 세례를 받음에 무슨 거리낌이 있느냐 (없음) 이에 명하여 수레를 멈추고 빌립과 내시가 둘 다 물에 내려가 빌립이 세례를 베풀고

사도행전 · 8:15-17

그들이 내려가서 그들을 위하여 성령 받기를 기도하니 이는 아직 한 사람에게도 성령 내리신 일이 없고 오직 주 예수의 이름으로 세례만 받을 뿐이더라 이에 두 사도가 그들에게 안수하매 성령을 받는지라

사도행전 · 10:48

명하여 예수 그리스도의 이름으로 세례를 베풀라 하니라 그들이 베드로에게 며칠 더 머물기를 청하니라

마태복음 • 28:19

그러므로 너희는 가서 모든 민족을 제자로 삼아 아버지와 아들과 성령의 이름으로 세례를 베풀고

2) 2세기의 기록

입교에 관한 초기 교회의 강조점들은 교회 안에서의 삶과 밀접하게 연관이 되어 있다.

디다케

침례에 대해서 보자. 이것은 세례를 어떻게 주는가에 관한 것이다. 일반적인 가르침을 주고서 흐르는 물에서 "성부, 성자, 성령의 이름으로" 세례를 준다. 만일 흐르는 물이 없다면 다른 장소에서 세례를 줄 수 있다. 만일 찬물로 할 수 없다면 따뜻한 물로도 가능하다. 그것도 불가능하다면 당신은 머리에 세 번 뿌리면 된다. 마찬가지 방법으로 세례받기 이전에 세례자나 수세자는 그리고 다른 사람도 가능하다면 반드시 금식을 해야 한다. 당신은 세례자에게 하루나 이틀 전에 그 사실을 말해야 한다.[105]

순교자 유스티누스

【61】우리가 예수 그리스도를 통해서 새롭게 되고서 하나님께 어떻게 헌신할 것인가를 설명하고자 한다. 이것을 내 주해에서 설명하지 않고 놔둔다면 불공평하게 보일 것이다. 우리가 가르치던 모든 것이 진실이라고

---

105 『열두 사도들의 가르침(The Didache)』 14장(1세기 후반, 또는 2세기 초반). Cyril C. Richardson 역, LCC, I, 174.

믿고 그렇게 믿은 대로 살겠다고 약속한 모든 사람들은 기도하고 과거의 죄의 용서를 위해서 하나님께 금식하고 간구하며 기도하도록 가르침을 받았고 우리 역시 그들과 같이 기도하고 같이 금식한다. 그들은 우리가 다시 태어난 것과 같은 방법으로 다시 물이 있는 그곳에서 새로 태어나게 된다. 그들은 물에서 성부, 주재의 이름으로 구원자, 그리스도이신 예수님, 성령님의 이름으로 씻게 된다.… 새로 태어나기 위해 선택되어지고 그의 죄된 행동들을 회개하는 그 사람 위에 만유의 주재이시고 성부이신 하나님 이름이 불린다. 씻음 받기 원하는 그를 이끄는 이들은 단지 하나님에 의하여라는 용어만을 말한다. 어느 누구도 신성한 하나님에게 적절한 이름을 부여할 수 없기 때문이다. 그리고 만일 어떤 사람이 하나님께 이름을 줄 수 있는 사람이 있다고 감히 말한다면 그 사람은 불행히도 미친 사람이다. 이 씻음은 조명이라고 불리는데 이는 이것을 배운 이들이 그 안에서 빛의 비추임을 받기 때문이다. 조명을 받은 이들은 또한 본디오 빌라도 아래에서 십자가에 못 박히신 그리스도이신 예수님과 선지자들을 통해 예수님에 대해 모든 것을 예언하신 성령님의 이름으로 씻긴다.…

【65】우리는 확신 가운데 거하게 되고 자신의 결정을 의미 있게 여기는 그 사람을 씻기고 난 후 형제라고 불리는 회중 앞으로 이끈다. 그다음 그들은 자신들과 조명되어진 사람 그리고 각처에 있는 모든 이들을 위해 우리 모두가 진리를 배움으로 가치 있게 되고 선량한 시민이요 하나님이 명령하신 것을 잘 지키는 자들로 인정되어져서 영원한 구원으로 구원받게 해 달

라고 회중기도를 한다. 기도가 끝나고 나서 입맞춤으로 인사를 나눈다.[106]

이레니우스

마른 밀가루는 스스로 반죽이 되거나 빵이 될 수 없고 습기를 필요로 하듯, 우리도 하늘로부터 내려오는 물 없이는 그리스도 안에서 하나가 될 수 없다. 그리고 마른 땅이 습기를 받아들임 없이는 과실을 생산할 수 없듯이 마른나무 가지 같은 우리는 위로부터 내려오는 비 없이는 인생의 열매를 결코 생산해 낼 수 없다. 왜냐하면 우리의 몸들은 세례라는 씻음의 방법으로 인해서 우리에게 불멸을 가져온 하나됨을 받았다. 우리의 영혼은 성령의 은혜로 그것을 받았다. 그러므로 이 두 가지는 필요한데 그 이유는 이 두 가지가 함께 합하여서 인간들이 하나님께로 나아가도록 했기 때문이다.[107]

알렉산드리아의 클레멘트

세례를 받음으로 우리는 하나님의 아들로 양자가 되었고 완전하다고 명령되어졌으며 완성되었고 멸망하지 않게 되었다. 성경은 말한다. "예수께서 이르시되 너희 율법에 기록된 바 내가 너희를 신이라 하였노라 하지 아니하였느냐"(요한복음 10:34). 이 일은 많은 이름을 가지고 있다. 우리가 죄의 오물로부터 씻어지는 씻음, 우리 죄의 벌이 사해지게 한 은혜의 선물, 우리를 구원해 준 거룩한 빛을 인지하게 한 비추임, 즉 우리의

---

106 순교자 유스티누스(Justin Martyr), "제1 변증서(First Apology)" LXI, LXV (c.155). Edward Rochie Hardy 역, LCC, I, 282-83, 285-86.

107 이레니우스(Irenaeus of Lyons), *Against the Heresies*, III, xvii, 2 (c. 190). Henry Bettenson 역, *The Early Christian Fathers* (London: Oxford University Press, 1963), 129.

눈이 성스러움을 볼 수 있게 되었다는 것이다. 완전해짐은 아무것도 필요치 않다는 것을 뜻한다. 하나님의 지식을 가지고 있는 그 사람에게 부족한 것이 무엇이겠는가?[108]

3) 3세기 초의 상세한 기록

3세기 초의 문헌들은 기독교인들이 되는 구체적인 과정을 상세히 제공한다. 세례가 단순히 물 안에 잠기거나 뿌리는 것으로 그치지 않고 기름을 바르거나 구마식을 거행하는 과정이 점차 첨가되었다.

테르툴리아누스

그러므로 고대 초기 특권의 결과로 하나님께 불리었을 때 거룩함을 가져오는 성스러운 표징이 확보된다. 즉 성령이 즉시 하늘로부터 내려오고 물위에 머물러 있으며 거룩함 그 자신으로 인해 거룩하게 하고 성화되어 질 때 거룩의 능력을 소유하게 된다.… 물이 천사들의 동함으로 인해 치유력을 갖게 되어 질 때 성령은 물위에 있게 되고 육체를 씻게 되며 그 육체는 영적으로 씻겨진 물 안에 있게 된다. …

씻긴 후에 올라와 그리스도가 대제사장이라 불리며 제사장을 위해 뿔의 기름으로 부어졌던 관습과 같이 아론이 모세로부터 기름부음을 받은 것에 기초한 초기 역사를 따라 기름 부음을 받는다. 그리스어로 기름부음이라는 크리즘(도유식)으로부터 그가 하나님의 성령님에 의해서 기름 부

---

[108] 클레멘트(Clement of Alexandria), *The Teacher*, I, vi, 26 (c. 200). 위의 책, 247.

어지고 이것이 성령님의 기름 부으심이 되긴 하였지만 도유식이라는 용어로부터 그의 이름을 얻게 되었다. …

다음에 따르는 것은 축도 시 손을 안수하고 성령의 임재하심을 비는 것이다. …

부가된 세례법이 있는데 그 기록이 있다. "너희는 가서 모든 민족을 제자로 삼아 아버지와 아들과 성령의 이름으로 세례를 베풀고"(마태복음 28:19) …

세례를 주고받는 일에 있어서 지켜야 하는 법칙에 관해 말할 것이 남아있다. 가장 최고의 의무는 성직자 즉 감독, 그 다음에는 장로, 집사에게 속해있다. 이것은 교회의 권위 때문에 감독의 허락 없이는 되지 않는다. 왜냐하면 이것이 지켜질 때 평화도 지켜지기 때문이다. 그런 경우를 제외하고는 평신라고 할지라도 권리에 있어서는 대등한 관계를 갖게 되기 때문이다. …

개인의 성격과 태도와 심지어는 나이까지 고려하고 특별히 어린이로 간주되어질 경우 적합하지 않다면 세례를 연기하는 것이 보다 유익하다. 왜냐하면 반드시 세례가 필요한 상황이 아니거나 보호자가 죽음으로 약속을 지키지 못하거나 악마의 계략이 계속해서 공격한 결과 보호자가 곤경에 빠질 경우를 생각해 볼 때 반드시 세례를 받을 이유가 없기 때문이다. 우리 주님이 말씀하신 것은 사실이다. "내게 오는 것을 금하지 말라"

(마태복음 19:14). 그러므로 그들이 배우고 자라고 그들이 무엇이 되고자 하는 것에 관해서 가르침을 받게 될 때 나오게 하자. 그리고 그들이 그리스도를 알기를 사모할 그때 그리스도인을 만들자. 무죄한 유아들이 죄 사함을 받는데 왜 주저해야 하는가? 우리가 세상적인 일들에 관해서 주의를 기울이는 것보다 덜 주의해야 하는가? 이 땅의 재물에 신실하지 못한 자가 어떻게 하늘의 재물에 신실할 수 있겠는가? 먼저 구원을 요구하는 지를 배우게 하면 그것을 통해 구도자에게 주어지는 것을 보게 될 것이다. 결혼하지 않은 이들 또한 어떤 이유를 불문하고 결혼하거나 신실하게 독신으로 살 수 있기 전까지 연기해야 한다. …

유월절은 세례에 있어서 가장 장엄한 날이 된다. 왜냐하면 그때 우리 주님의 수난이 이루어졌고, 그 안에서 우리가 세례를 받기 때문이다. … 유월절 이후에는 오순절이 세례에 가장 좋은 기간인데 왜냐하면 그 기간에 주님의 부활이 여러 번 제자들에게 알려졌고 성령의 은혜가 처음으로 주어졌기 때문이다. … 이런 이유로 해서 모든 날이 우리 주님의 날이다. 어떤 시간, 어떤 이유이든 간에 세례식에 다 적당하다. 만일 엄숙함의 차이가 있다하더라도 은혜에 있어서는 아무런 차이를 만들지 못한다. …

세례를 받고자 하는 시기에 있는 자는 기도를 해야 한다. 죄에 관한 고백과 함께 끊임없는 기도와 금식과 무릎 꿇음과 철야와 더불어 기도해야 한다. 그렇게 함으로 요한의 세례의 본을 받게 된다.[109]

---

109 테르툴리아누스, *On Baptism* (c. 200). Ernest Evans 역, *Tertullian's Homily on Baptism* (London: SPCK, 1964), 11, 17, 31, 35, 39, 41.

짧게 말해서 세례를 시작하면서 물로 오는 때에 감독의 통제 하에 있던 초기 교회들이 그랬던 것 같이 악마와 그의 외식과 그의 수호신을 끊는다는 것을 다시 한 번 확인하게 한다. 그 후 복음서에서 주님이 말씀하신 것보다도 다소 확장된 그 질문에 답하면서 세 번 잠기게 된다. 그 다음에 [회중으로부터] 환영받고 우유와 꿀의 섞은 것을 먹은 후 그날로부터 일주일동안 매일 씻는 것을 멀리한다.[110]

히폴리투스

초신자가 믿음을 갖는 것

말씀을 듣기 위해 처음으로 나온 사람들은 모든 사람들이 도착하기 전에 스승들에게 인도되어야 한다. 그리고 신앙을 갖게 된 이유에 대해 질문을 받아야 한다. 그들을 데리고 온 사람들은 그들이 말씀을 들을 수 있는지에 관하여서 증인이 되어야 한다. 그리고 그들은 자신의 생활과 자신의 삶에 관해 다음의 질문을 받는다. 부인이 있습니까? 당신 주인은 신자입니까? 당신의 주인이 이를 허용합니까? 그가 증언을 듣게 하라. 만일 그의 주인이 선한 그에 관한 증인됨을 거부할 때면 그는 거부되어져야 한다. 만일 그의 주인이 이방인이라면 주인을 즐겁게 하는 방법을 가르치고 스캔들이 없도록 가르쳐야 한다. 만일 어떤 사람이 부인을 가졌거나 어떤 여인이 남편을 가졌다면 자신의 아내나 남편과 함께 만족하는 법을 배워야 한다. 만일 어떤 사람이 부인과 살지 않는다면 그는 간음하지 않도록 가르쳐져야 한다. 아니면 합법적으로 부인을 갖거나 그대로

---

110 "Of the Crown" (c. 211). 위의 책, xxiii.

남아 있어야 한다. 만일 어떤 사람이 귀신에 사로잡혀 있다면 그가 치료될 때까지 그에게 가르침을 주지 말아야 한다.

기술과 직업

훈계를 위해 데리고 온 기술자나 직업에 대해서도 물어야 한다. 만일 어떤 사람이 포주라면 그것을 그만두거나 그는 거부되어져야 한다. 어떤 사람이 화가나 조각가이면 그들은 우상을 만들지 않도록 지시되어져야 한다. 그렇지 않다면 그들이 그것을 그만두거나 그는 거부되어져야 한다. 어떤 사람이 배우라면 또는 극장의 연기자이면 그만두거나 그는 거부되어져야 한다. 어린이를 가르치는 사람이라면 최고의 금지 조건을 가진 것이지만 만일 그가 아무런 기술을 가지지 않는다면 허가를 받아야 한다.

비슷하게 경기에서 겨루거나 전사나 또는 그들에게 가는 사람은 그만두거나 거부되어져야 한다. 또 싸우기 위해서 검투를 가르치는 그 사람, 경기장에서 짐승과 싸우는 사람, 검투사업에 공공연히 고용된 사람은 그것을 그만두거나 거부되어져야 한다.

만일 어떤 사람이 우상 숭배의 사제이거나 우상 소지자라면 그만두거나 거부되어져야 한다.

권력 하에 있는 군인은 사람을 죽이지 말아야 한다. 만일 그렇게 명령을 받았다면 수행하지 말아야 하고 그렇지 않으면 선서를 해야 하는데 만일 그가 원치 않는다면 그는 거부되어져야 한다. 검의 위력을 가진 사람, 또는 자색옷을 입은 도시의 법관이라면 그는 그만두거나 거부되어져야 한다. 군인이 되고자 하는 신자나 예비 신자는 거부되어져야 한다. 왜냐하면 그들이 하나님을 경멸했었기 때문이다.

창녀나 난봉꾼, 내시 또는 말하기에 부끄러운 일을 하는 어떤 사람이든지 간에 거부되어져야 한다. 왜냐하면 그들은 성결하지 못하기 때문이다. 검사받기 위해서 주술사를 데리고 와서는 안된다. 마법사, 점술사, 무당, 꿈 해몽가, 사기꾼, 또는 소매치기, 부적을 만드는 사람은 거부되어져야 한다.

만일 어떤 남자의 첩이 그의 노예이고 그녀의 아기를 기르며 그 남자에게만 신실한 그러한 첩이라면 그녀는 받아져야 하고 그렇지 않다면 거부되어져야 한다. 그리고 첩을 금지하고 합법적으로 부인을 두어야 하는데 어떤 이가 그것을 싫어한다면 거부되어져야 한다.

만일 우리가 언급하지 않은 것이 있다면 그 사실 자체를 통해 당신이 판단할 수 있을 것이다. 왜냐하면 우리 모두는 하나님의 성령님을 가졌기 때문이다.

기능과 직업의 조사가 끝난 후 말씀을 듣는 시간

예비 신자는 삼 년 동안 계속해서 말씀을 들어야 한다. 그러나 만약 어떤 사람이 예민하고 이를 잘 받아들인다면 그 기간은 고려의 대상이 되지 않고 오직 그의 행동만 판단되어질 것이다.

말씀을 듣는 자들의 기도

교사가 지시를 내리는 것이 끝난 후에 예비 신자들은 기존 신자들로부터 분리되어진 채 스스로 기도해야 한다. 그리고 예비 신자나 기신자나 관계없이 여자들은 기도할 때 교회의 특정한 곳에서 대기하고 있어야 한다. 그러나 기도가 끝난 후에 그들은 평화의 키스를 전하지 못하는데 그들의 입맞춤이 아직 거룩하지 못하기 때문이다. 하지만 기존 신자들은 오직 남자가 남자에게, 여자가 여자에게만 행해야 한다. 그리고 남자가 여자에게 인사해서는 안된다. 또 모든 여자들은 그들의 머리를 린넨 조각으로 가리는데 베일을 쓰는 것은 아니다.

초신자 위에 손을 얹는 것

그들의 기도가 끝난 후 그 스승이 예비신자에게 손을 얹을 때 기도를 한 후에 그들을 흩어지게 해야 한다. 스승이 성직자이든지 평신도이든지 그렇게 해야 한다.

만일 예비신자가 주님을 믿었기 때문에 체포되었다면 그의 증인에 관하여 원망하는 마음을 품어서는 안된다. 왜냐하면 (그가 세례받기 전에) 폭력에 고통을 받고 그의 죄의 용서를 위해서 죽임을 당한다면 그는 정당화 될 것이고, 또 그가 피의 세례를 받았기 때문이다.

세례를 받을 자들

세례를 받을 자들이 정해지면 그들의 생활이 점검되어야한다. 그들이 초신자였을 때 아름다운 삶을 살았는가? 과부로서의 깨끗함을 지켰는가?

아픈 자들을 방문했는가? 친절한 일들을 했는가? 만일 증인으로 데려온 사람들이 "예 그렇습니다."라고 대답하면 그들은 복음을 듣게 된다.

구분되어진 그 때로부터 귀신을 쫓아내는 동안 그들은 매일 그들에게 안수해야 한다. 그리고 세례의 날이 다가올수록 세례 받을 자들 한사람씩 감독은 축사를 해주고 그것으로 그가 순결한지의 여부를 알 수 있게 된다. 만일 어떤 사람이 선량하지 않거나 순결하지 않다면 그 사람은 한쪽으로 분리되어야 한다. 그는 믿음으로 말씀을 들을 수 없고 이방인은 자신을 영원히 숨기는 것이 불가능하기 때문이다.

세례받길 원하는 자들은 목요일에 씻는 것과 목욕하는 것에 대해서 가르침 받아야 한다. 만일 여자가 생리 중이라면 다른 편에 세워서 다른 날에 세례를 받게 한다. 세례를 받고자 하는 사람은 금요일에 금식해야 한다. 세례 받고자 하는 자들은 토요일에 감독의 결정에 의해 정해진 장소에 모여 있어야 한다. 그들은 기도해야 하고 무릎 꿇어야 한다고 듣게 된다. 감독은 그들에게 손을 얹고 귀신과 모든 이방 영혼들을 쫓아내서 다시는 돌아오지 않도록 해야 한다. 축사가 끝나면 그는 그들의 얼굴에 숨을 내쉬고 앞이마와 귀와 코에 성호를 긋고 그들을 일으킨다.

그들은 철야를 해야 한다. 그리고 교훈서들을 읽어야 한다. 세례를 받게 되는 사람들은 그들과 같이 성찬을 위해 가져온 물건 외에는 어떤 다른 것도 가져올 수가 없다. 가치 있게 변화된 사람이 헌물을 드리는 것이 마땅한 일이기 때문이다.

거룩한 세례의 수여

수탉이 울 때 기도자는 먼저 물을 준비해야 한다. 분수대에서 흘러넘치거나 그것에서 솟구쳐 나오는 것이어야 한다. 상황이 어렵지 않은 한 이렇게 해야한다. 그러나 물을 구하기 어렵고 긴급한 형편이라면 찾을 수 있는 어떤 물이라도 사용해야 한다. 그들은 자기의 옷을 벗어야 한다. 어린이들을 먼저 세례주어라. 만일 모든 사람이 그들 스스로 말할 수 있다면 말하도록 하라. 스스로 말할 수 없다면 그들의 부모나 가족 중 어떤 사람이 그들을 대변해서 말하도록 하라. 남자에게 먼저하고 여자에게 나중에 세례를 베푸는데 금이나 은 장신구를 내려놓고 머리를 풀어야 한다. 누구도 물에 이물질을 가지고 들어가지 않도록 해야 한다.

세례 시간이 정해지면 감독은 기름을 접시에 담고 감사를 드려야 한다. 혹자는 그것을 '감사의 기름'이라 부른다. 그리고 나서 또 다른 기름을 가지고 구마식을 행한다. 혹자는 이것을 '구마(축마 혹은 축귀)의 기름'이라고 부른다. 집사는 구마의 기름을 가지고 사제의 왼쪽에 선다. 다른 집사들은 감사의 기름을 가지고 사제의 오른쪽에 선다. 그리고 세례를 받고자 하는 사람 중 한 사람에게 기름을 붓고 이렇게 말한다.
"사탄아 너와 너의 모든 행위와 사역을 내가 거부한다."

각자가 모두 결별을 선언했을 때 사제는 구마(축귀)의 기름을 부으며 이렇게 말한다.
"모든 영들은 이 사람으로부터 물러가라."

이런 식으로 세례를 주기위해 물가에 서 있는 제사장이나 감독에게 그는 손을 내민다. 같은 방법으로 집사는 그를 물가로 내려 보내고 그가 이렇게 말하도록 부우면서 말한다.

나는 전능하신 아버지이신 한 하나님을 믿습니다. …

그리고 세례를 받는 자는 이 모든 것에 대해 말한다.

"나는 이것을 믿습니다."

세례를 베푸는 자는 그의 손을 그의 머리에 얹고 즉시 세례를 주고 말한다.

"당신은 하나님의 아들이신 예수 그리스도, 동정녀 마리아에게 나시고 본디오 빌라도에게 고난당하시고 죽으사 삼일만에 부활하신 후 하늘에 승천하셔서 하나님 보좌 우편에 앉으시고 산자와 죽은 자를 심판하러 오실 그분을 믿습니까?"

그가 "예 믿습니다."라고 말할 때 그는 다시 세례를 받게 되고 다시 말한다.

"당신은 성령과 거룩한 교회와 육체의 부활을 믿습니까?"

그가 예 믿습니다. 라고 말하면 세 번째로 세례를 받게 된다.

그리고 그가 올라오고 장로에 의해 감사의 기름부음을 받을 때 장로가 말한다.

"내가 예수 그리스도의 이름으로 거룩한 기름을 당신에게 붓습니다."

그 후 각각은 닦아낸 후 자신들의 옷을 입고 교회로 들어간다.

그리고 감독이 그들에게 손을 얹고 이렇게 기원한다.
"주 하나님, 성령님의 살게 하시는 세례반을 통한 죄의 용서함을 받게 하심으로 말미암아 저들을 고귀하게 하셨습니다. 당신의 은총을 저들에게 주셔서 당신의 뜻에 따라서 당신을 섬기게 하셨습니다. 이것이 성부와 성자, 성령과 거룩한 교회에 영광이기 때문입니다. 지금부터 영원까지 아멘."

그러고 나서 그의 손으로부터 감사의 기름을 붓고 그것을 머리에 놓고 말을 한다.
"나는 전능하신 성부 하나님과 그리스도이신 예수님과 성령님 안에서 너에게 거룩한 기름을 붓는다."

이마에 성호를 긋고 키스를 하고 말을 한다.
"주께서 당신과 함께."

그리고 나서 사인을 받은 사람이 말해야 한다.
"당신의 영과 함께."

이것을 각자에게 행한다. 그들이 모든 사람과 함께 기도를 해야 하는데 이 모든 것을 다 행하기 전까지 믿는 이들과 함께 기도하지 않는다. 그 후 그들이 기도할 때 평안의 입맞춤을 한다.[111]

사도들의 가르침

여러 문제에 있어서 여집사의 역할이 필요하다. 처음에 여성이 물로 들어가면 여집사에 의해서 기름 부어져야 하며, 여자가 부근에 없거나 특별히 여집사가 없는 곳에서는 세례를 받은 남자가 어쩔 수 없이 세례를 베풀어야 한다. 만일 여자가 있거나 특별히 여집사가 있을 경우에는 남자에 의해서 세례받는 것이 합당치가 않다. … 이미 말한 바와 같이 여집사만이 기름을 바르도록 하라. 남자들은 물속에서 거룩한 이름들을 부르도록 하라.

세례 받는 여자가 물에서 올라오면 여집사는 그녀를 받고 어떻게 세례의 인침을 깨뜨리지 않고 성스럽고 깨끗하게 지킬 것인지에 대해 가르치고 지시해야 한다. 이런 이유에서 우리가 부르는 그 여집사의 그 사역은 필요하고 또 중요하기도 하다. 우리 주님 구세주 역시 여인에 의해 섬김을 받았다.[112]

4) 4세기의 문서들

4세기경의 기록들은 기독교 입문의 의미에 관한 신학적인 반영을 보여준다.

---

111 히폴리투스(Hippolytus), 『사도 전승(Apostolic Tradition)』 XLI (c. 217). Geoffrey J. Cuming 역, *Hippolytus: A Text for students* (Bramcote, Notts: Grove Books, 1976), 15-21.
112 『사도들의 가르침(Didascalia Apostolorum)』, XXI (c. 250). R. Hugh Connolly 역 (Oxford: Calarendon Press, 1969), 146-47.

예루살렘의 키릴루스

문답 준비

【1】이미 사순절 끝 날에 세례를 받아서 깨우친 당신에게 천국의 기쁨이 있다. 천국의 왕관을 장식할 영적인 꽃들을 뽑아내고 있다. 이미 성령의 향기를 맡았다. 당신은 왕궁의 대기실에 닿아 있다. 왕 자신이 당신을 그 안으로 이끄시게 된다.

보라, 지금 나무에 꽃들이 피었고 열매들이 맺혀있다.

지금까지 당신의 이름이 기록되었고 섬김을 받을 준비가 되어 있다.

【4】은혜의 긴 시간으로 회개를 위한 40일을 지내게 된다…

【11】이것들이 엄중한 책임이 되게 하라. 당신이 들은 것을 배우고 그것들을 영원히 간직하라…

【강의 I. 4】지금까지 당신은 예비신자였지만 이제 신자라고 부르게 된다. 당신은 낙원의 감람나무 가운데 이식되어 심어지게 되고 돌감람나무로부터 참감람나무로 접붙이게 되었다.[113]

【교리문답 I】이제 당신의 세례 받는 그날 저녁에 일어났던 일에 어떤 깊

---

113 예루살렘의 키릴루스(Cyril), *Catechetical Lectures* (c. 350) William Telfer 역, LCC, IV, 64-65, 68, 71, 80.

은 의미가 있었는지를 알 수 있도록 가르치려고 한다.

【2】첫 번째, 당신은 세례실의 바깥방에 들어갔다. 그것은 서쪽을 향해 있다. 당신은 손을 앞으로 뻗으라는 명령을 들었고 그 앞에서 사탄과의 관계를 끊었다.

【4】그 후 서있는 당신들이 무엇이라고 말했는가? "사탄 너 가장 사악하고 잔인한 독재자! 내가 너를 부인한다." 이 말의 의미는 "나는 너를 더 이상 두려워하지 않는다. 왜냐하면 예수 그리스도께서 너를 이기셨기 때문이다."이다.

【교리문답 II. 4】이 일 후에 당신은 마치 예수 그리스도께서 십자가로부터 우리의 눈앞에 있는 예루살렘의 무덤으로 옮겨진 것같이 성스러운 세례의 거룩한 세례반으로 이끌어진다. 여러분 각자는 이런 질문을 받게 되는데 그가 아버지와 아들과 성령을 믿는지 질문을 받고, 당신은 고백을 하게 되며, 물로 세 번 잠긴 후 다시 올려지게 되는데 이런 모든 의미들은 예수그리스도의 삼 일 동안 무덤에 계셨음을 은연중에 가리킨다.

【5】오 이상하고 믿겨지지 않는 일이다! 우리는 실제로 죽지 않았다. 묻히지도 않았다. 십자가에 못 박히지 않았고 다시 일어나지도 않았다. 그러나 우리의 모방은 실제이다. 우리의 구원이 실재하는 것처럼 우리의 모방이 재현함으로 가능해진다.

【교리문답 Ⅲ. 1】 신성한 시냇가의 물웅덩이로부터 당신이 올라온 후에 똑같은 방식으로 예수 그리스도께서 기름부음 받은 것 같은 상징이며 성령의 임재이기도 한 기름부음을 받았다.[114]

밀라노의 암브로시우스

【1】 어제 우리는 겉모습이 다소 무덤과 같이 생긴 세례반에 관해 강연을 했다. 성부와 성자와 성령의 이름으로 세례를 받았고, 잠겼고, 올리었으며, 세움을 받는다. 나아가 여러분은 머리에 기름부음을 받았다. …

【5】 우리는 로마교회가 [발 씻는] 관습을 갖고 있지 않음을 알고 있다. 우리가 따랐던 모든 것에서부터 로마교회의 관습과 모양은 발을 씻는 이런 관습을 갖고 있지 않다. 로마교회는 아마도 숫자 때문에 그것을 줄였을 것이다. 그러나 어떤 사람들은 이것을 반드시 행해야 한다고 천명하고 있으며 세례나 갱신이나 성찬으로서가 아니라 다만 손님들의 발을 씻는 것으로서만 행해져야 된다고 주장한다. 후자는 겸손의 행동이며 전자는 거룩함의 일이다. 따라서 성찬의 어떠함과 거룩함의 의미를 배워야 한다. "내가 너를 씻어 주지 아니하면 네가 나와 상관이 없느니라"[요한복음 13:8]. 내가 이것을 말함은 타인의 잘못을 지적하기 위함이 아니라 내가 사용하는 법을 추천하기 위해서이다. 이 모든 것에서 로마 교회를 따르기를 원한다. 우리가 지나치게 무분별한 것이 아니다. 다른 장소에서는

---

114 예루살렘의 키릴루스(Cyril), *Mystagogical Catecheses* (c.348). R.W. Church 역, *St. Cyril of Jerusalem's Lectures on the Christian Sacraments*, Frank Leslie Cross 편 (London: SPCK, 1960), 53, 55, 60, 61, 64.

이를 간직하기 위해서 잘 행해져 왔고 우리도 잘 간직해 왔다.

【8】오늘 수업에서 당신이 들었던 성령의 인치심이 뒤따른다. 세례 이후 사제의 기원 때에 "완전함"을 이루기 위해 성령이 부어지는데 "지혜와 총명의 영이요 모략과 재능의 영이요 지식과 여호와를 경외하는 영" [이사야 11:2-3]으로, 이것이 성령의 7가지 덕목이다.[115]

크리소스토모스

당신은 일치라는 말의 의미를 알고 있는가? 사악한 것들을 외면하고 자신에게 중요한 것들을 포기한 후 다시 사제가 당신에게 말하게 한다. "그리스도시여, 제가 지금 당신을 섬깁니다." 그분의 한없는 선하심을 보았는가? 당신으로부터 단지 이 말을 듣고 나서 그는 보화로 가득한 창고처럼 당신을 신뢰한다. 이전의 죄악됨을 잊어버리고 그는 과거의 행위를 아무것도 기억하지 않고 단지 몇 마디의 말에 만족해하신다. …

이 기름부음 다음에 사제는 당신을 성스러운 물에 들어가게 하여 옛사람을 묻고 그의 창조자의 이미지로 새롭게 된 새사람으로 일으킨다. 바로 이 순간에 사제의 손과 말에 의해서 성령님께서 당신에게 임하신다. 물에 내려간 옛사람 대신에 그의 모든 죄로 가득 찬 것들을 깨끗이 씻어버리고 옛날에 죄로 물든 낡은 옷을 벗은 채 영광스러운 옷을 입은 새로

---

115 밀라노의 암브로시우스(Ambrose), *On the Sacraments*, Book III, 1, 5, 8 (c. 390). T. Thompson 역, *St. Ambrose "on the Mysteries" and the Treatise "on the Sacraments"* (London: SPCK, 1919), 96, 98-100.

운 사람이 앞으로 나온다.

이것들로부터 당신은 성부와 성자와 성령이 하나임을 알게 되고 세례라는 것이 다음과 같은 방법으로 인해서 주어진다는 것을 배운다. 제사장이 "○○는 성부와 성자와 성령의 이름으로 세례를 받는다."라고 말할 때 그는 당신의 머리를 물로 세 번 잠기게 한 다음에 세 번 일으켜 세움으로 이 신비적인 의식을 통해서 당신이 성령의 임재하심을 받을 수 있도록 한다. 당신의 머리를 만지는 이가 단지 사제일 뿐만 아니라 그리스도의 오른손이며 이것은 세례를 준다는 바로 그 말에 의해서 드러난다. 그는 "내가 누구에게 세례를 준다."라고 말하지 않는다. 오히려 자신이 성령에 의해 이 일을 하기 위해 안수를 받았기 때문에 단지 자신이 목회자일 뿐이고 손을 제공할 따름임을 드러내며 "누가 세례를 받는다."라고 한다. 그 모든 것을 충만케 하시는 이는 성삼위 일체이신 성부와 성자와 성령이시다.[116]

몹수에스티아의 테오도로스

【제2부, 설교 2】 왜냐하면 당신 스스로 사탄을 상대로 항변할 수도, 싸울 수도 없기 때문에 구마(축귀)자라고 불리는 사람들의 예배는 성스러운 도움이 되어서 여러분을 돕는 필수불가결한 것으로 여겨졌다. 그들은 크고 오래 끄는 목소리로 당신의 적은 처벌받아야 하고 심판으로부터 온 판결로 의해서 물러나고 멀어져야 한다고 명령한다. … 그러므로 여러분

---

116 요안네스 크리소스토모스(John Chrysostom), 『세례 강론(Baptismal Instructions)』, II (c. 390). Paul W. Harkins 역, *St. John Chrysostom: Baptismal Instructions* (Westminster: Newman Press, 1963), 51, 52-53.

은 서서 기도하는 사람의 자세로 손을 뻗은 채 심판이 자비로 바꾸어지기 바라며 고개를 숙인 채 남아있다.

【설교 4】당신의 의복을 벗은 후 거룩한 성유에 의해서 몸 전체는 기름부어 지는데 이것은 지금 행해지고 있는 세례에 의해서 당신이 불멸의 생명을 받게 됨을 의미한다. …

사제는 예배 의식에 따라 미리 분명한 단어를 사용해야 하고 하나님께 성령의 은혜가 물가로 내려와 거룩한 출산을 할 자궁과 거룩한 아이를 잉태할 능력을 전해달라고 하나님께 구한다. …

당신이 물에서 나오게 될 때 진정으로 눈부신 천을 입고 있다. … 세례의 은혜를 받게 된 후 오래된 하얀 천은 빛나게 되고 제사장은 당신 쪽으로 다가와 당신의 이마에 성호를 긋고 말을 한다. "○○에게 성부와 성자와 성령의 이름으로 성호를 긋는다." 예수님께서 물에서부터 나오게 되었을 때 성령의 은혜를 받으셨다. 비둘기 같이 내려오며 빛이 비춰졌던 성령의 은혜를 받았으며 이것이 그가 기름부음을 받았어야만 하는 이유이기도 하다. "주의 성령이 내게 임하셨으니 이는 … 내게 기름을 부으시고" [누가복음 4:18][117]

---

117 몹수에스티아의 테오도로스(Theodore of Mopsuestia), *Instructions to Candidates for Baptism* (c. 390). A. Mingana 역, *Woodbrooke Studies* (Cambridge: Cambridge Universe Press, 1933), VI, 31, 54-55, 68.

에게리아

【45.1】 부활절에 세례를 받는 사람들을 가르치는 자들이 사용하는 방법에 관해서 더 첨가해야 한다고 생각한다. 명단은 사순절의 첫 번째 날이 되기 전에 주어져야 하는데 이 말은 내가 말한 바와 같이 장로들이 사순절이 계속되는 그 8주간의 시작 전에 모든 이름들을 적어내야 한다는 것이다. 사제는 모든 이름을 갖게 되고 8주가 시작되는 두 번째 날에 감독의 의자가 순교자들이 있는 대성당의 중앙에 위치해 있어야 하며 장로들은 옆쪽에 앉는다. 성직자들은 서 있는다. 세례를 원하는 한 사람 한 사람, 남자는 그의 아버지와 여자는 그의 어머니와 함께 앞으로 데려와져야 한다. 그들이 앞으로 나아감에 따라 감독은 그들에 관해서 그들의 이웃에게 질문한다. "이 사람이 선한 삶을 살았습니까?"… 만일 이 질문에 대해 그 사람이 어떠한 잘못된 행동들을 하지 않았음이 밝혀지게 되면 그의 이름을 기입해 넣게 된다…

여기에 사순절금식 기간에 세례를 준비하는 사람들은 아침에 처음으로 성직자에 의해서 구마(축귀)를 받기 위해 가는 관습이 있다. … 비록 감독이 가르치는 동안 오지 않았던 예비신자가 아니더라도 … 남자와 여자 가리지 않고 모든 사람들은 [주교] 주변에 원을 그리고 앉는다.

그의 주제는 하나님의 법이다. 사십 일 동안 그는 창세기로부터 시작하여 각 장마다 문자적으로 연관된 의미와 그것들의 영적인 의미들을 해석하면서 지낸다. 그는 이 시간에 부활과 믿음에 관한 모든 것들을 그들에게 가르친다. 이것을 교리문답이라고 부른다. 오주간의 교육을 끝내고 그들은 신조를 받는데 그 내용들을 성경을 가르칠 때와 같이 사순절 기간 내내 하루에 세 시간의 문답교육을 통해 성경을 설명했을 때와 같은 방법으로 먼저 문자적으로 그리고 나서 영적으로 가르친다.

[성스러운 주간동안] 그 후보자들은 감독에게 간다. 남자는 그의 아버지와 여자는 그의 어머니들과 함께 간다. 그리고 신조를 반복시킨다. 그들이 그것들을 다했을 때 감독은 다음과 같이 말한다. "이 칠주 동안 당신은 하나님의 전체적인 성경의 법에 관하여 가르침을 받았습니다. 당신은 믿음에 관하여 몸의 부활에 관하여, 들었습니다. 예비신자로서 신조내용의 모든 것을 배웠습니다. 하지만 그 방법, 세례 자체에 관한 가르침은 깊은 신비이기에 당신이 예비신자로 남아있는 동안에는 그것에 대해서 들을 권리가 없습니다. 그러나 그것이 절대로 설명되지 않는다고는 생각하지 마십시오. 당신이 세례를 받고 나서 부활절 후 팔일 동안 그것을 듣게 될 것입니다. 그러나 예비신자이기에 하나님의 깊은 신비들을 들을 수도, 말할 수도 없습니다." …

[부활절 후 감독은] 세례에 관해 행해졌던 모든 것에 대해 설명한다. … 그가 상세히 설명한 신비와 그들에게 설명했던 그 모든 방법들은 듣는 이들을 감동시킨다.[118]

사도헌장

세례에 관하여 감독이나 장로인 우리는 이미 지시를 받았고 다음을 이야

---

118 에게리아(Egeria), 『에게리아의 여행기』 (c. 384). John Wilkinson, *Egeria's Travels* (London: SPCK, 1971), 143-46.

기하며 주께서 우리에게 명하신 대로 세례를 베풀어야 한다. "그러므로 너희는 가서 모든 민족을 제자로 삼아 아버지와 아들과 [보내시는 성부의 성령, 오신 성자의 성령, 판단하시는 위로자이신] 성령의 이름으로 세례를 베풀라(내가 너희에게 분부한 모든 것을 가르쳐 지키게 하라)"[마태복음 28:19]. 당신은 성유로 먼저 부어야 하고, 물로 세례를 베푼 후 관유로 인을 쳐야 한다. 즉 기름 부음은 성령님의 참여하심이고 물은 그리스도의 죽음의 상징이며 관유는 계약의 인침이다. 하지만 거기에 기름이나 관유가 없다면 물 자체로 기름 부음과 인침에 대해 충분하며 그가 죽었다는 고백은 실로 그리스도와 함께 죽는 것이다. 하지만 세례 전에 금식하게 해야 한다. …

그러므로 [하나님께서는] 사제도 세례로 부르시며 이렇게 말하라 하신다. 하늘로부터 이 물을 거룩하게 하시고 은혜와 권능을 주셔서 그리스도가 명한 것처럼 세례를 받고 그와 함께 십자가에 못박혀 죽으며 그와 함께 일어나서 양자되게 하옵소서. 그래서 죄에 대해서는 죽고 의에 대해서는 살게 하소서.[119]

아우구스티누스

이것이 거룩하고 성스러우며 우리 가운데 기념되어지는 세례의 의미이다. 이것을 은혜로 얻은 모든 사람은 죄의 겉모습인 육체에 대해 죽었기에 마치 그 자신이 죄에 대해서 죽어야 된다고 말한 것과 같이 죄에 대해서 죽는다. 그러므로 마치 그가 무덤에서 다시 일어난 것처럼 세례반 안에서 다

---

119 『사도헌장(Apostolic Constitutions)』, VII, 23(c. 375). James Donaldson 역, ANF, VII, 477.

시 새롭게 태어난다. 이것은 육체의 나이가 얼마이든 상관이 없는 일이다. 유아이든 노쇠한 사람이든 세례받는 것이 금지되어서는 안된다. 그래서 세례 안에서는 죄에 대해서 죽지 않는 사람이 있을 수가 없다. 유아들은 원죄에 대해서만 죽고 어른들은 그의 모든 쌓아놓은 죄들, 즉 그들이 사악한 생활 속에서 출생에서부터 가지고 왔던 죄짐에 대해서 죽게 된다. …

그러나 한 가지 로마서 5:12의 말씀, 그리고 유아들이 세례를 받았던 그것에 의거하여 만일 한 가지 죄가 분리된 요소들로 나눠진다면 사람들은 죄의 과중함을 깨닫게 된다. …

아무 근거 없이 유아들은 그들 부모의 죄에 관계되어있는데 첫 번째 부부의 죄 뿐만 아니라 심지어는 그들을 낳았던 그 부모의 죄까지도 관계되어진다고 말해진다. …

이것이 한 사람 한 사람이 거듭나야 하는 이유이다. 이를 통해 출생에 있어서 자신에게 있어서 어떤 죄가 관계되어있든지 간에 용서받을 수 있게 된다. 왜냐하면 마치 우리가 세례 후에도 나쁜 짓들이 행해지는 것을 보게 되는 것처럼 출생 후 악행으로 인하여서 저지르게 된 죄는 회개에 의해서 치유될 수 있기 때문이다. 또 거듭남이라는 것은 첫 번째 출생이 죄로 오염되었다는 사실을 전제하지 않고는 가능하지 않기 때문이다.[120]

---

120 아우구스티누스, *Enchiridion*, XIII (421). Albert C. Outler 역, LCC, VII, 365-67.

2. 중세의 유산

중세 유럽을 지배하던 성례에 대한 로마 가톨릭의 관점은 성례 자체가 효력이 있다는 이론이었다. 집례를 하는 사람이 가능하면 사제여야 하지만 그렇지 않더라도 성례 자체가 효력이 없지는 않다는 것이 기본적인 입장이었다. 그러나 이 말은 동시에 적법한 절차에 따라 집행되어야 한다는 기본 원칙에 대한 확인이라고도 볼 수 있다.

1) 두 가지 세례식

성스러운 세례가 모든 성례전의 첫 번째 자리를 차지한다. 이것은 영적인 생활의 현관이고 그것을 통해서 교회의 몸인 예수 그리스도의 구성원이 된다. 그래서 첫 사람의 죽음이 세상에 온 이후 물과 성령으로 거듭나지 않으면 우리는 진리가 말하듯이 하나님의 나라에 들어갈 수 없다. 이 성례전에 있어서 관건은 거룩하고 순수한 물이다. 이것이 따뜻하든 차갑든 문제가 되지 않는다.

형식은 이렇다. "나는 성부와 성자와 성령의 이름으로 당신에게 세례를 베푼다." 그러나 우리는 성례가 집례자나 집례하는 기관에 의해 그 권능과 거룩하신 삼위일체 하나님을 받아들이게 됨을 목격하기에 세례의 권능이 집례하는 이가 행하는 것, 다시 말해 거룩하신 삼위일체 하나님의 기원하심에 의해 드러나는 한 이러한 말들, "그리스도의 증인 ○○는 성부와 성자와 성령의 이름으로 받게 되었다." 또는 "○○는 성령과 아들과 아버지의 이름으로 내 손으로 세례 받았다."라는 말과 함께 세례가 주어짐을 부인하지 않는다.

이러한 성례전에서의 진행자는 세례의 임무가 있는 사제이다. 그러나 필요에 따라 제사장뿐만 아니라 집사, 일반 성도들, 그리고 이교도나 이방인조차도 세례를 거행할 수 있다. 그가 교회의 방식을 사용하고 또 교회가 행하는 것을 그 의도대로 준수하는 한 거행할 수 있다.

이 성례전의 효과는 죄에 기인한 처벌과 모든 죄, 원죄, 그리고 실질적인 죄가 사해진다는 것이다. 이와 관련해서 볼 때 이전의 죄에 대한 속함이 세례를 받는 그 사람들에게 없다는 것을 보게 된다. 하지만 그들이 다른 죄들을 범하기 직전에 그들이 죽는다면 그들은 즉시 하나님의 영광과 하늘의 왕국을 획득하게 된다.

두 번째 성례전은 견진성사이다. 여기서 기름이 중요한데, 기름은 그 달아오름이 양심을 증진시키고 향기가 좋은 명성을 높게 만드는 그런 기름이다. 이 기름 부음은 감독에 의해서 축성된다. 그 형태는 "나는 당신에게 십자가의 표식으로 표를 하고, 구원의 기름을 가지고 성부, 성자, 성령의 이름으로 확증한다."이다.

일반적인 진행자는 감독이다. 그리고 단순한 기름 부음이 제사장으로 충분하다 할지라도 이것은 감독 외에는 행해서는 안된다. 왜냐하면 (감독이 이어 받은) 사도들만이 손을 얹음으로 성령님을 주는 것으로 사도행전에 기록되어 있기 때문이다. 예루살렘에 있던 사도들이 사마리아인들이 하나님의 말씀을 받았다는 소식을 들었을 때 베드로와 요한을 보냈다. 그들이 도착했을 때 성령을 받을 수 있도록 기도했다. 왜냐하면 아직까지 성령이 오지 않았고 예수 그리스도의 이름으로 세례 받았기 때문이다(사도행전 8:14-18). 손을 얹을 장소는 교회 안에서 확정한다. 상황에 따라 사도적 관점에서 합리적이고 급박한 요구가 있다면 일반 사제가 감독에 의해서 축성된 기름과 함께 견진성사를 집례할 권한이 허락된다.

이런 성례전의 효과는 이를 통해 마치 오순절에 사도들에게 주어진 것과 같이 성령님께서 기독교인들이 그리스도의 이름을 용감하게 고백할 수 있도록 강건하게 하신다는 점이다. 그러므로 견진은 십자가의 형상대로 표식을 해서 부끄러움이 자리했던 앞이마에 기름 바르게 됨으로 그리스도의 이름 특별히 유대인에게는 넘어지는 것이고 이방인들에게는 부끄러움이 되는 그의 십자가를 부끄러워하지 아니하게 만든다는 것이다.[121]

3. 기독교 입문에 관한 종교개혁적 관점

종교개혁 기간 중에 여러 가지가 개혁이 되었는데 예배와 관련되어서 변경된 관습 중 가장 변화가 적었던 것이 바로 입교에 관련된 예식이었다. 루터교회나 영국 국교회, 로마 가톨릭 교회가 변화가 적었고 개혁교회 전통 역시 급격한 변화가 있었던 것은 아니었다. 반면 재

---

121 "아르메니아인들에 대한 포고령(The Decree for the Armenians)" (1439). Henry Denzinger and Adolf Schonmetzer 역, *Enchiridion Symbolorum Definitionum et Declarationum*, 33판 (Freiburg: Herder, 1965), 333-34.

세례파나 퀘이커 교도들은 전면적이고 급진적인 개혁을 입문 의식에서도 주장했다.

1) 마르틴 루터

마르틴 루터는 세례의 실행에 있어서 많은 변화를 시도하지는 않았다. 오히려 새로운 세례의 영성을 추구했다.

많은 장소에서 유아들을 세례반에 깊게 밀어 넣는 것이 더 이상 관습화되어 있지 않다고 해도 세례반 밖에서 그들에게 세례의 물을 손으로 부어주는 것은 행해져야만 한다…
세례의 상징은 죄에 대한 죽음이고 하나님의 은혜 안에서의 복된 부활이다. 그래서 죄에서 잉태되고 태어나게 된 옛 사람은 물에 들어가 빠지고 은혜 안에서 새로이 태어난 사람이 앞으로 걸어 나간다….

지구상에서 세례보다도 더 큰 위안은 없다…

이러한 이유 때문에 우리는 용감하고 두려움 없이 우리의 세례를 위해 금식을 해야 한다. 그리고 모든 죄와 양심의 위협에 대항하기 위해 높은 목표를 추구해야 한다. 우리는 겸손히 "나는 홀로 순수한 일을 할 수 없다는 것을 충분히 안다. 하지만 나는 세례를 받고 나의 세례로 인하여 거짓말 하시지 않으시는 하나님께서 나와의 계약에서 의무를 지시게 된다. 그분은 나를 대항하는 죄를 세지 않으시고 없애버리시고 날려버리실 것이다."라고 인정해야 한다.

그렇다면 신성한 세례의 성례전은 위대하고 은혜가 되며 위로가 충만하기에 우리는 부지런히 세례 때문에 끊임없이 기쁨에 차고, 진정한 감사로 그를 찬양하며 하나님께 영광을 돌려야 한다는 것을 깨달아야 한다.[122]

이러한 메시지는 사람들에게 끊임없이 표현되어야 한다. 그리고 이 약속은 그침 없이 그들의 귀에 울려야 한다. 그들의 세례는 그들의 마음을 계속해서 부르며 그들의 믿음은 끊임없이 깨어있어야 하고 열매를 맺어야 한다. 우리에게 한번 선포되어진 이 신성한 약속의 진리 때문에 그 안에서 우리의 믿음은 결코 중단되어서는 안되고, 세례 안에서 우리에게 만들어진 약속을 계속해서 떠올려서 죽을 때까지 풍성해지고 강건해져야 한다.[123]

영원하신 하나님, 그의 의로우신 판단에 따라 홍수로 믿지 않는 세상을 심판하신 하나님, 그의 큰 자비는 믿는 노아와 그의 식구들을 구원해냈고, 강퍅한 마음을 가진 바로와 그의 모든 군대를 홍해에 빠뜨리신 하나님. 마른땅에서 이스라엘 백성들을 인도하신 하나님. 당신의 세례는 이러한 목욕을 예표했으며 그래서 우리의 주되신 예수 그리스도의 세례를 통하여 죄를 씻을 수 있는 풍부하고 유익한 홍수와 요단을 분리하여 신성하게 하셨습니다. 우리는 은혜로 위를 보게 한 끊임없는 그의 자비로 기도하여 심령에 있는 진실한 믿음으로 그에게 축복하고 그럼으로 인해

---

122 *The Holy and Blessed Sacrament of Baptism* (1519). Charles M. Jacobs and E. Theodore Bachmann 역, LW, XXXV, 29, 30, 34, 36, 42.

123 마르틴 루터, 『교회의 바빌론 포로(Babylonian Captivity)』(1520). A. T. W. Steinhäuser, Frederick C. Ahrens, and Abdel Ross Wentz 역, LW, XXXVI, 59.

이 구원의 홍수의 방법으로 아담 자신을 포함하여 그로부터 난 모든 이들이 그에게로 빠져들고 삼키운 바 되어 믿지 않는 이들로 분리되어지고, 그리스도의 거룩한 방주 안전하고 마른 곳에 보존되어 희망에 찬 기쁨과 마음의 열심으로 언제나 당신의 이름을 섬기며, 그것으로 말미암아 모든 이들과 함께 당신의 약속에 따라 획득한 영원한 생명으로 가치 있게 하옵소서. 우리 구주 예수 그리스도의 이름으로 기도합니다. 아멘.[124]

유아세례에서도 우리는 똑같이 한다. 우리는 아이가 믿게 되기를 희망하는 목적으로 데리고 와서 하나님이 그에게 믿음을 주시길 기도한다. 그러나 우리는 그가 믿게 되길 희망하는 목적으로 그에게 세례를 주는 것이 아니라 오직 하나님의 명령에 의거해서 준다. 왜냐하면 하나님은 거짓말을 하지 않으신다는 것을 우리가 알고 있기 때문이다. 내 이웃과 나, 다시 말해 모든 사람들은 잘못과 거짓을 범하지만 하나님의 말씀은 결코 잘못함이 없다.[125]

2) 재세례파의 의견

재세례파들은 세례가 반드시 믿는 자들만을 위한 것이라고 주장한다.

세례에 관하여 주의하라.

---

124 "Flood Prayer," *The Order of Baptism Newly Revised* (1526). Paul Zeller Strodach and Ulrich S. Leupold 역, LW, LIII, 107-08.

125 대요리문답 *Large Catechism* (1529). Theodore G. Tappert 역, *The Book of Concord* (Philadelphia, PA: Fortress Press, 1959), 444.

세례는 회개를 배우고 생활을 고치려는 사람, 그리고 그리스도를 통하여 그들의 죄가 씻어졌다는 것을 진실로 믿는 사람, 죽음에서 그와 함께 예수 그리스도의 부활일에서 걷기를 희망하며 묻히기를 원하고 그래서 그와 함께 다시 일어나는 것을 희망하는 사람, 그리고 이것을 잘 알고 있는 상태에서 요구하고 희망하는 모든 사람들에게 세례가 주어진다. 반면에 교황에 대해 가장 크고 첫 번째 가는 혐오 요인이 되는 유아세례는 배제된다. 이를 위해 사도들이 쓴 글과 행한 것들이 증언이 되고 우리가 따라서 행할 이유가 된다. 우리 역시 단순하게 그러나 단호하게 확신을 가지고 똑같이 행하기를 원한다.[126]

메노 시몬스(Menno Simons)[127]

부활 후 그리스도는 그의 사도들에게 명령한다. 너희는 가서 모든 민족을 제자로 삼아 아버지와 아들과 성령의 이름으로 세례를 베풀고 내가 너희에게 분부한 모든 것을 가르쳐 지키게 하라 볼지어다 내가 세상 끝날까지 너희와 항상 함께 있으리라 하시니라(마태복음 28:19).

여기에 우리는 하나님의 명령에 의하여 그것이 집행되어지는 세례에 대한 주님의 명령을 가지고 있다. 다시 말해서 복음이 먼저 가르쳐져야 되고 그것을 믿는 이들에게 세례를 주어야 한다. 그리스도가 말한바와 같

---

126 쉴라이트하임 신앙고백 *The Scleitheim Confession* (1527). Walter Klassen 역, *Anabaptism in Outline* (Scottdale, PA: Herald Press, 1981), 168.
127 네덜란드의 종교개혁자이고 메노나이트 교단의 창시자이다. 1536년에 가톨릭 신부에서 재세례파로 개종한 그는 북유럽에 흩어진 재세례파교도들을 모아서 단체를 만들었고 17-18세기를 거치며 메노파 혹은 메노나이트파로 불리는 재세례파 중 최대의 교파로 성장했다.

이, 믿고 세례를 받는 사람은 구원을 얻을 것이요 믿지 않는 사람은 정죄를 받으리라(마가복음 16:16). 그러므로 주님이 명령하시고 정하셨으며 그러하기에 다른 어떠한 세례는 영원히 가르쳐지거나 실행될 수 없다. 하나님의 말씀은 영원히 지속된다.

어린아이들은 이해력이 없고 가르칠 수 없기에 주님의 성찬식, 즉 그의 이름을 망령되이 일컫지 않고 하나님의 신령한 말씀에 위반함을 벗어나지 않게 하는 것 없이 그들에게 세례를 거행해서는 안된다. 신약에서 유아들에 대한 세례 예식이 명령되어져 있지 않은데 그 이유는 교리와 성례전 모두에서 귀가 있어 들을 수 있고 마음으로 이해할 수 있는 자들에 대해 다루기 때문이다. 그리스도가 명령한 것처럼 거룩한 사도들 역시 신약성서의 여러 부분을 있는 그대로 단순히 인지하여 가르쳤고 실행했었다. 베드로는 말했다. 너희가 회개하여 각각 예수 그리스도의 이름으로 세례를 받고 죄 사함을 받으라 그리하면 성령의 선물을 받으리니(사도행전 2:38). 그리고 빌립이 내시에게 말했다. 빌립이 가로되 네가 마음을 온전히 하여 믿으면 가하니라(사도행전 8:37). 믿음은 세례로부터 나오는 것이 아니지만 세례는 믿음으로부터 좇아 나왔다. …

루터는 어린이들이 그들 자신의 믿음과 행위의 관점에서 세례를 받아야 하며 만약 어린이가 믿음이 없다면 그들의 세례는 성례전에 불경죄가 될 것이라고 썼다. 주님이 큰 영향력을 끼치기 시작하는 최초의 시기에 이 학자는 글을 통하여 어린이들은 이해력과 지식이 없는 채로 믿음을 가지고 있으며 그로인한 까닭에 성경은 단순히 그 어린이들이 선이나 악에 관해 아는 것이 없으며 잘못된 것으로부터 옳은 것을 구분할 수 없다는 것을 가르치고 있다고 말하는데 이것은 나에게는 큰 오류로 여겨진다. 루터는 말하길 믿음은 마치 그들이 이해하는 때가 올 때까지는 잠자고 있는 신자들 같이 어린이들에게는 숨어있고 잠자고 있는 것이라고 했다. 만약 루터가 이것을 그의 진실한 의견으로 썼다면 그가 믿음과 그것의 능력에 관해 상당히 많이 쓴 것들이 헛되다는 것을 증명한다. 만약 그가 이것을 사람들을 기쁘게 하기 위해서 썼다면 하나님이 그에게 자비를 베푸시기를 바란다. 왜냐하면 이것이 겨우 사람의 이성이고 사람의 발견이라는 사실을 알기 때문이다. 이것이 하나님의 명령(성찬식)과 말씀을 떨어지게 할 수는 없다. 우리는 성경에서 사도들이 잠들어 있는 신자에게 세례를 주었다는 것을 읽어보지 못했다. 그들은 잠자고 있지 않은 깨어 있는 자들에게 세례를 행하였다. 그렇다면 왜 그들은 그들의 어린이들이 잠자고 있는 믿음이 깨어나 그들에게 고백하기도 전에 세례를 주었는가?

부쳐는 이러한 설명에 따르지 않고 유아세례를 다른 방법으로 옹호한다. 즉 어린이들은 믿음을 가지고 있지 않지만 그들은 세례로 인하여 주님의 교회에 일원으로 받아들여지고 그럼으로써 그들은 주님의 말씀에 따라 가르침을 받을 수가 있게 된다는 것이다. 그는 유아세례가 주님에 의해 명백하게 명령되어지지 않았다고 인정하지만 그럼에도 불구하고 그것이 합당하다고 주장한다. 우리는 선한 분별력으로 말하기를, 성경에서 유아들이 세례 받아야 하고 또 사도들이 그것을 행해야 한다는 유일한 명령을 가지고 있지 않은 까닭에 유아세례는 인간이 창안한 개념이며 그리스도의 법에서 벗어나는 것, 거룩한 장소에 서서는 안되는 잡다하고

혐오스러운 것임을 고백한다.[128]

3) 츠빙글리의 응답

츠빙글리는 유아세례에 대한 재세례파의 의견에 대해 다음과 같이 응답했다.

> 창세기 17장에서 하나님 스스로 할례가 믿음의 확증에 대한 증거로서가 아니라 언약의 증표임을 명확하게 만드셨다. "이것이 너와 나 사이에서 그리고 네 후손 대대로 지킬 언약이다. 너희중의 모든 남자는 할례를 받으라." 하나님이 이것을 계약 또는 언약으로 명명한 것을 주의해서 보라. 마찬가지로 유월절 양의 잔치는 출애굽기 12장에서 읽은 것처럼 언약이었다. "너희는 이 일을 규례로 삼아 너희와 너희 자손이 영원히 지킬 것이니" 유월절의 양이 언약의 증표이었음에 주의하라. … 비슷하게 신약에서의 세례도 언약의 증표이다. 이것은 세례 받은 자들을 정당화하지 못하며 그 믿음을 확증하지도 않는다. 왜냐하면 외적인 것의 믿음을 확증하는 것이 불가능하기 때문이다. 또 믿음은 외적인 요인으로부터 생기는 것이 아니기 때문이다. …
>
> 그러한 이유로 "그들에게 세례를 주는 것"이라는 말의 의미는 이것이다. 즉 외형적인 증표로 너는 그들에게 하나님과 아들과 성령의 이름 앞에서 그들에게 헌신하고 서약하여 그들이 내가 너에게 명령한 모든 것을 지키

---

128 Menno Simons, *Foundation of Christian Doctrine* (1539), Leonard Verduin 역, *The Complete Writings of Menno Simons* (Scottdale, PA: Herald Press, 1956), 120, 126-27.

도록 가르치는 것이다. …

내가 지금 요구하는 모든 것은 이것이다. 나는 세례가 입문의 증표이며 세례를 받는 자들은 주 하나님께 헌신하고 서약하는 것임을 증명했다. 나는 이 사실에 입각하여 유아의 세례가 열등한 것이라고 하지 않는다. 나는 단지 세례가 단순한 표시 또는 서약이며 그것을 받는 이들은 하나님께 헌신하는 것이라는 주장, 다시 말해 이런 세례가 모든 제자들과 그리스도 자신의 말씀으로부터 왔음을 증명하는 나의 주된 논쟁과 이론을 단순히 따를 뿐이다. 그리고 마태복음 28장의 그리스도의 말씀에 관한 논쟁에서 단지 우리는 그의 말씀을 유아세례를 불허하는 것에 사용할 수 없다고 나는 주장한다.

하지만 외형적인 물의 세례가 영적 씻음에 영향을 줄 수는 없다는 것은 확실하다. 그러한 연유로 물세례는 우리가 주 예수 그리스도 안으로 접목되어지고 편입되어지며 그를 위해 살고 그를 따르겠다고 서약한 외적인 의식일 뿐이다. 그리고 예수 그리스도 안에서는 할례도 무할례도 아무 소용이 없고 다만 새로운 삶을 사는 새로운 피조물만이 필요할 뿐이다(갈라디아서 6장). 그러므로 우리를 구원하신 것은 세례가 아니라 새로운 삶이다. 이 논쟁의 결과로 인한 장점 중 한 가지는 세례가 구원하거나 정결케 할 수 없다는 사실을 우리에게 가르쳐 왔다는 점이다. 하지만 나는 다른 측면에서 재세례파들 자신들이 물세례에 의한 너무나 큰 저장고를 설치함으로써 그것으로 인해 그들은 마치 교황주의자들이 다른 면에서 하는 것과 같은 실수를 다른 한편에서 하고 있다는 것이라고 생각하지 않을 수 없다. 왜냐하면 전 세계가 그것에 반대한다 해도 어떠한 외형적 요소나 행동이 영혼을 정화할 수 없다는 것은 논쟁할 필요가 없는 명백한 사실이기 때문이다.[129]

4) 칼뱅의 세례 강조
칼뱅은 세례에 관해 더 중요하게 여기는 입장을 취했다.

세례란 입문의 증표이며 그 증표로 인해 우리는 교회 사회로 받아들여지게 되고 그렇게 됨으로 그리스도에게로 접붙여져 하나님의 자녀로 간주된다. 이제 세례는 하나님에 의해 (내가 모든 성례전에서 공통되는 부분이 되도록 가르쳐 왔던) 이러한 목적을 위해 우리에게 주어지는데 첫째, 하나님 앞에서 우리의 믿음을 준수하기 위해, 둘째, 사람들 앞에서 우리의 고백들을 준수하기 위해서이다. 우리는 각 제도의 이유를 밝히는 목적에서 다루어야 한다. 세례는 우리가 반드시 각각 개인별로 다루어야 하는 세 가지 요소들을 우리 믿음으로 가져온다. 주님께서 우리를 위해 구분지어 놓은 첫 번째 것은 세례가 우리의 씻음의 증거와 표시가 되어야 한다는 것, 또는 내가 의미하는 것을 보다 더 설명하는 것이다. 즉 우리의 모든 죄는 다 말살되었고 누그러졌으며 소멸되어서 다시는 죄가 그의 눈앞에 올 수 없으며, 불러져 올 수도, 우리를 대항할 수도 없다는 확증을 우리에게 각인시키는 봉인된 문서 같은 것이다. 왜냐하면 그는 모든 믿는 자에게 죄를 사해주는 세례를 주시기 때문이다(마태복음 28:19, 사도행전 2:38).

---

129 츠빙글리, *On Baptism* (1525). G. W. Bromiley 역, LCC, XXIV, 138, 145-46, 156.

그러므로 자연히 군인들이 그들의 직업의 표시로서 그들 상관의 표지를 몸에 지니듯이 세례를 단지 사람들 앞에서 우리 종교를 고백한다는 표시나 증표로 여기고 아무것도 아닌 것으로 여기는 사람들은 세례의 가장 주요한 점이 무엇인가에 대해 신중하게 고려해 보지 못한 것이다. 세례를 받는 것은 이 약속의 말씀, "믿고 세례를 받는 사람은 구원을 얻는 것이요."(마가복음 16:16)를 받는 것이다. …

하지만 이 원칙은 쉽고 즉각적으로 반대 논쟁을 야기한다. 유아들은 세례를 받기도 전에 세상을 떠나는 일이 있다는 이유만으로 하나님의 나라에 가지 못하는 것은 아니다. 그러나 만약 우리가 동의하지 않는다면 하나님의 약속이 마치 약한 것처럼 간주해서 그 약속에 대해 심각한 부정을 저지르는 일에 동조한 것이다. 왜냐하면 하나님의 약속은 세례식이나 다른 어떤 부가적인 것에도 의존하지 않기 때문이다. 결국 마치 그 자체로 쓸모가 없어진 것처럼 하나님의 약속을 여겼기 때문에 그 약속에 효력을 더하려고 하는 의도가 아니라 우리에게 확증하기 위해서 일종의 증거가 성례전에 더해졌다. 이런 이유로 신자들의 어린이들이 세례를 받았는데 전에는 교회에 대해서 전혀 낯선 사람들이었지만 처음 하나님의 자녀가 되었다는 그런 의미에서가 아니라 약속의 복에 의해서 이미 그리스도의 몸에 속했던 사람들이 그 엄숙한 징표와 함께 교회로 받아들여졌다는 의미에서 받을 수가 있다.

따라서 만약 그 증표가 생략되었을 때 이것이 게으름이나 경멸 또는 태만에서부터 오는 것이 아니라면 우리는 모든 위험으로부터 안전하다. 그러므로 이것은 하나님의 성례를 거룩하게 하기에 더욱 성스러운 것이다. 즉 우리는 자기들만이 주님이 인정한 사람들이라고 여기는 이들로부터 성례전을 찾아내야 한다. 그 교회(역자 주: 주로 가톨릭 교회)로부터 성례전들을 받아들이지 않을 때에 하나님의 은혜를 그 성례전에 속한 것이 아니라 오히려 주님의 말씀에 근거한 믿음으로부터 우리가 얻게 된다. …

【XVI. 2】그러므로 세례가 주는 약속으로부터 그것의 영향과 본연의 모습이 무엇인가 질문하는 것이 지금 우리에게 남겨진 것들이다. 성경은 세례가 먼저 우리의 죄를 깨끗하게 하는 그리스도의 피로 얻은 정결함을 가리키는 것이고, 그 다음 우리의 육신의 악행을 드러내는 것이라고 한다. 이 세례는 그의 죽으심에 참여함이고 이를 통해 믿는 이들이 새로운 삶에 들어가 거듭나는 것이며 그리스도와 교류하게 됨을 의미한다. 세례에 관하여 성경이 가르쳐주는 모든 것은 세례가 사람들 앞에서 우리의 종교를 증언하는 상징이기도 하다는 점을 제외하고는 이 요약을 참조하면 된다.[130]

세례는 예배 시간에 행해지고 반드시 목사나 부목사에 의해서만 수행되어야 한다. 세례 받은 아이의 이름은 그들의 부모와 함께 등록되어야 하며 만약 어떤 아이가 사생아인 것이 밝혀지면 집례자에게 미리 알려야 한다.

세례가 행해지는 것을 잘 보거나 세례의 신비를 알리는 낭송을 더욱 잘 듣게 하기 위해 석재로 된 세례반이나 세례 우물은 설교단 옆에 놓는다.

---

130 기독교강요. *Institutes of the Christian Religion*, IV (1559). Ford Lewis Battles 역, LCC, XXI, 1303-04, 1323, 1325.

외부 사람들 중 오로지 신앙이 있거나 신앙 공동체에 속한 사람들만이 대부모로서 받아들여지게 되는데 이유는 이런 사람들 이외에는 아이들을 적절하게 양육할 것이라고 교회에 약속한 것을 이행할 수 없기 때문이다.[131]

5) 영국 국교회와 세례

영국 국교회는 전통적인 세례를 존속시켰지만 언약의 재확인과 신앙문답에 이어지는 첫 번째 성찬과 연계시켰다.

세례반에 있는 물은 최소 한 달에 한 번은 갈아줘야 하는데 어떤 어린이들이든지 세례 받기 전에는 물이 바뀌어야 한다. 사제는 세례반에서 다음과 같은 기도문을 말해야 한다.

요단강에서 세례 받으시고 성령이 비둘기 같이 그 위에 앉으신 분이시요, 당신의 신실한 백성들의 갱생을 위해 물의 요소를 규정하신 가장 자비로우신 하나님 우리 구주 예수 그리스도시여, 우리를 도우시는 성령을 구하오니 내려주시고 지금 이 시간 당신의 거룩한 이름을 구하오니 이곳에 함께 하소서. 모든 것을 성결케 하시는 당신을 통하여 이 세례반을 거룩하게 하시고 당신의 말씀의 능력으로 그곳에서 세례받는 모든 이들이 영적으로 새롭게 되게 하시며 영원히 입양된 자녀가 되게 하소서. 아멘.[132]

---

131 교회의 규례 *Draft Ecclesiastical Ordinances* (1541). J. K. S. Reid 역, LCC, XXII, 66.
132 "세례반 위에서 드리는 기도들(Prayers over the font)" (1549; 1552년 소멸) *First and Second Prayer Books of Edward VI* (London: J. M. Dent & Sons, 1910), 245.

[감독의 방문]과 같은 경우에 그리스도의 신앙이 새로워지는데 이는 특별히 교리문답을 마친 사람들의 견신을 위해 매우 적합한 시기이다. 감독의 입장에서 그러한 보살핌은 그리스도에 관한 효과적인 지식과 진실에 있어 사람들을 전진하게끔 하기 위해 각성시키는 것을 오래 지속시킨다. 예전의 신실한 감독들은 이러한 종류의 보살핌을 열정을 다해 전했으며, 독일에서는 우리 교회에서 감독의 기능을 수행하는 감독자들이 그들의 예를 조심스레 따랐다.

이 일련의 지침의 마지막은 어느 사람이든지 확증되지 않는 한 성찬에 받아들여지지 않아야 한다는 경고이다. 이러한 지침은 만약 다른 사람들의 것이 아니라 자기 자신의 믿음의 고백을 자신들의 입술로만이 아니라 일관된 삶과 행동으로 확증을 하게 된다면 매우 유익한 것이 될 것이다.[133]

XXVII. 세례

세례는 단지 비그리스도인으로부터 구별되는 그리스도인이라는 차이의 표시 또는 고백의 증거일 뿐만 아니라 마치 도구에 의한 것처럼 세례를 올바르게 받은 사람은 교회로 접붙이게 됨에 따라 갱생 또는 새로운 탄생을 얻게 된다. 죄용서의 약속들과 성령에 의해 하나님의 자녀로 입양된다는 것이 가시적으로 인준되고 봉인된다. 믿음은 확증되고 하나님을 향한 기도의 힘으로 은혜가 더해진다.

어린아이들의 세례는 그리스도가 제정하신 제도로 가장 인정할만한 것

---

133 마르틴 부처, *Censura* (1551). E. C. Whitaker, *Martin Bucer and the Book of Common Prayer* (London: Alcuin Club, 1974), ACC, LV, 112, 114.

으로 교회 안에 존속되는 것이 마땅하다.[134]

청교도들

세례는 불필요하게 지연되지 않도록 하는 것과 마찬가지로 하나님의 신비의 청지기로 부름 받은 그리스도의 성직자를 제외하고는 어떠한 경우에라도 어느 개개인에 의해서 수행되어질 수 없다.

또한 세례는 사적인 장소 또는 개인적으로 수행되어질 수 없으나 사람들이 용이하게 볼 수 있고 들을 수 있으며 믿음의 공동체와 공예배의 장소에서는 수행되어질 수 있다. 반면 천주교 시대와 같이 세례반이 부적절하고 미신적으로 놓여서 사용된 곳에서는 불가능하다.[135]

6) 웨슬리: 회개와 세례

웨슬리는 세례와 회심 사이의 관계에 놓인 문제점에 관해서 숙고했다.

세례는 단지 고백의 표시나 세례를 받지 않는 사람들로부터 구별되어지는 그리스도인이라는 차이의 표시일 뿐만 아니라 새로운 탄생 혹은 갱생의 표시이기도 하다. 유아세례는 교회에서 존속시켜야 한다.[136]

134　Church of England, *Articles of Religion* (1563). BCP (Oxford, 1784), n.p.

135　Puritans, *A Dictionary for the Publique Worship of God [Westminster Dictionary]* (London: 1644 [1645]), Cambridge, 39-40.

136　"Articles of Religion" (1784). *John Wesley's Sunday Service* (United Methodist Publishing House, 1984), 312.

그러므로 지금부터 새로운 탄생의 특성이 무엇인가에 관한 것이 명백하게 드러난다. 그것은 하나님께서 한 영혼에 생명을 불어넣으셔서 살리시고 죄의 죽음으로부터 의로운 삶으로 일으켜 세우실 때 그 영에 작용하시는 하나님이 가져오시는 커다란 변화이다.

이전에 살펴본 바에 따라 우리는 두 번째 새로운 탄생이 세례와 같은 것이 아니며 그것은 언제나 세례와 동반하지 않는다는 것을 관찰할 수 있는데 이 두 가지가 언제나 세례와 같이 일어나는 것은 아니다. 어떤 사람이 "물로 거듭남"이 될 수 있지만 그것은 "성령으로 거듭남"이 아니다. 때때로 내적인 은혜가 없는 곳에 외적인 표시만이 있을 수 있다. 나는 유아들을 고려하여 말하지 않는다. 우리 [영국] 교회는 유아시에 세례를 받은 모든 이들이 세례와 동시에 거듭났다는 것을 가정했음이 확실하다. 또 유아세례를 위한 전체 의식이 이러한 가정에 의거하여 진행되어지는 것이 허용되었다. 이것은 유아에게 어떻게 작용되는지 이해할 수 없다는 어떤 이론에 반대하는 반론이 아니다. 왜냐하면 장년들에게 어떻게 작용되는지 이해할 수 있는 것도 아니기 때문이다. 하지만 유아에 관해 어떠한 경우에든지 세례 받은 장년 모든 사람들이 세례와 동시에 거듭난 것은 아니라는 점은 확실하다. "나무는 그 열매로 안다." 여기 너무 단순해서 부인할 수 없는 것이 나타나는데 그것은 세례받기 전에는 마귀의 자식이었던 사람들이 세례 받은 후에도 "부전자전"이라는 말과 같이 죄의 종의 노릇을 어떤 외적, 내적 거룩함이라는 핑계도 없이 계속한다는 점이다.[137]

---

137 "The New Birth" (1760). *Sermons on Several Occasions* (London: Epworth Press, 1956), 519-20, 523.

7) 칼 바르트의 유아세례 반대

칼 바르트는 유아세례에 반대하는 전형적인 글을 남겼다.

그리스도인의 세례는 본질적으로 예수 그리스도의 죽음과 부활에 드러난 성령의 능력에 참여하는 것을 통해 개인이 거듭나게 되는 것을 표현한 것이다. 그리고 그것과 함께 주님 안에 포괄되고 실현된 은혜의 약속과 주님의 교회의 교제가 그리스도와 개인의 연합과 더불어 드러나는 것이기도 하다.

세례는 이 사건이 그의 환상이 아니라 오히려 땅의 어떤 능력도 바꿀 수 없고 하나님 그 자신이 어떤 경우에도 견지하시기로 약속하신 객관적인 사실임을 증언한다. … 그리고 세례는 사람이 가장 중요한 요소가 아니라 그 다음으로 중요한 인물로 등장하는 그림이다. …

세례에서 우리는 원인이 아닌 지식의 서정과 함께 해야 한다. 만약 어떤 이가 원인과 지식을 혼동한다면 즉시 그 사람은 필연적으로 세례가 의미하는 (또 믿음이 의미하는) 목적의 특성을 간과하고 실수하게 된다. …

예수 그리스도 자신으로부터 인간에게 주어지는 선물인 성례전 사건은 사실 덜 중요한 사건이 아니다. 왜냐하면 이 경우 그 차원과 형식에 있어서 그리스도의 말과 사역, 그리고 그리스도의 능력은 인과적이거나 발생적이 아닌 인식적인 목적을 갖기 때문이다. …

사람이 받아들여야 하는 세례의 경험은 신적인 확실성으로 확고하게 하고 신적인 권위로 순종하게 하는 것으로 이루어진다. …

세례를 받기 위한 자원함과 준비됨이 없는 세례는 참되고, 효과적이며 효력 있는 세례임이 사실이지만 정당하기까지 한 것은 아니다. 이것은 순종에 의해서 행해진 것이 아니며 적절한 명령에 의해서 수행되어진 것이 아니기에 석연치 않은 세례이다. 이것은 절대로 반복되어서는 안 된다. 그러나 이것은 교회의 몸에 상처이며 세례 받은 이에게는 실제로 치료될 수는 있지만 다른 질문이 교회 앞에 제기되게 할 만한 정말 위험한 약점이다. 얼마나 오랫동안 교회는 방자하고 독재적인 세례의 실행을 통해 연약함과 상처가 야기하는 죄에 대해 준비를 했는가?

여기에 유아세례에 관해 우리가 품고 있는 생각들이 있다. …

세례의 교리의 관점에서 유아세례는 해석하기 나름이고 실제로 행해지고 있다고 얘기하는 술책과 궤변 없이 보존되기가 힘들다. 반대의 증거는 지금까지 지속되고 있다! 어떤 이는 성경에 근거하지 못하고 사실이 아니라는 것을 전제한 행동이지만 단지 그것들을 행해야 하기로 되어 있기 때문에 보존하기 원한다. 외적인 이유들로부터 이것을 지키기 위한 결의들은 세대에 걸쳐 확고한 표현들을 찾아냈다.[138]

---

138 칼 바르트 Karl Barth, *The Teaching of the Church Regarding Baptism* (1943). Ernest A. Payne 역 (London: SCM Press, 1948), 9, 14, 27, 29, 33, 40-41, 49.

제6장

성찬성례전

1. 초기 성찬성례전

기독교의 초기부터 여러 가지 예전 중 매우 강력한 상징성과 의미를 가지고 있었던 것이 성찬성례전이다. 입교 예식을 통해 기독교 공동체에 들어온 이에게 바로 허용을 할 정도로 성찬성례전은 교회와 신도의 삶에서 필수적인 요소로 인식되었다. 이를 매주일 거행함으로 교회는 성도들의 삶과 신앙을 갱신하고 자신들의 생명을 그리스도이신 예수님에게 강하게 매어두는 신앙의 실천을 이루려고 했다. 이 예전은 특별히 사람의 생존을 위한 수단인 먹는 행위와 연관이 되어 있는데 함께 식사하는 공동식사가 주는 강한 이미지와 결부되어 있다. 주님의 만찬(Lord's Supper)이라는 성찬성례전의 한 가지 명칭에서도 볼 수 있듯이 그 기원부터 식탁공동체와 연관이 있고 이 예전을 통한 공동체를 위한 식탁으로까지 그 의미가 확장되기도 한다.

1) 신약성서에는 성찬성례전의 이미지가 복합적으로 나타난다

출애굽기 • 12:6-8; 24-27

이 달 열나흗날까지 간직하였다가 해 질 때에 이스라엘 회중이 그 양을 잡고 그 피를 양을 먹을 집 좌우 문설주와 인방에 바르고 그 밤에 그 고기를 불에 구워 무교병과 쓴 나물과 아울러 먹되

너희는 이 일을 규례로 삼아 너희와 너희 자손이 영원히 지킬 것이니 너희는 여호와께서 허락하신 대로 너희에게 주시는 땅에 이를 때에 이 예식을 지킬 것이라 이 후에 너희의 자녀가 묻기를 이 예식이 무슨 뜻이냐 하거든 너희는 이르기를 이는 여호와의 유월절 제사라 여호와께서 애굽 사람에게 재앙을 내리실 때에 애굽에 있는 이스라엘 자손의 집을 넘으사 우리의 집을 구원하셨느니라 하라 하매 백성이 머리 숙여 경배하니라

마가복음 • 14:22-26(참고 마태복음 26:26-30; 누가복음 22:14-22; 그리고 고린도전서 11:23-26)

그들이 먹을 때에 예수께서 떡을 가지사 축복하시고 떼어 제자들에게 주시며 이르시되 받으라 이것은 내 몸이니라 하시고 또 잔을 가지사 감사 기도 하시고 그들에게 주시니 다 이를 마시매 이르시되 이것은 많은 사람을 위하여 흘리는 나의 피 곧 언약의 피니라 진실로 너희에게 이르노니 내가 포도나무에서 난 것을 하나님 나라에서 새 것으로 마시는 날까지 다시 마시지 아니하리라 하시니라 이에 그들이 찬미하고 감람산으로 가니라

고린도전서 • 10:16-21

우리가 축복하는 바 축복의 잔은 그리스도의 피에 참여함이 아니며 우리가 떼는 떡은 그리스도의 몸에 참여함이 아니냐 떡이 하나요 많은 우리가 한 몸이니 이는 우리가 다 한 떡에 참여함이라 … 너희가 주의 잔과 귀신의 잔을 겸하여 마시지 못하고 주의 식탁과 귀신의 식탁에 겸하여 참여하지 못하리라

고린도전서 • 11:27-29

그러므로 누구든지 주의 떡이나 잔을 합당하지 않게 먹고 마시는 자는 주의 몸과 피에 대하여 죄를 짓는 것이니라. 사람이 자기를 살피고 그 후에야 이 떡을 먹고 이 잔을 마실지니 주의 몸을 분별하지 못하고 먹고 마시는 자는 자기의 죄를 먹고 마시는 것이니라

사도행전 • 2:42, 46

그들이 사도의 가르침을 받아 서로 교제하고 떡을 떼며 오로지 기도하기를 힘쓰니라

날마다 마음을 같이하여 성전에 모이기를 힘쓰고 집에서 떡을 떼며 기쁨과 순전한 마음으로 음식을 먹고

2) 2세기의 자료들은 예전 자체에 대해서 더 잘 알 수 있게 하는 정보를 제공한다

디다케

성찬성례전에 대하여: 여러분은 이렇게 감사드리시오: 먼저 잔과 관련하여

"우리 아버지, 아버지께서 아버지의 아들이신 예수님을 통하여 계시하신 바 아버지의 자녀 다윗의 거룩한 포도나무로 인하여 아버지께 감사드립니다. 영원토록 아버지께 영광이 있기를 기원하나이다."

그 다음엔 떡에 관련하여

"우리 아버지, 아버지께서 아버지의 아들이신 예수님을 통하여 알려주신 생명과 지식으로 인하여 아버지께 감사드립니다. 영원토록 아버지께 영광이 있기를 기원합니다."

"이 떡 조각들이 산 위에 흩어졌다가 다시 모여 하나가 되었듯이 주님의 교회도 땅 끝으로부터 주님의 나라 안으로 다시 모이게 허락하시옵소서. 예수 그리스도를 통한 영광과 권능이 영원히 당신의 것이기 때문이니이다."

여러분은 주님의 이름으로 세례 받은 사람들 외에는 어떤 사람에게도 성찬성례전의 떡을 먹거나 잔을 마시게 해서는 안된다. 이것에 관하여 주님께서 "거룩한 것을 개에게 주지 말라" 말씀하셨기 때문이다.

(성찬성례전) 식사를 마친 후에 여러분은 이렇게 감사드리시오.

"거룩하신 아버지, 아버지가 우리 마음에 거하게 하신 아버지의 거룩한 이름을 인하여, 그리고 아버지의 아들이신 예수님을 통하여 알려주신 지식과 믿음과 불멸로 인하여 아버지께 감사드립니다. 영원토록 아버지께 영광이 있기를 기원하나이다."

"전능하신 주여, 주님께서는 주님의 이름을 위하여 만물을 창조하셨고 사람들이 주님께 감사하도록, 즐겨 먹을 것과 마실 것을 주셨습니다. 그러나 아버지의 아들이신 예수님을 통하여 우리에게 영적 양식과 영적 음료와 영생을 주셨습니다."

"무엇보다도 주님의 전능하심을 감사드립니다. 영원토록 주님께 영광이 있기를 기원하나이다."

"주님, 주님의 교회를 기억하셔서 모든 악으로부터 교회를 구하시고 교회를 주님의 사랑으로 완전하게 하옵소서. 또한 교회를 거룩하게 하시며 사방으로부터 교회를 모으시고 주님이 이미 마련해 두신 주님의 나라로 오게 하옵소서. 권능과 영광이 영원히 주님의 것이기 때문입니다."
"은총이 오게 허락하시고 이 세상은 물러가게 하소서."

"다윗의 하나님께 호산나!"

"누구든지 거룩하면 오게 하고, 거룩하지 못하면 회개하게 하라."

"우리 주여, 오시옵소서!"

"아멘."

그러나 예언자들의 경우에 여러분은 그들이 자신들이 원하는 대로 감사를 드리도록 허락하시라.…

그분의 특별한 날인 주일마다 함께 모여 떡을 떼고 감사를 드리라. 그러나 여러분의 희생제사가 깨끗하도록 먼저 여러분의 죄를 고백하라. 이웃과 불화의 관계에 있는 사람은 누구라도 여러분의 희생제사가 더럽혀지지 않도록 그들이 화해할 때까지는 여러분과 함께 해서는 안된다. 그것은 이 희생제사에 관하여 주님께서 "어느 때, 어디에서나 나에게 순전한 제물을 바쳐라. 왜냐하면 나는 위대한 왕이고 백성들은 내 이름을 놀라워하기 때문이다."라고 말씀하셨기 때문이다.[139]

플리니우스 서신

그러나 그들은 그들의 모든 죄나 잘못이 여기에까지 이르렀으며, 약속된 날, 날이 새기 전에 습관적으로 만나서 그리스도께 드리는 찬양과 어떤 신에 관한 찬양을 교송하며, 어떤 맹세문으로 맹세를 하는데, 범죄를 저지르기 위한 것이 아니라 절도, 강도, 간통, 그리고 배신을 삼가기 위함이었고, 기탁금을 요구할 때 그것을 부인하지 않기 위함이라고 선언했다.

---

139 『열두 사도들의 가르침(The Didache)』 14장 (1세기 후반, 또는 2세기 초반), Cyril C. Richardson 역, LCC, I, 175-76, 178.

이 의식의 마지막 기원 후에 헤어졌다가 다시 만나 음식을 나누는 것이 그들의 관습이었다. 그러나 그 음식은 평범하고 해롭지 않은 것이었으며 폐하의 명령에 따라 비밀 집회를 금지한 칙령을 내린 후에는 그들이 이 관습을 그만두었다. 그러므로 나는 여자 집사라 부르는 두 명의 하녀를 고문하여 이 속에 무슨 진리가 있는지 알아내는 것이 더 필요하다고 생각했다. 그러나 나는 단지 저열하고도 엄청난 미신만을 알아냈을 뿐이다. 그러므로 조사를 연기하고 폐하의 자문을 받기로 했다.[140]

이그나시우스

에베소교회 교인들에게

이 모임에서 여러분은 감독과 사제단을 주의 깊게 주시하고 떡을 떼야 한다. 이 떡은 불멸의 약이며 죽음을 몰아내고 예수 그리스도와 연합한 지속적인 삶을 영위케 하는 수단이다.

서머나교회 교인들에게

그들 가현론자들은 성찬성례전과 기도회에는 초연하다. 왜냐하면 그들은 성찬성례전이 우리 죄 때문에 고난 받으시고 아버지의 선하심으로 아버지께서 [죽은자들로부터] 일으켜 세우신 우리의 구주 예수 그리스도의 살이라는 것을 받아들이지 않기 때문이다. 결과적으로 하나님의 은총에 대해 논쟁과 말싸움을 일삼는 자들은 죽음을 맞게 되며…

---

140 "트라얀 황제께 보내는 플리니우스의 서신" (c. 112). Henry Bettenson 역. *Documents of the Christian Church* (New York, NY: Oxford University Press, 1947), 6-7.

여러분은 감독이나 또는 그가 권위를 부여한 자가 거행하는 성찬성례전을 유효한 것으로 여겨야 한다. 예수 그리스도가 계신 곳에 가톨릭교회가 있는 것과 마찬가지로 감독이 있는 곳에 회중이 모이게 하라. 감독의 지도가 없으면 세례도, 애찬도 허용되지 않는다.[141]

순교자 유스티누스

그러나 그분의 승천을 확신하고 말로 표현하는 그 사람을 씻긴 후에 우리는 그를 그곳에 모여 있는 형제들이라고 불리는 사람들에게로 인도한다. 그 후 그들은 그들 자신과 깨달음을 입은 자와 세상의 모든 다른 사람들을 위해 진심으로 기도한다. 하여 우리는 그 진리를 알고 나서 명령 받은것을 지키는 자, 행위에서 선한 시민으로 쓸모 있는 자가 되고 이를 통해 영원한 구원을 입는다. 그 기도가 끝나면 우리는 서로서로 입맞춤으로 인사를 한다. 그 다음 떡과 물과 포도주가 섞인 잔을 형제들 중 대표에게 가져오고, 그는 그것들을 받은 후 아들과 성령의 이름으로 만물의 아버지께 영광과 찬양을 드리며, 상당히 상세하게 우리가 그로부터 이것들을 받을 가치가 있는 존재가 되었다는 감사를 드린다. 그가 기도와 감사를 끝내면 참석한 온 회중이 "아멘"으로 화답한다. "아멘"은 히브리어로 "그렇게 되기를 바랍니다."라는 뜻을 의미한다. 대표가 감사를 드리고 온 회중이 화답하면 우리가 집사라고 부르는 사람들이 참석한 사람들에게 성별된 떡 조각과 포도주와 물을 가져다주며 그들은 참석하지 못한 자들에게도 그것을 가져다준다.

141　안디옥의 이그나시우스, *Letters* (c.115). Cyril C. Richardson 역, LCC, I ,93, 114-115.

이 음식을 우리는 성체라고 부른다. 우리가 가르치는 것이 사실이라고 믿고 죄의 용서와 거듭 남을 위한 씻음을 받아들인 사람, 그리스도께서 우리에게 물려주신 대로 사는 사람 이외에는 어느 누구에게도 나누는 것이 허락되지 않는다. 왜냐하면 우리는 이것들을 보통의 떡이나 음료로 받아들이지 않기 때문이다. 하나님의 말씀으로 우리의 구주 예수 그리스도께서 우리를 구원하시기 위하여 살과 피를 입으셨던 것처럼 우리는 또한 그분에게서 유래된 기도의 말씀으로 성별되고 그것으로 인한 변화로 우리의 살과 피가 영양을 공급받게 되는 음식이 바로 성육하신 예수의 살과 피라고 가르침을 받아왔다. 구별되어야 하는 이유는 또, 구성한 전기들, 바로 복음서들에서 사도들이 그들에게 명령하신 것, 즉 예수님께서 떡을 떼시고 감사를 드린 후에 "이것을 행하여 나를 기념하라. 이것은 내 몸이다."라고 하신 것과, 마찬가지로 잔을 들어 감사하신 후, "이것은 내 피다."라고 말씀하시고 그것을 그들에게만 주셨던 것을 후세에 전하였기 때문이다. 동시에 사악한 악마도 이것을 흉내 내어 미트라신의 신비적 교의로 행해질 것을 물려주었다. 왜냐하면 떡과 물을 담은 잔을 여러분이 알고 있거나 혹은 배울 수 있는 어떤 주문과 함께 그들의 비밀 입회식에 가져오기 때문이다.

이 의식 후에도 우리는 계속하여 서로서로에게 이것들에 관하여 회상케 한다. 더 많이 가진 자들은 모자라는 자들에게 도움을 주고 우리는 언제나 함께 한다. 우리는 하나님의 아들 예수 그리스도와 성령을 통하여 만물을 지으신 창조주께 우리가 받는 모든 것 위에 복 내려주시길 기원한다. 그리고 주일이라고 부르는 날에 도시나 시골에 사는 사람들의 한 처소에서 집회가 있고 사도들의 전기(즉 복음서들)나 예언자들의 글(예언서)을 시간이 허락하는 한 오랫동안 읽는다. 낭독자가 읽기를 끝내면 회중의 대표가 담화로 이 숭고한 것들의 의식에 참예케 한다. 그러면 우리는 모두 일어서서 함께 기도를 드린다. 그리고 전에 이야기했던 것처럼 기도가 끝나면 떡과 포도주와 물을 가져오고 회중의 대표는 예수님이 하셨던 것과 유사하게 능력껏 기도와 감사를 올리며 회중들은 아멘으로 화답한다. 그 다음 분병과 분잔이 이루어지고 각자가 이 성별된 성물을 받고 집사들은 참석하지 못한 자들에게도 가져다준다. 형편이 좋은, 그래서 소원이 있는 자들은 그들이 하고 싶은 만큼 기부를 한다. 모아진 것은 그 대표에게 맡기고 그는 고아와 과부와 질병이나 다른 어떤 이유로 도움이 필요한 사람들과 갇힌 자들과 우리들 가운데 머무르고 있는 나그네들을 돌본다. 간단히 말해서 그는 궁핍한 모든 사람들의 보호자다. 우리들 모두는 이 일반적인 집회를 주일에 갖는다.…[142]

3) 히폴리투스

히폴리투스는 성찬성례전에 대한 상세한 초기의 본문을 제공한다.

감독의 서품

그가 감독이 되면 합당한 분이 된 것이기에 그에게 평화의 입맞춤을 하고 인사를 해야 한다. 그 다음 집사들이 봉헌물을 그에게 드리면 그는 모든 사제들과 함께 그 위에 손을 얹고 감사의 기도를 드리면서 다음과 같

---

142 순교자 유스티누스(Justin Martyr), "제1 변증서(First Apology)" LXVII (c.155). Edward Rochie Hardy 역, LCC, I, 285-87.

이 말해야 한다.

주님께서 여러분과 함께 계시기를
그리고 당신의 영과 함께
여러분의 마음을 위로 향하여
우리는 주님과 더불어 한마음입니다.
주님께 감사드립시다.
그것은 합당하고도 옳은 일입니다.
(그리고 난 후 그는 다음과 같이 계속 해야한다.)
오 하나님, 마지막 때에 당신께서 우리에게 구세주이시고 구속자이시며 당신의 뜻을 전하는 사자로 보내주신 당신의 사랑하는 아들 예수 그리스도를 인하여 당신께 감사드립니다. 그분은 당신의 분리될 수 없는 말씀이시며 그분을 통하여 만물을 지으셨고 당신이 기뻐하시는 분입니다. 당신은 그분을 하늘로부터 동정녀의 품안으로 보내시고 그 품 안에서 잉태되게 하셔서 육신을 입게 하시며 당신의 아들임이 드러나게 하시고 성령님과 동정녀로부터 태어나게 하셨습니다. 그분은 당신의 뜻을 이루시고 당신에게 거룩한 백성을 얻어드리고자 하여 당신을 믿는 이들을 고통으로부터 해방시키려고 고난을 받아야 할 때 두 손을 펼치셨습니다. 그분이 죽음을 멸하시고 악마의 굴레를 끊으시며 지옥을 부수고, 의인들에게 빛을 비추시며 법을 제정하시고, 부활을 분명히 드러내 보이시려고 스스로 고난을 자청하셔서 배반당하시던 날에 그분께서는 떡을 들어 당신께 감사하시고 말씀하셨습니다. "받으라, 먹으라. 이것은 내 몸이다. 그리고 (내 몸은) 너희를 위하여 찢길 것이다." 잔에 대해서도 똑같이 하시고 말씀하셨습니다. "이것은 너희를 위해 흘릴 내 피다. 너희는 이것을 행할 때 나를 기념하라."

그러므로 우리는 그분의 죽음과 부활을 기억하면서 당신께 떡과 잔을 드립니다. 우리를 쓸모 있는 자로 만드셔서 당신 앞에 서게 하시고 당신께 봉사할 수 있게 해 주셔서 감사드립니다. 당신의 거룩한 교회의 봉헌물 위에 성령을 보내주시기를 간청하오며, 성물에 참예한 모든 이가 모여서 하나 됨을 허락하소서. 또한 성령의 충만함과 진리 안에서 신앙의 강건함을 간청하오며 당신의 아들 예수 그리스도를 통하여 당신을 찬양하고 영화롭게 하시옵소서. 예수 그리스도를 통하여 성령과 함께 당신의 거룩한 교회 안에서 당신께 영광과 존귀가 지금부터 세세에 이르기까지 함께 하시기를 기원합니다. 아멘.[143]

거룩한 세례의 수여

그 다음 집사들이 감독에게 봉헌물을 드린다. 그리고 감독은 희랍어로 "상대모형(antitypum)"이라고 부르는 그리스도의 몸의 표상인 떡에 대하여 감사를 드리고, 희랍어로 "유사성(similitudinem)"이라고 부르는 그리스도를 믿는 모든 이들을 위해 흘린 그 피의 표상인 포도주와 물을 섞은 잔에 대해서 감사를 드리며, "젖과 꿀이 흐르는 땅"이라고 말씀하시며 선조들에게 하신 그 약속의 성취를 위하여 우유와 꿀을 함께 섞은 것에 대해서 감사를 드린다. 또한 약속으로 그리스도는 그의 몸을 주셨으며,

---

143 히폴리투스(Hippolytus), 『사도전승(Apostolic Tradition)』 XLI(c. 217). Geoffrey J. Cuming 역, *Hippolytus: A Text for students* (Bramcote, Notts: Grove Books, 1976), 10-11, 21-22.

그것을 통하여 믿는 자들이 어린 아이들처럼 영양을 공급받고 그분의 따스한 말씀으로 마음의 비통함이 즐거움으로 바뀌게 하신다. 또한 영혼인 내적 인간이 몸과 같은 똑같은 효력을 얻도록 씻음을 나타내는 봉헌으로서의 물에 대해서도 감사의 기도를 드릴 것이다. 그리고 감독은 (성찬성례전을) 받는 자들에게 이 모든 것에 대하여 설명해야 한다.

그리고 감독이 떡을 떼고 각 사람에게 떡조각을 나누어 주면서 다음과 같이 말한다.
"그리스도 예수 안에 있는 하늘의 떡입니다."
그리고 떡을 받는 자는 "아멘"이라고 대답할 것이다:
사제들이 충분하지 않으면 집사들이 잔을 든 채 질서가 있고 정중하게 대기해야 할 것이다. 첫째는 물을 든 자, 둘째는 우유를 든 자, 셋째는 포도주를 든 자가 될 것이다. 받는 사람은 각각 세 번 맛 볼 것이며, 그것을 주는 자는 다음과 같이 말한다.
"전능하신 하나님 아버지 안에서"
그리고 받는 자는 "아멘"이라고 말해야 할 것이다.

그리고 "주 예수 그리스도 안에서"라고 하면
"아멘"이라고 해야 할 것이며,

그리고 "성령과 거룩한 교회 안에서"라고 말하면
그는 "아멘"이라고 말해야 한다.

각 사람에게 모두 그렇게 해야 한다.

이 일들이 끝나면 각 사람은 앞서서 선행을 실천하고 하나님을 기쁘게 하며 바르게 처신하고 교회를 위해 열심을 다하며 배운 것을 행하고 경건에 정진할 것이다.[144]

키프리아누스

그리스도께서 우리 모두를 구원하셨고, 또한 우리의 죄를 담당하셨다는 점에서 물은 사람들로 이해된다. 반면 포도주에는 그리스도의 피가 비추어진다. 그러나 그 물이 잔 속에서 포도주와 섞이면 그 사람들은 그리스도와 하나가 되고, 신자들의 집회는 그 모임이 의지하는 그분과 결합되며 연합된다. 물과 포도주의 그 연합과 결합이 주님의 잔에서 너무나 잘 혼합되어서 그 혼합물은 더 이상 나누어질 수 없다. 거기서 더 나아가 어떤 것도 교회를 그리스도와 분리시킬 수 없다. 교회는 그들이 믿어 온 것을 충실하고 확고하게 보존하면서 그들 자신이 세운 것이다. 언제나 우리를 이끄는 것들로부터 사랑이 분리되지 않도록 하기 위해서 그리스도는 교회와 분리될 수 없다.

그러므로 주의 잔을 성별할 때, 포도주만 봉헌될 수 없는 것처럼 물만 봉헌될 수는 없다. 만약 어떤 사람이 포도주만 봉헌하면 그리스도의 피가 우리와 분리되는 것이며, 물만 봉헌되면 그 사람들이 그리스도와 분리되

---

144 위의 책, 21 이후.

기 때문이다. 그러나 그 둘이 섞여서 철저한 합일에 의해서 서로서로 결합될 때, 영적인 성례 그리고 하늘의 성례가 완성된다. 그래서 주의 잔은 사실 물만도 아니고 포도주만도 아니다. 그 하나가 나머지 하나와 섞이지 않는다면 이것과 똑같이 주의 떡은 밀가루만도 물만도 아니다. 그 둘이 결합되고 함께 연합되며, 압축이 되어 하나의 빵 덩어리가 된다면 바로 그 성례에서 우리가 하나됨을 볼 수 있고, 많은 곡식 낱알들이 모여서 가루로 빻아지고, 혼합되어 한 덩어리가 되고, 그래서 한 개의 떡이 되는 것과 똑같이 하늘의 떡인 그리스도 안에서 우리는 우리의 형제들이 연합되고 결합되어 한 몸이 된다는 것을 안다.[145]

4) 4세기에 성찬성례전에 대한 기록
4세기에 성찬성례전에 대한 의견은 많으나 논쟁은 거의 없다.

암브로시우스
이 떡은 성례의 말씀 이전에는 떡일 뿐이다. 성별이 이루어지면 그것은 떡에서 그리스도의 살이 된다. 그러면 이와 같이 정하도록 한다. 떡이 어떻게 그리스도의 몸이 될 수 있는가? 성별에 의해서이다. 어떤 말씀으로 성별이 이루어지며 그 말씀을 한 그분은 누구인가? 전에 이야기되었던 그 이외의 모든 것을 사제가 말하고 그 백성과 왕과 나머지 모든 사람들을 위한 기도가 하나님께 드려지기 때문이다. 그러나 숭엄한 성례를 드릴 그 때가 오면, 사제는 더 이상 자신의 말을 하지 않고 그리스도의 말씀

---

145 키프리아누스(Cyprian), *Letter 62, to Caecilius* (253). Ernest Wallis 역, ANF, V, 362.

을 사용한다. 그러므로 그리스도의 말씀이 이 성례전을 만드는 것이다.

그리스도의 말씀이란 무엇인가? 그 말씀으로 만물이 지어졌음이 분명하다. 주님이 명령하시니 하늘이 지어졌다; 주님이 명령하시니 땅이 지어졌다; 주님이 명령하시니 바다가 지어졌다. 주님이 명령하시니 모든 피조물이 지어졌다. 여러분은 그리스도의 말씀이 얼마나 권능이 있는지 알고 있다. 주 예수의 말씀의 권능이 존재하지 않았던 것들이 있게 될 정도로 크다면, 그 말씀의 권능은 이미 있었던 것들이 나타나 그 이외의 다른 것으로 변화되게 할 정도로 훨씬 더 많은 것들이 일어나게 하신다. 하늘도 바다도 땅도 없었다. 그러나 다윗의 말을 들어보라, "그가 말씀하시매 이루어었으며 명령하시매 견고히 섰도다"(시편 33:9).

그러므로 내가 여러분에게 답한다. 성별되기 전에는 그것이 그리스도의 몸이 아니었지만, 성별 후에는 이제 그것이 그리스도의 몸이라고 나는 감히 말한다. 그분이 말씀하시니 이루어졌고, 그분이 명하시매 견고히 섰다. 당신은 당신 자신이었고 옛 피조물이었다. 당신이 성별된 후에는 새로운 피조물이 되기 시작한 것이다. 어떻게 새로운 피조물이 되는지 알고 싶은가? 성서는 말한다. "누구든지 그리스도 안에 있으면 새로운 피조물이라"(고린도후서 5:17).

여러분은 거룩한 말씀의 성별로 떡이 그리스도의 몸이 되고 잔 속에 있는 물과 포도주가 그리스도의 피가 된다는 것을 알고 있다.

그러나 여러분은 내가 피의 본질을 이해하지 못한다라고 말할지도 모른다. 그러나 그것은 유사성을 가진다. 왜냐하면 여러분이 그 죽음의 유사성을 받아들이는 것처럼, 또한 가장 고귀한 피와 닮은 것을 마시기 때문이다. 그래서 흘린 피에 대한 두려움도 없고 구속의 가격에도 불구하고 그 일이 성취된다. 따라서 여러분은 여러분이 받는 것이 그리스도의 몸이라는 것을 알게 된다.[146]

예루살렘의 키릴루스

【IV.3】그러므로 온전한 확신을 가지고 그리스도의 몸과 피에 참여해야 한다. 왜냐하면 그의 몸은 떡의 모양으로, 그리고 그의 피는 포도주의 모양으로 당신에게 주어지기 때문이다. 그리스도의 몸과 피에 참여함으로 당신은 그분과 더불어 똑같은 몸과 피로 만들어지게 된다. 왜냐하면 그분의 몸과 피가 우리 그리스도인들을 통하여 널리 퍼짐으로 인하여 우리가 우리 안에 그리스도를 품게 되기 때문이다. 그것은 곧 베드로의 말씀에 따르면, "우리가 신의 성품에 참예하는 자가 된다."는 것이다(베드로후서 1:4).…

【V.7】이러한 영적 찬양으로 성별된 후에 우리는 자비하신 하나님께 그분 앞에 놓여있는 성물 위에 성령을 보내주실 것을 간구한다. 그러면 그분은 떡을 그리스도의 몸으로, 포도주를 그리스도의 피로 만드신다. 성령께서 접하는 것은 무엇이든지 성별되고 변화되기 때문이다……

---

146 암브로시우스, *On the Sacraments*, IV, 14-20 (c. 390). Darwell Stone 역, *A History of the Doctrine of the Holy Eucharist* (London: Longmans, Green & Co., 1909), I, 81-82.

이 후에 여러분은 성스러운 멜로디로 여러분을 거룩한 신비의 성찬으로 초대하고 "주님의 선하심을 맛보아 알지어다"(시편 34:8)라고 말하는 찬양대의 찬양을 듣는다. 그 결심을 당신의 혀에 의지하지 말고 흔들리지 않는 신앙에 의지하라. 우리가 맛을 볼 때, 우리에게 떡과 포도주가 아닌 그리스도의 몸과 피의 표상을 맛보도록 명하고 있기 때문이다.

그러므로 (성찬대로) 나아올 때 당신의 손목을 뻗거나 손가락을 벌리지 말고 오라. 당신의 왼손을 왕을 맞아드리기 직전에 있는 왕좌처럼 오른손으로 떠받치듯 하라. 그리고 당신의 손바닥을 오목하게 하여 그리스도의 몸을 받고, 그 후에 아멘이라고 말하라.[147]

아우구스티누스

그분은 자신이 말하는 것이 어떻게 일어나는지 그리고 그분의 몸을 먹고 그분의 피를 마시는 것이 무엇을 의미하는지에 대해 설명하신다. "내 살을 먹고 내 피를 마시는 자는 내 안에 거하고 나도 그 안에 거하니라"(요한복음 6:56). 그래서 이것은 그 음식을 먹는 것, 그 음료를 마시는 것, 그리스도 안에 거하는 것, 그리고 자신 안에 그리스도가 거하게 하시는 것이다. 같은 식으로 그리스도 안에 거하지 않고 그리스도께서 그 안에 거하지 않는 자는 의심할 나위 없이 그분의 살을 먹지도 않고 그분의 피를 마시지 않는 것이다. 오히려 주님의 심판이 그 대단한 성례를 먹고 마시

---

[147] 예루살렘의 키릴루스(Cyril), *Mystagogical Catecheses* (c. 350). R.W. Church 역, *St. Cyril of Jerusalem's Lectures on the Christian Sacraments*, Frank Leslie Cross 편 (London: SPCK, 1951) 68, 74, 78-79.

는 것이다.[148]

여러분이 그리스도의 몸을 알고 싶다면 사도가 신자들에게 "너희는 그리스도의 몸이요 지체의 각 부분이라"(고린도전서 12:27)라고 말하는 것을 들으라. 그래서 여러분이 그리스도의 몸이요 지체의 각 부분이라면, 여러분의 신비는 주님의 식탁 위에 있고 여러분은 자신의 신비를 받는 것이다. 여러분은 자신의 신비에 아멘으로 대답하라. 그렇게 대답할 때 인정하는 것이 된다. 왜냐하면 여러분이 그리스도의 몸인 그 말씀을 듣고 아멘으로 대답하기 때문이다. 그 아멘이 이루어지도록 그리스도의 한 지체가 되라. 그러면 그 떡으로 하는 이유는 무엇인가? 여기서 우리 자신의 어떤 생각도 주장해서는 안된다. 사도의 반복된 가르침에 귀를 기울이자. 그는 성례전에 관해서 말할 때 "떡이 하나요 많은 이들이 한 몸"(고린도전서 10:17)이라고 말했다. 이해하고 기뻐하라. 하나됨, 진리, 선함, 사랑. "한 떡." 그 한 떡이란 무엇인가? "많은 우리가 한 몸"이다. 떡은 한 알의 곡식으로 만들어지는 것이 아니라 많은 곡식 낱알들로 만들어진다는 사실을 기억하라. 여러분이 구마식을 받았을 때 여러분은 소위 가루로 빻아졌고, 세례를 받았을 때 말하자면 물을 뿌려 정화되었고, 여러분이 성령의 불을 받았을 때, 여러분은 소위 떡으로 구워졌다. 여러분이 본 바대로 되고, 현재의 자신을 받아들이라.… 많은 포도가 포도송이에 달려 있다. 그러나 포도즙은 함께 모여 하나가 된다. 그러므로 주 그리스도께서는 우리에게 알리셨고, 우리가 그분께 속하기를 원하셨으며, 그 분의 식

---

148 *Treatise on the Gospel of John*, XXVI (c. 416). Darwell Stone 역, *A History of the Doctrine of the Holy Eucharist* (London: Longmans, Green and Co., 1909), I, 93-94.

탁에서 우리의 평화와 하나됨의 신비를 성별하셨다.[149]

회중과 성자들의 모임인 대속받은 온 도성은 제사장에 의하여 하나님께 보편적 희생제물로 봉헌된다. 우리가 머리되신 그분의 몸이 될 수 있도록 그분은 우리를 대신하여 종의 형체로 고난 받으시고 그 자신조차도 제물로 봉헌하셨다. 이 종의 형체를 위하여 그분은 드렸고, 이렇게 그분 자신이 봉헌된 것이며, 또한 이런 점에서 그는 중재자요, 제사장이요, 그리고 희생제물이다. 그래서 사도께서 우리에게 우리의 몸을 하나님이 기뻐하시는 거룩한 산 제사, 즉 영적 예배로 드려야 한다는 것(로마서 12:1)과 우리가 이 세상을 따르지 않고 하나님의 뜻이 무엇인지 증거하기 위하여 우리의 마음을 새롭게 함으로 고쳐나갈 것과, 그리고 어느 것이 선하고 온전하며 정말로 하나님을 기쁘시게 하는 것이며 우리 자신은 어떤 온전한 희생제물인지 등의 훈계를 하였다…

이것이 그리스도인의 희생제사이다. 즉 "그리스도 안에서 많은 사람들이 한 몸이다." 그것은 또한 신자들에게는 친숙한 제단의 성례를 교회가 기념하는 것으로 그곳은 교회 자신이 드려진다는 것이 스스로 드러나는 자리이다. …

그러므로 그분이 사제이고, 그분 자신이 직접 봉헌하며, 그분 자신이 또한 봉헌물이시다. 그분은 매일 매일의 성례가 되시기 위하여 교회의 희

---

149 *Sermon* 272 (c.415), 위의 책, I, 95-96.

생제물이 되기로 하셨고, 교회는 머리되신 그분의 몸이기 때문에 그분을 통하여 스스로를 드리게 된다.[150]

2. 중세의 정의

1) 9세기 성찬성례전 교리의 검증

9세기 중세 유럽에서는 당시에 수용될 수 있는 성찬성례전 교리의 한계가 어떤 것인지 검증이 시도되기 시작했다.

하나님의 뜻에 벗어나거나 하나님의 뜻에 반하는 어떤 것도 있을 수 없으며 만물은 하나님께 전적으로 굴복하는 것이 명백하다. 그러므로 어느 누구도 창조주께서 그렇게 하시기로 뜻하셨기 때문에 어떤 신비한 방법으로 진정한 피와 살이 되는 그리스도의 이 살과 피에서 떠나서는 안 된다. "하늘과 땅에 있는 모든 것에 대하여 하나님은 원하시는 모든 것을 행하셨기 때문이다."(시편 115:3) 그리고 그분이 뜻하셨기 때문에 그분은 떡과 포도주의 모습으로 남아 있을 수 있다. 그러나 성별된 후에 이것들이 그리스도의 살과 피로 된다는 것을 완전히 믿어야 한다. 진리이신 그분 자신이 말씀 하신 것처럼 "이것은 세상의 생명을 위한 나의 살이다."(요한복음 6:51) 그리고 보다 더 기적적인 말로 표현하면 동정녀 마리아에게서 나신 바로 그분이 십자가상에서 고난 받으시고 무덤에서 다시 사셨다. … 만약 어떤 사람이 우리의 말을 믿을 수 없는 것처럼 보

---

150 신의 도성 *(City of God)*, Book X (c. 420). 위의 책, I, 123-24.

이면 그에게 확고한 믿음으로 하나님께서 자연의 질서에 반하여 성취하신 신구약 성경의 모든 기적들을 살펴보게 하라. 그러면 그는 하나님께서는 불가능이란 없다는 것을 낮보다도 더 분명히 알게 될 것이다. 왜냐하면 하나님께서 일어나게 하고 싶은 모든 것들, 그리고 하나님이 원하시는 것은 무엇이든지 실제로 일어나기 때문이다.[151]

사제의 봉헌을 통하여 그리스도의 피의 성례가 되는 그 포도주는 표면상으로는 한 가지를 보여준다. 그러나 내적으로는 그 이외의 어떤 것을 내포한다. 포도주라는 물질 이외에 표면상 무엇을 볼 수 있겠는가? 그것을 맛보라. 그것은 포도주의 맛을 지니고 있을 뿐이다. 그것의 냄새를 맡아보라. 그것은 포도주의 향기를 지니고 있다. 눈으로 보아도 포도주의 색깔을 볼 수 있을 뿐이다. 그러나 그것을 내면적으로 생각해 보면 신자들의 마음에 그것은 이제 그리스도의 피라는 액체가 아니고, 맛보면 맛이 있고, 눈으로 보면 겉모습이 있고, 냄새를 맡으면 그와 같은 냄새가 있는 것이 입증된다. 이것이 그렇다는 것을 아무도 부인할 수 없으므로 떡과 포도주가 비유적인 의미에서 그리스도의 살과 피라는 것이 명백하다. 겉모습에 관한한 그 떡에서 살의 모양을 알아볼 수 없고 포도주에서도 피를 볼 수 없지만 영적인 봉헌 이후에는 그들이 더 이상 떡이나 포도주로 불리지 않고 그리스도의 살과 피로 불리기 때문이다.[152]

---

151 Paschasius Radbertus of Corbie, *The Lord's Body and Blood*, I(c. 844). George E. McCracken and Allen Cabaniss 역, LCC, IX, 94.

152 Ratramnus of Corbie, *Christ's Body and Blood*, X (c. 845). George E. McCracken and Allen Cabaniss 역, LCC, IX, 120-21.

앵거스의 성 모리스 교회의 보잘 것 없는 부제인 나 베렝가르는 진정한 가톨릭 및 사도적 신앙을 인정하고 모든 이단의 주장, 특별히 지금까지 내가 나쁜 평판 속에서 속해 있었던 제단에 놓여있는 떡과 포도주가 성별 후에 단지 성례일 뿐 우리 주 예수 그리스도의 진정한 살과 피가 아니라는 것을 주장하려고 시도하는 이단을 저주한다. 또 떡과 포도주는 사제들이 손으로 들어서 뗄 수 없고 또한 분별력 있는 신자들이 치아로 씹을 수 없으며 오직 성례에 의해서만 이루어진다는 이단을 저주한다. 그리고 나는 로마의 교황청의 견해에 동의하고 입술과 마음으로 주님의 식탁의 성례에 관하여, 주님과 존경하는 교황 니콜라스 2세와 이 거룩한 공회가 복음적 그리고 사도적 권위로 전파하며 나에게 확증시켜준 신앙, 즉 제단에 놓여있는 떡과 포도주는 성별 후에 성례가 될 뿐 아니라 우리 주 예수 그리스도의 진정한 살과 피가 된다는 신앙, 그리고 그런 의미로 성례에 의해서 뿐만 아니라 실제로 떡과 포도주가 사제들의 손에 의해 들려지고 떼어지며 신자들의 치아로 씹혀진다는 신앙을 가지고 있음을 고백한다.[153]

2) 핵심적인 성찬성례전 용어의 정립

서방교회는 마침내 성찬성례전에서 언제나 체험했던 그리스도의 임재를 표현할 핵심적인 단어들을 정립했다.

제4차 라테란 공의회

진정으로 신자들의 하나의 보편적 교회가 있으며 그 교회를 벗어나서는

---

153 Berengarius, *Recantation*(變說, 1059). Darwell Stone 역, *A History of the Doctrine of the Holy Eucharist* (London: Longmans, Green and Co., 1909), I, 247.

아무도 구원을 받을 수 없다. 그 안에서 예수님은 신적인 능력을 통해서 떡이 몸으로, 포도주가 피로 변화됨(transsubstantiatis)으로 말미암아 빵 떡과 포도주라는 형질 아래 제단의 성사 가운데 그 몸과 피가 참으로 포함되는 사제이신 동시에 희생제물이시다. 일체의 신비를 온전케 함으로서 우리는 그분 자신으로부터 그분의 몸과 피를 받으며 그분은 우리들로부터 봉헌을 받으셨다. 그리고 예수 그리스도께서 몸소 사도들과 그리고 사도 계승자들에게 주신 교회의 방법에 따라 올바르게 서품받은 사제 이외에는 어느 누구도 이 성례를 이룰 수 없다는 것이 확실하다. (하나님과 삼위일체 세위, 즉 아버지, 아들, 성령에 대한 청원에 의하여 물로 성별되는) 세례성례전은 교회의 양식에 따라 올바르게 수행될 때 성인뿐만 아니라 유아들도 구원에 이르도록 도와준다. 세례를 받은 후에 어느 누구라도 타락하여 죄에 빠지면 진실로 그는 언제나 고해성사를 통하여 회복될 수 있다. 미혼녀들과 금욕을 하는 자들 뿐 아니라 기혼자들도 올바른 신앙과 선행을 함으로 하나님을 기쁘시게 하고 영원한 축복을 받을 자격을 가지게 된다.[154]

토마스 아퀴나스

【질문 75】항목 2: 이 성례에서 성별 후에 떡과 포도주의 물질이 남아있는지의 여부

나는 다음과 같이 답한다: 어떤 사람은 이 성례 후에 떡과 포도주의 성질이 남아있다고 주장하지만 이 의견은 지지를 받지 못한다. 왜냐하면 무

---

154 제4차 라테란 공의회 (1215), Henry Denzinger and Adolf Schonmetzer 역, *Enchiridion Symbolorum Definitionum et Declarationum*, 33판 (Freiburg: Herder, 1965), 260.

엇보다도 그와 같은 의견으로 인하여 사실 성별 이전에는 그곳에 있지 않았던 그리스도의 진정한 몸이 이 성례에서는 존재한다는 이 성례의 진리가 파괴되기 때문이다.

【질문 75】항목 4: 떡이 그리스도의 몸으로 변화될 수 있는지의 여부

나는 다음과 같이 답한다: 위(항목 2)에서 말한 것처럼 그리스도의 진정한 몸이 이 성례에 있고, 그리스도의 몸이 공간적 이동에 의하여 거기에 있게 되는 것이 아니며, 또한 위(항목 1, 2)에서 명백하게 밝힌 것처럼 어떤 한 장소로서 그 안에 포함되어 있지도 않기 때문에 떡의 성질이 스스로 변화되는 것에 의하여 비로소 그리스도의 진정한 몸이 있게 된다고 말해야 한다.

그러나 그 변화는 자연의 변화와 같은 것이 아니라 완전히 초자연적 변화이며 오직 하나님의 권능에 의해서만 효력이 발생한다.

그리고 떡의 온전한 성질이 온전한 그리스도의 몸의 성질로 변화되고 포도주의 전체 성질이 온전한 그리스도의 피의 성질로 변화하기 때문에 이 성례에서 이것은 하나님의 권능으로 이루어진다. 그러므로 이것은 형식이 아니라 물질의 변화이며, 또한 그것은 일종의 자연적 이동도 아니다. 그 자체의 명칭처럼 그것을 화체라고 부를 수 있다.

【질문 75】항목 5: 떡과 포도주의 부수적 성질이 이 성례에서 그 변화 후에도 남아 있는지의 여부

나는 다음과 같이 답한다. 떡과 포도주의 모든 부수적 성질이 성별 이후에도 남아있다고 생각하는 것은 당연하다. 그리고 이것은 하나님의 섭리에 따라 합리적으로 이루어지는 것이다. 무엇보다도 그것은 사람이 사람의 살을 먹고 피를 마시는 것은 흔한 일이 아니며 끔찍한 일이기 때문이다. 그러므로 그리스도의 살과 피는 우리 앞에 사람들이 보다 흔히 사용하는 그런 종류의 것, 즉 떡과 포도주 아래에 우리가 참예할 수 있도록 놓여지는 것이다.[155]

아르메니아인들에 대한 포고령

세 번째는 성찬성례전이다. 재료는 밀가루로 만든 떡과 성별되기 전에 반드시 약간의 물과 섞어야 하는 포도로 만든 포도주이다. 그 물은 이전 시대에 논쟁 때 학덕이 높은 성직자와 거룩한 교부들이 설명한 증언에 따라 섞어야 한다. 주님께서 몸소 물이 섞인 포도주로 이 성례를 제정하셨다고 믿는다. 이것은 주님의 수난 이야기와 일치한다. 축성된 사도 베드로의 5대 계승자인 교황 알렉산더 1세는 다음과 같이 말하였다. "엄숙한 미사에서 하나님께 드려지는 성물을 봉헌할 때 떡과 물을 섞은 포도주가 희생제물로 드려진다. 주님의 성찬배에 포도주만 봉헌되어도 안되며 물만 봉헌되어도 안된다. 둘 모두가 혼합된 것, 즉 피와 물 모두가 드려져야 한다. 왜냐하면 그리스도의 옆구리에서 물과 피 모두가 흘러나왔다고 하기 때문이다(요한복음 19:34)."

---

155 토마스 아퀴나스, 『신학대전(Summa Theologica)』, 3부, 61-65 (c. 1271). *Fathers of the English Dominican Province* 역 (New York, NY: Benziger Brothers, [1947]), II, 2447-451.

그것은 그리스도인과 그리스도의 연합이라는 이 성례의 효력을 나타내는 것과 일치한다. 계시록의 "많은 물은 많은 사람이다"(요한계시록 17:15)는 말에 따라 그 물은 사람을 나타낸다. 교황 실베스터 이후 2대 계승자인 교황 율리우스 1세는 다음과 같이 말했다. "교회법에 의거한 가르침에 따르면 주님의 성찬배는 포도주와 물을 섞어서 봉헌되어야 한다. 우리는 물이 사람을 의미하고 포도주는 그리스도의 피를 나타낸다고 이해한다." 그러므로 포도주와 물이 성찬배에서 섞일 때 사람들과 그리스도가 연합되고 신앙공동체와 그 공동체가 믿는 그분이 결합된다.

그러므로 모든 신성함과 교리의 빛을 받아온 로마 가톨릭교회들 및 그리스 정교회들과 더불어 사도 베드로와 바울에게 가르침 받은 로마 교황청이 교회 초기부터 이 관습을 지켜왔고 지금도 지키고 있기 때문에 어떤 지역이 이 보편적이고 합리적인 관습에서 벗어나는 것은 적절한 것으로 보이지 않는다. 그러므로 우리는 아르메니아인들이 전체 기독교 세계를 따를 것과 그리고 그들의 사제가 성찬봉헌의 잔에 약간의 물과 포도주를 적절히 섞을 것을 명한다.[156]

3. 종교개혁 시대의 논쟁들

초기 기독교의 지도자들과 마찬가지로 종교개혁자들도 성찬성례

---

156 "아르메니아인들에 대한 포고령(The Decree for the Armenians)" (1439). Henry Denzinger and Adolf Schonmetzer 역, *Enchiridion Symbolorum Definitionum et Declarationum*, 33판 (Freiburg: Herder, 1965), 333-34.

전에 대해 매우 강한 관심을 보였다. 성찬 자체에 대한 기본적인 신학적 인식들은 각 개혁자들 간에 큰 차이가 없었지만 여전히 각자의 입장과 접근 방법에 대해서 완전히 합의할 수 없는 부분들이 존재했다.

1) 루터의 실재설 비판

마르틴 루터는 성찬성례전 때 그리스도의 실재 임재를 강조하는 여러 가지 악습들에 대해서 비판했다.

마르틴 루터

이 성례의 첫 번째 포로는 그것의 본질 즉 완전함과 관계가 있으며 로마의 폭군이 우리에게서 그것을 빼앗았다.… 그러나 그들은 이 선택을 하고 싶어 하는 사람들에게 두 가지 종류[떡과 포도주]를 주는 것을 금지한 죄인들이다. 그 잘못은 평신도가 아닌 사제들에게 있다. 그 성례는 사제들의 것이 아니라 모든 사람들의 것이다. 사제는 주인이 아니라 떡과 포도주를 원하는 자들에게 그들이 원하는 만큼 자주 그 두 가지 종류를 집전해야하는 의무가 있는 종이다.

이 성례의 두 번째 포로[화체설]는 양심에 관한한 오히려 덜 심각하다. 그러나 가장 중대한 위험은 화체설을 비난하는 것은 말할 것도 없고 그것을 반대하려는 사람에게 큰 위협이 된다는 것이다. …
우리는 실제의 잔을 생각하는 것과 마찬가지로 (그들조차도 잔이 몸으로 변했다고 말하지 않았기 때문에) 실제의 떡과 실제의 포도주를 생각해야 한다. 따라서 하나님의 권능에 의해서 효력이 발생되는 성체화를 가정할 필요가 없으므로 그것은 인간의 생각이 만들어 낸 것으로 여겨야만 한다. 왜냐하면 우리가 아는 것처럼 화체설은 성서에 근거한 것도 아니고 이성에 근거한 것도 아니기 때문이다. …

그리고 왜 그리스도는 그 부속 성분에서 뿐만 아니라 그 떡의 본체에도 그의 몸을 함유할 수 없는가? 예를 들면, 뜨겁게 달구어진 쇠에서 두 물질인 불과 쇠는 너무나 잘 혼합되어서 모든 부분이 쇠이며 불이다. 그 떡의 본체의 모든 부분에 그리스도의 몸이 포함되는 것이 어찌 가능하지 않겠는가? …

아리스토텔레스와 인간의 교리가 그처럼 고상하고 신성한 일들의 심판자로 고안이 되었을 때 우리가 무슨 말을 해야 하겠는가? 왜 우리는 그와 같은 호기심을 모른 채 하고 단순히 그리스도의 말씀에 집착하여 여기에서 일어나는 것을 알고자 하지 않으며 그리스도의 실제 몸이 그 말씀에 의하여 임재한다는 것에 만족하고 있는가? 아니면 하나님께서 모든 일 하나하나에 어떻게 역사하시는가를 이해할 필요가 있겠는가? …

두 본성이 온전히 그대로 거기에 있으며 진정으로 다음과 같이 말할 수 있다: "이 사람은 하나님이시다; 이 하나님은 사람이시다." 비록 철학적으로는 이것을 이해할 수 없지만, 그럼에도 불구하고 신앙적으로는 그것을 이해할 수 있다. 그리고 하나님의 말씀의 권위는 하나님의 말씀을 이해할 우리 지성의 능력보다 훨씬 더 크시다. 비슷한 의미로 그 성례에서 떡과 포도주가 성체화되어야 할 필요가 없고 또한 그리스도의 실제의 몸과 피가 임재하기 위해서 그리스도께서 그것들의 부속성분 아래에 함유되어야 할 필요는 없다. 그러나 그 둘은 동시에 거기에 남아있다. …

이 성례의 세 번째 포로는 모든 것 중에서 가장 사악한 악습이다. 거룩한 성례가 단순히 상품과 매매와 이익을 남기는 장사로 변질되어 버렸다. …

그러므로 미사란 다른 사람들에게 성찬을 나누어 주는 일이 아니라 (이미 말한 것처럼) 각자 자신의 신앙을 살찌우고 강화시키기 위한 신앙의 대상이다.

그러나 이제 제거되어야 할 두 번째 걸림돌이 있다. 이것은 모든 것 중에서 훨씬 더 크고 가장 위험한 것이다. 그것은 미사가 희생제사이며 하나님께 드려지는 것이라는 일반적인 믿음이다. 의식 전문의 말씀조차도 그들이 "이 은총, 이 선물, 이 거룩한 희생제물" 그리고 더 나아가 "이 봉헌물"을 언급할 때 이것을 의미하는 것처럼 보인다. 또한 "그 희생제물이 아벨의 희생제물" 등등으로 용납되도록 너무나 많은 말들로 기도가 드려진다. 그래서 그리스도는 "제단의 희생제물"로 명명된다. 이것에 더해 거룩한 교부들의 말씀들과 많은 수의 모범들과 전 세계에 걸쳐 관찰되는 널리 보급된 실천들이 첨가된다.

비록 그들이 확고히 굳어졌다 하더라도 이 모든 것들에 반대하여 우리는 그리스도의 말씀과 모범을 단호히 세워야 한다. 왜냐하면 성경이 언급하고 있듯이 만약 우리가 미사는 약속, 즉 그리스도께서 남기신 말씀이라는 것을 확고히 주장하지 않으면 우리는 복음 전체와 복음의 그 모든 위로의 말씀을 잃게 될 것이기 때문이다. 이 말씀을 거스르는 것은 -비록 하늘로부터 온 천사가 달리 가르칠지라도(갈라디아서 1:8)- 어떤 것도 전파되지 않게 해야 한다. 왜냐하면 그 말씀에는 사역이나 희생제사에 대한 어떠한 것도 포함하고 있지 않기 때문이다. 그리스도께서 마지막 만찬에서 이 성례를 제정하고 이 약속을 세우셨을 때, 그분은 자신을 하나님 아버지께 드린 것이 아니라, 또한 다른 사람들을 위하여 선행을 베푼 것이 아니라, 식탁에 앉아서 각 사람 앞에서 똑같은 이 약속을 세우시고 각자에게 그 표징을 주었다. 우리의 미사가 그리스도께서 마지막 만찬에서 하신 최초의 미사에 더 가깝게 닮아갈수록 그 미사는 더욱 기독교다워질 것이다. 그러나 그리스도의 미사는 제의(祭衣)도, 몸동작도, 성가도, 혹은 다른 예식들도 없는 가장 단순한 것이다. 그래서 미사를 희생제물로 드리는 것이 필요했다면, 그리스도께서 제정하신 이것은 완성된 것이 아닌 것이다.[157]

대요리 문답

제단의 성례는 무엇인가? 대답은 다음과 같다: 그것은 우리 그리스도인들이 그리스도의 말씀에 따라 먹고 마시도록 명받은 떡과 포도주 안에 그리고 아래에 있는 주님이신 그리스도의 진정한 몸이요 살이다. 세례에 관해서 우리가 그것이 단순한 물이 아니라고 말한 것과 같이 여기서 우리는 그 성례가 떡과 포도주이지만 식탁에 차려지는 그와 같은 단순한

---

[157] 마르틴 루터, 『교회의 바빌론 포로(Babylonian Captivity)』(1520). A. T. W. Steinhäuser, Frederick C. Ahrens, and Abdel Ross Wentz 역, LW, XXXVI, 27, 28, 31-33, 35, 51-52.

떡과 포도주는 아니라고 말할 수 있다. 그것은 하나님의 말씀 안에서 이해되는 그리고 그 말씀과 관계있는 떡이요 포도주이다.[158]

2) 급진적인 츠빙글리

츠빙글리는 훨씬 더 급진적인 방향으로 논쟁을 전개했다.

츠빙글리

왜냐하면 만약 그들이 그리스도께서 "이것은 내 몸이다."라고 말씀 하실 때 "이다"라는 그 낱말의 문자적 해석을 고집한다면, 그들이 어쩔 수 없이 그리스도께서 문자 그대로 거기에 계신다고 주장해야 하고 그래서 그가 찢겨지고 이빨로 씹혀진다는 주장을 유지해야 된다. 비록 모든 분별력 있는 사람들이 그것에 반론을 편다 해도 우리가 이미 보여준 것처럼 "이다"라는 낱말을 문자 그대로 받아들인다면, 그것이 바로 그들이 불가피하게 주장해야 하는 것이다. 그러므로 그들 자신도 "이다"라는 낱말을 문자 그대로 받아들여서는 안 된다는 것을 인지하고 있다. …

이 [인간적] 본성은 하늘에서는 손님이었다. 왜냐하면 이전에는 어떤 육체도 하늘로 올라간 적이 없었기 때문이다. 그러므로 우리가 마가복음 16장에서 그리스도께서 하늘로 올리우사 하나님 우편에 앉으셨다는 말씀을 읽을 때, 우리는 그리스도의 신성에 따르면 그분은 영원히 편재하신다는 등등의 이유로 이것을 인성에 속한 것으로 간주해야 한다. … 각

---

158 대요리 문답서(1529). Theodore G. Tappert 역, *The Book of Concord* (Philadelphia, PA: Fortress Press, 1959), 447.

각의 본성의 고유한 성격이 손상되지 않은 채로 남아있어야 하며, 우리는 각 본성에 독특한 그런 것들을 그 본성에 속한 것으로 돌려야 한다. … 그리스도의 승천은 오직 그분의 인성으로만 적절하게 가능할 수 있다. …

그리고 그분은 어떤 아내가 남편의 반지를 보여주면서 "이것은 나의 돌아가신 남편입니다."라고 말하는 것과 똑같이, "이것은 내 몸이다(즉 내 몸을 상징한다)."라는 말로 이것을 나타내셨다. 보잘 것 없는 피조물인 우리가 우리 가운데서 감사의 행위를 거행할 때 우리 모두는 주 예수 그리스도를 믿는 자들이라고 고백한다. 그리고 우리들 모두에게 이 고백이 요구된다는 사실을 알고 기념하거나 감사하는 것을 지켜 행하는 모든 사람은 다른 그리스도인들과 함께 한 몸이 된다. 그러므로 우리가 그 몸의 각 지체들이라면 우리는 그리스도인으로서 필연적으로 함께 살아야 하고 그렇지 않으면 바울이 말하는 것처럼 그리스도의 몸과 피에 죄를 범하는 것이다.[159]

미하엘 사틀러

그리스도이신 주님의 실제의 몸이 그 성례에서 임재하지 않는다는 것을 우리는 인정한다. 그것은 성경에서 다음과 같이 말씀하고 있기 때문이다: 그리스도께서는 하늘로 올리워져 하늘에 계신 아버지 우편에 앉아 계시며, 거기에서 산 자와 죽은 자를 심판하러 오실 것이다. 이 말씀에 근거해서 만약 그분이 하늘에 계시고 떡 안에 계시지 않다면, 그분을 육으로

---

159 울리히 츠빙글리(Ulrich Zwingli), *On the Lord's Supper* (1526). G. W. Bromiley 역, LCC, XXIV, 195, 213, 234-35.

먹지 않아도 된다는 결론이 나온다.[160]

발타사르 휘브마이어

이것에서 만찬은 오로지 우리를 위하여 자신의 몸을 주고 우리 죄를 씻기 위하여 십자가 위에서 진홍같은 피를 쏟으신 그리스도의 고난을 기념하는 것이라는 명백한 결론이 나온다. 그러나 오늘날까지 우리는 이 만찬을 웅얼거리고 으르렁대는 곰의 미사로 바꾸어 놓았다. 우리는 그 미사를 막대한 양의 재산과 돈을 받고 팔아버렸고, 하나님께서는 한탄하실 일이지만 그 이후로도 우리는 기꺼이 그 짓을 계속할 것이다.[161]

마르부르크 회담

"우리의 영은 너희들의 영과는 다르다; 우리가 동일한 영을 소유하고 있지 않음이 명백하다."[162]

그리스도의 몸과 피의 성례에 관하여

제15항. 우리의 사랑하는 주 예수 그리스도의 만찬에 관하여 우리 모두는 그리스도의 제정의 말씀에 따라 두 종류가 사용되어야 하는 것과, [또한 미사는 산 자든 죽은 자든 다른 사람에게 은총을 보증해 줄 수 있는 수단이 아니라는 것과], 또한 제단의 성례가 예수 그리스도의 진정한 몸과 피

---

160 미하엘 사틀러(Michael Sattler), *The Trial and Martyrdom of Michael Sattler* (1527). George Huntston Williams 역, LCC, XXV, 140.

161 발타사르 휘브마이어(Balthasar Hübmaier), *Summa of the Entire Christian Life* (1525). H. Wayne Pipkin and John Howard Yoder 역, *Balthasar Hübmaier: Theologian of Anabaptism* (Scottdale, PA: Herald Press, 1989), 88.

162 "Luther's comment to Buccer" (1529). Martin E. Lehmann 역, LW, XXXVIII, 70-71.

의 성례라는 것과, 동일한 몸과 피에 영적으로 참예하는 것이 모든 그리스도인들에게 특별히 필요하다는 것을 믿고 주장한다. 유사하게 말씀처럼 성례의 거행은 연약한 양심이 그것에 의하여 성령에 고무되어 신앙에 이르도록 하기 위하여 전능하신 하나님께서 주시고 제정하신 것이다. 이번에는 비록 그리스도의 진정한 살과 피가 떡과 포도주에 육적으로 임재하는지 여부에 관하여 합의에 이르지 못했지만, 그럼에도 불구하고 양심이 허락하는 한 양측은 상대방에게 그리스도인의 사랑을 보여주어야 하며, 양측은 전능하신 하나님께서 성령을 통하여 우리를 올바르게 이해하도록 해 주실 것을 부지런히 기도해야 한다. 아멘.[163]

3) 칼뱅의 조화

칼뱅은 루터와 츠빙글리의 견해를 조화시키려는 체계적 시도로 그 문제들을 다시 다룬다.

장 칼뱅

우리는 이미 예수 그리스도께서 어떻게 우리 영혼을 살찌우시는 유일한 양식인지 알고 있다. 그러나 그것이 주님께서 그 목적에 이르는 수단으로 채택한 주님의 말씀으로 나누어지기 때문에 그것은 또한 떡과 포도주라고 부른다. 이제 그 말씀에 관하여 적절하게 말한 것 또한 그 만찬의 성례에 속하며 그 만찬을 통하여 주님은 우리를 예수 그리스도와의 교제로 인도해 주신다. 우리가 너무 우둔하여서 그분의 자비하심에 대한 단

---

163 *The Margurg Articles* (1529). 위의 책, 88-89.

순한 가르침과 설교로 그분이 드려질 때 우리가 진정한 마음의 확신을 가지고 그분을 받을 수 없다는 것을 알고 계시기 때문에, 아버지께서는 이 문제에 있어서 우리의 연약함을 정중하게 대해주는 것을 가치 없다 여기지 아니하시고, 그의 약속의 실체를 나타내는 가시적 징표를 말씀과 함께 주시기를 원하셨으며, 우리를 굳게 하고 튼튼하게 해주시기를 원하셨고, 우리를 모든 의심과 불안으로부터 건져 주시기를 바라셨다. 그때 이래로 우리가 예수 그리스도의 몸과 피와 교제를 나눈다고 말할 때 그것은 너무나도 높고 이해할 수 없는 신비이다. 우리 편에서 보면 우리는 참으로 미개하고 무지하여 하나님에 관하여 가장 작은 것조차도 이해할 수 없기 때문에 그분은 우리의 능력이 감당할 수 있는 것에 따라서 우리가 이해할 수 있게 해주신다.

이런 이유로 주님은 우리의 마음속에 우리가 그의 몸과 피에 참예하는 자가 되는 것에 대해서 그 복음에 들어있는 약속을 인증하시기 위하여 그리고 우리에게 영적인 양식이 여기에 있다는 것을 확신시켜 주시기 위하여 우리에게 그의 만찬을 제정하셨다. 그래서 진심으로 우리는 구원에 대한 올바른 확신을 지닐 수 있다. 둘째, 우리를 향하신 그분의 선하심을 인지하도록 우리를 자극하기 위하여 그의 만찬을 제정하셨다. 그래서 우리는 그 선하심을 더욱 온전히 찬양하고 찬미하게 된다. 셋째, 우리가 예수 그리스도의 지체이므로 우리에게 정결하고 순결하도록 권고하기 위하여, 그리고 우리에게 특별히 권고하신 바 하나가 되고 형제를 사랑하도록 그 만찬을 제정하셨다. 주님께서 우리에게 그의 만찬을 제정하실 때 부여하신 이 세 가지 이유를 주목해 볼 때 우리는 그 만찬이 우

리에게 주는 유익과 그 만찬을 올바르게 거행할 우리의 의무, 이 두 가지를 모두 알아야 한다.[164]

기독교 강요

이제 여기에서 우리는 두 가지 잘못을 주의해야 한다. 첫째, 우리는 그 표징들을 너무 무시함으로 인하여 신비들과 거기에 결부되어 있다고 할 수 있는 그 표징들을 분리해서는 안된다. 둘째, 우리는 표징들을 지나치게 찬양함으로 신비들 자체를 다소 약화시키는 것처럼 보이게 해서도 안된다.

더구나 나는 우리가 그리스도와 어떤 교제를 나누고 있다는 것을 인지하고, 그것이 어떠한 것인지 보여주고자 할 때, 피와 살을 언급하는 것을 빼버리고 오로지 우리를 성령의 참예자로 만들어버리는 자들에게 불만이 있다. 이 모든 것들, 즉 그의 살은 참된 양식이며 그의 피는 참된 음료라는 것(요한복음 6:55), 그의 살을 먹고 그의 피를 마시는 자 이외에는 생명이 있는 자가 없다는 것(요한복음 6:53), 그리고 동일한 내용을 포함하고 있는 다른 구절들 등을 말한 것이 마치 허사인 것 같다. 그러므로 그리스도의 온전한 교제를 자세히 묘사하는 것이 불가능하다면 내가 그 지나친 반대의 잘못을 논하기 이전에 그것이 분명하고 명백한 범위 내에서 그것을 간단하게 다루기 시작할 것이다.

나는 그들의 마음이 우둔하여 먹고 마시는 이치에 맞지 않는 양식을 만

---

[164] *Short Treatise on the Holy Supper of Our Lord and Only Saviour Jesus Christ* (1541). J. K. S. Reid 역, LCC, XXII, 143-44.

들어낸 한편 그리스도에게서 살을 벗겨내어 그리스도를 유령으로 만들어버리는 터무니없는 학자들과 더 길게 논쟁할 것이다. 만약 어느 누가 그처럼 엄청난 신비를 말로 바꾸려 한다면 나는 나의 지성으로는 그 말씀들을 충분히 이해할 수조차 없다는 것을 안다. 그러므로 나는 나의 유치한 표준으로는 어느 누구도 그 장엄함을 평가해서는 안된다는 것을 거리낌 없이 인정한다. 오히려 나는 독자들이 그들의 정신적 관심을 이 너무나 편협한 한도 내에 국한시키지 말고 내가 그 관심들을 이끌 수 있는 것 보다 훨씬 더 높이 솟아오르도록 노력할 것을 촉구한다. 이 문제가 논의될 때 마다 내가 모든 것을 말한 후에 나는 그것의 가치에 비해서 지금까지는 거의 말한 것이 없다는 느낌이다. 비록 나의 지성이 내 혀가 말할 수 있는 것 이상을 생각한다 하더라도 나의 지성조차도 그 일의 위대함에 압도되고 만다. 그러므로 이 신비에 대하여 놀라워하는 일만 있을 뿐이며 지성도 그 신비를 이해할 수 없고 언어로도 그 신비를 표현할 수 없음이 분명하다. …

그처럼 먼 거리로 우리에게서 떨어져 있는 그리스도의 몸이 우리에게 들어와서 우리의 양식이 된다는 것이 믿을 수 없는 것처럼 보인다고 할지라도 우리는 성령의 알 수 없는 능력이 우리의 모든 지각을 훨씬 뛰어넘는다는 사실과 우리의 표준으로 그의 무한함을 측정하기를 바라는 것이 얼마나 어리석은가를 기억해야 한다. 그래서 우리의 지성이 이해할 수 없는 것, 즉 성령은 참으로 공간적으로 분리되어 있는 것들을 하나로 결합한다는 것을 신앙으로 이해해야 한다. …

이러한 불합리한 것들이 무시될 때에야 나는 주의 만찬의 성스러운 상징들 아래에서 신자들에게 보여지는 주의 몸과 피에 진정으로 그리고 실질적으로 참예하는 것을 표현하기 위해서 이루어질 수 있는 것은 무엇이든지 기꺼이 받아들인다. 그래서 그들이 오로지 상상으로 또는 지성적으로 이해하여 그것을 받는 것이 아니라 영원한 생명의 양식으로서 그 자체를 먹는 것으로 이해되도록 그것을 표현하기 위하여 이루어지는 것은 무엇이든지 나는 기꺼이 받아들인다. …

그리스도께서 부활하신 때부터 그리스도의 몸은 제한을 받았으며 마지막 날까지 하늘에 속해 계신다는 것(사도행전 3:21 참조)을 아리스토텔레스가 아니라 성령께서 가르치신다. …

만일 그리스도의 몸이 장소의 제한을 받지 않고 모든 곳에 동시에 있을 수 없다면, 그리스도께서 그 만찬의 떡 아래에 보이지 않게 계신다는 것은 믿을 수 없게 될 것이다. 이 필요성을 충족시키기 위하여 그들[루터]은 편재라는 기괴한 개념을 도입했다. …

만일 어떤 사람이 나에게 이것이 어떻게 일어나는지 묻는다면, 그것은 너무나 고상하여 나의 지성이 이해할 수 없는, 그리고 나의 말이 표현할 수도 없는 비밀이라고 부끄러워하지 않고 고백할 것이다. 보다 분명히 말하면 나는 그것을 이해하기 보다는 오히려 체험을 한다. 그러므로 나는 여기에서 내가 틀림없이 믿고 있는 하나님의 진리를 이의 없이 기꺼이 받아들인다. 그분은 그의 살이 내 영혼의 양식이며 그의 피가 내 영혼의 음료라고 선언한다(요한복음 6:53-56). 나는 그분께 내 영혼을 드려 그와 같은 양식을 공급받는다. 그의 성찬성례전에서 그분은 나에게 떡과 포도주라는 상징물 아래에 있는 그의 몸과 피를 받아서 먹고 마시라고 명하신다. 나는 그분 자신이 참으로 그것들을 주신다는 것과 내가 그들을 받는다는 것을 의심하지 않는다.[165]

4) 트렌트 공의회
트렌트 공의회는 서구 중세의 개념들과 용어를 재확인한다.

제13차 회기, 1551년 10월 11일 개최
【규범 Ⅰ】만일 어떤 사람이 거룩한 성찬식의 성례에 우리 주 예수 그리스도의 영혼 및 신성과 함께 그 몸과 피, 결과적으로 온전한 그리스도가 참으로, 실제로, 본질적으로 함유되어있다는 것을 부인하고, 그분은 단지 거기에 표징으로, 비유로, 또는 효력으로만 있다고 말한다면 그를 파문하라.

【규범 Ⅱ】만일 어떤 사람이 성찬성례전의 거룩하고 성스러운 성례에서 떡과 포도주의 물질이 주 예수 그리스도의 몸과 피와 함께 결합하여 있다는 것을 부인하고 떡의 온전한 본질이 몸으로 그리고 포도주의 온전한 본질이 피로 변하는 – 오직 떡과 포도주라는 성물만 남는 – 놀랍고도 특이한 변화, 가톨릭 교회가 사실 화체라고 매우 적절하게 부르는 그 변화를 부인하면 그를 파문하라.

---

[165] 『기독교 강요(Institutes of the Christian Religion)』 Ⅳ. 17(1559). Ford Lewis Battles 역, LCC, XXI. 1364-404.

【규범 Ⅲ】만일 어떤 사람이 성찬성례전의 숭엄한 성례에서 온전한 그리스도가 각각의 성물 아래에 함유되어 있고 나누어질 때는 각 성물의 모든 부위 아래에 함유되어 있다는 것을 부인하면 그를 파문하라.

제21차 회기, 1562년 7월 16일 개최

【규범 Ⅰ】만일 어떤 사람이 하나님의 가르침에 의해서, 또는 구원의 필요성에 의해서 그리스도를 믿는 신자들 각자 모두가 성찬성례전의 가장 거룩한 성례의 두 성물을 받아야 한다고 말한다면 그를 파문하라.

【규범 Ⅱ】만일 어떤 사람이 오직 떡 한 종류로 축성하지 않은 때에, 단지 이런 저런 원인과 이유들로 거룩한 가톨릭 교회가 평신도와 또한 성직자에게 성찬을 주지 않도록 설득했다고 말한다면 그를 파문하라.

제22차 회기, 1562년 9월 17일 개최

【규범 Ⅰ】만일 어떤 사람이 그 미사에서 참으로 올바른 희생제사가 하나님께 봉헌되지 않는다고 말하거나 우리가 먹도록 그리스도가 우리에게 주어졌다는 것 이외에 어떤 것도 봉헌되어서는 안된다고 말한다면 그를 파문하라.

【규범 Ⅲ】만일 어떤 사람이 그 미사의 희생제물은 오직 찬양과 감사의 희생제물이라고 말하거나, 또는 그것이 지속적인 희생제사가 아니라 십자가 상에서 완성된 그 희생의 단순한 기념이라고 말한다면, 또는 그것이 단지 받는 자에게만 유익을 준다고 말하며 그것이 죄와 고통과 만족

과 그리고 다른 어떤 필요한 것 때문에 산 자와 죽은 자를 위하여 드려져서는 안된다고 말한다면 그를 파문하라.

【규범 Ⅳ】 만약 어떤 사람이 미사의 의식전문에 오류가 포함되어 있으므로 폐기되어야 한다고 말하면 그를 파문하라.

【규범 Ⅶ】 만일 어떤 사람이 가톨릭교회가 미사를 행할 때 사용하는 의식, 성직복, 그리고 외적 징표들이 경건한 예배의식 보다는 오히려 불경건의 동기가 될 뿐이라고 말한다면 그를 파문하라.

【규범 Ⅷ】 만일 어떤 사람이 오직 사제만이 성례전적으로 성찬에 참여하는 미사는 불법이므로 폐지되어야 한다고 말한다면 그를 파문하라.

【규범 Ⅸ】 만일 어떤 사람이 의식전문의 일부와 성별의 말씀을 낮은 어조로 거행하는 로마교회의 의식은 비난받아야 한다거나, 미사는 자국어로만 행해야 한다고 말하거나, 또는 잔으로 봉헌되는 포도주와 물을 섞는 것은 그리스도의 제정의 말씀에 위배되므로 해서는 안된다고 말한다면 그를 파문하라.[166]

5) 영국 국교회

영국 국교회는 대부분 트렌트 공의회의 교리에 반대하는 입장에

---

166 *The Canons and Decrees of the Council of Trent* (1551, 1562). Philip Schaff 역, *The Creeds of Christendom* (Grand Rapids, MI: Baker Book House, n.d.), II, 136-86.

서 성찬성례전 교리를 정의한다. 웨슬리의 감리교회도 동일한 교리를 가지고 있다.

【XXVIII】주의 만찬에 관하여 [Methodist XVIII.]
주의 만찬은 그리스도인들이 그들 가운데 서로서로 지녀야 할 사랑의 징표일 뿐 아니라 그리스도의 죽으심으로 인한 대속의 성례이다. 이를테면 올바르고 가치 있게, 그리고 신앙으로 그 성례를 똑같이 받아야 하는 만큼 우리가 떼는 떡은 그리스도의 몸에 참여하는 것이며 마찬가지로 잔을 나누는 것은 그리스도의 피에 참여하는 것이다.

주의 만찬에서 화체(즉 떡과 포도주의 물질이 변하는 것)는 성경으로 입증할 수 없다. 오히려 순전한 성서의 말씀에 모순되며 성례의 본질을 훼손하고, 미신적 행위로 되게 하는 계기가 되었다.

그 만찬에서 하늘의 그리고 영적인 방식에 따라 그리스도의 몸이 주어지고, 수여되고, 먹게 된다. 그 만찬에서 그리스도의 몸을 받고 먹는 그 매개는 신앙이다. 주님의 만찬의 성례는 그리스도의 명에 따라 보존되지도, 전달되지도, 높여지지도, 그리고 예배되지도 않았다.

【XXX】두 가지 성물에 관하여 [감리교 XIX.]
주의 잔이 평신도에게 거부되어서는 안된다. 왜냐하면 주의 성례[감리교적으로는 만찬]의 두 부분은 그리스도의 예식과 명령에 의하여 모든 그리스도인들에게 똑같이 집례되어야 하기 때문이다.

【ⅩⅩⅥ】 십자가상에서 완성된 그리스도의 유일회적 봉헌에 관하여
[감리교 ⅩⅩ.]

한번 드려진 그리스도의 봉헌은 원죄이든 실제의 죄이든 온 세상의 모든 죄에 대한 완전한 대속이요, 속죄이며 속량이다. 그 이외에는 죄에 대하여 다른 어떤 속죄함도 없다. 그런 이유로 흔히 말했듯이, 고통을 감해주거나 죄의 용서를 받도록 산 자와 죽은 자를 위하여 그리스도를 봉헌하였다는 미사의 희생제사는 불경스러운 우화요 위험스러운 속임수이다.[167]

6) 계몽주의

계몽주의는 전통적 교리를 훨씬 더 발전시킨다.

【Ⅷ】 이 구절들에서는 우리 주께서 이 의무를 제정하신 목적이 그분을 기념하는 것으로 보인다. 받아서 먹게 되어 있는 떡은 찢기신 그리스도의 몸에 대한 기념물로, 그리고 받아 마시게 되어 있는 포도주는 쏟으신 그분의 피의 기념물로 정하신 것이었다. 즉 (사도 바울이 한 말씀에 따르면) 그리스도를 기념하여 떡을 먹고 포도주를 마시도록 되어 있었다. 그리고 이것은 한 때 제자들과 함께 하셨고 지금은 계시지 않는 그분이 다시 오실 때까지 계속될 것이다.[168]

---

167 Church of England, "Articles of religion" (1563); *Book of Common Prayer* (London, 1784). *John Wesley's Sunday Service* (1784) (Nashville, TN: United Methodist Publishing House, 1984), 312-13.

168 Benjamin Hoadly, *A Plain Account of the Nature and End of the Sacrament of the Lord's Supper* (London, 1735), 23-24.

7) 웨슬리 형제

1745년에 처음 발간되어 웨슬리 생전에 제9판까지 발간된 성만찬 찬송집을 통해 웨슬리는 많은 초기 기독교의 개념들을 되살렸다.

【No. 57】

1. 오 깊으신 하나님 사랑

   당신의 무한하신 은혜!

   누가 말할 수 있으리 어떻게 떡과 포도주를

   하나님께서 인간에게 주시는지!

   어떻게 떡이 그분의 살을 입는지

   어떻게 포도주가 그분의 피를 전하여 주는지

   믿음의 백성들의 심령을

   하나님의 모든 생명으로 채워주시는지!

2. 가장 현명한 자가 보여주게 하소서

   우리가 어떻게 은총을 입고

   어떻게 연약한 성물이 자신의 것이 아닌

   나누어 줄 수 있는 힘을 주는지를

   누가 설명할 수 있을까?

   이들을 통하여 선이 이르게 된 그 놀라운 길을

   이들이 선을 전하여 주었으되

   아직도 한결같이 머물러 있네

3. 땅의 물질을 먹음으로 어떻게

   거룩한 영들이 일어나

이와 함께 하나님의 양식을 마시고

　　영생의 떡을 먹을 수 있을까?

　　그 방법을 제정하신 그분께 하나님의 지혜가

　　어떻게 그럴 수 있었는지 물어보아라!

　　천사들이 제단을 둘러싸고 머리 숙여

　　그것을 탐색하나 헛되도다

4. 그 은총은 확실하고 진정한 것이나

　　그 방법을 알 수가 없네

　　오로지 당신의 방법으로 우리를 만나시고

　　우리를 하나로 온전케 하소서

　　천국의 권능을 맛보게 하소서

　　주여, 더 이상 아무것도 구할 것이 없습니다

　　복 주시는 것은 당신의 것이요, 경탄과 경배만이 우리의 것입니다

【No. 72】

1. 오소서, 성령이여, 당신의 감화를 주옵시며

　　그 징조를 보여 주소서

　　당신의 생명을 떡 속으로 부어 넣으시고

　　당신의 능력을 포도주 속으로 부어 넣으소서

2. 그 증거들이 효력을 나타나게 하시고

　　하늘의 솜씨로 모든 믿는 자들의 마음에

　　당신의 사랑을 전하는 적절한 통로임을

　　증거하게 하소서

【No. 93】

1. 오소서, 주의 만찬을 나누는 우리가

　하나되어 마음을 합하여

　우리의 지배자이신 주님을 찬양하게 하소서

　이제 우리는 그분의 식탁에 앉아 먹으며

　이 땅에서 산 떡으로 영양을 공급받습니다

　그러나 기다리소서, 우리가 하늘의 왕을 뵙도록

　성례전의 베일을 벗고

　영광의 두루마기를 입으신

　눈에 보이지 않는 위대하신 분을 뵙도록

　영원한 왕좌에 높이 앉으신,

　자비로우신 얼굴의 그분을

　지극한 기쁨과 사랑과 찬양으로 뵙도록

【No. 116】

1. 산 제물 되신 하나님, 당신의 은총을 구하오며

　한편으로 당신의 고귀한 죽음을 드러냅니다

　단번에 봉헌되신, 흠 없으신 어린 양,

　이곳 아래에 당신의 성전에서

　당신은 온 인류를 대신하여 속죄하시고

　지금 그 왕좌 앞에 서계십니다

2. 죄인들을 위하여 죽음을 당하심으로

　이제 당신은 가장 거룩한 곳에 서계십니다.

흩뿌려지는 당신의 피는 온 천하에 널리 퍼져서

무력한 자를 위하여 말씀하시고 기도하십니다

당신의 피는 여전히 우리의 속량이시며

온 세상에 당신의 구속을 펼치십니다.[169]

8) 개척지 변방 예배의 성찬성례전

미국 개척자들은 매주 성찬성례전을 완전히 회복했고 잭소니언 데모크라시와 제정된 예전적 민주주의에 따라 매주 성찬성례전을 확장했다.

【신조. Ⅳ】 모든 그리스도인들은 하나님의 집의 일원, 즉 하나님의 가족이며 거룩한 왕적 제사장이라고 불리고 또 그렇게 임명되었다. 그러므로 그들은 주님의 식탁과 떡과 잔에 대하여 하나님을 찬양하고 두려움 없이 나아가 그들의 주님이신 구세주의 죽음을 기념하여 그들이 원할 때는 언제나 기쁨으로 그것에 참여할 수 있다. …

【신조. Ⅶ】 주의 죽음을 기념하여 한 조각의 떡을 떼는 것과 주의 잔에 공동으로 참여하는 소위 "주의 만찬"은 모든 그리스도인들의 모임에서 모든 그리스도교 회중들을 위해 제정된 종교적 교화와 예배의 일부이다. …

---

169 John Wesley and Charles Wesley, *Hymns on the Lord's supper* (1745). J. Ernest Rattenbury 편, *The Eucharistic Hymns of John and Charles Wesley* (Cleveland, OH: O.S.L. Publications, 1990), H-19, H-23, H-30, H-37.

주의 만찬을 매주 거행하는 것에 관한 주제에 대하여 명백하고도 분명한 신약성경의 수많은 증언들을 예를 들어 설명할 수 있다. …

신조 VII은 신약성경의 명백한 선포에 의하여 사도들이 제시했을 때 그것 자체의 정당성에 의하여, 유비에 의하여, 가장 저명한 종교 개혁가들이 내린 결론에 의하여, 그리고 모든 옛 그리스도인들의 하나같은 말에 의하여 지지받고 있다. 그러나 주님과 사도들의 명백한 말씀에 관하여 우리는 권위와 가르침을 이것과 모든 다른 기독교 제도에 의지한다. …

이 제도를 행할 때 그리스도인의 품위와 완전한 의식의 시각에서 우리가 지니고 있는 모범은 [드러나지 않는 곳에 있는 작은 교회이다]. …

그들은 그들의 모임에서 사회를 보도록 매우 근엄하게 처신하는 두 명의 연장자 교인을 임명했다. 이 사람들은 말씀과 가르침의 사역에는 능력이 없었으나 치리를 잘하고 그리스도인의 위엄으로 인도를 하는 데에는 적임자들이었다. 그들 중 한명이 집회 때 마다 사회를 봤다. …

말씀을 마친 후에 그는 식탁에서 작은 조각의 떡을 들고 한 번에 또는 두 번에 걸쳐 그것에 대한 감사를 드렸다. 감사 후에 그는 손으로 떡을 들고 의미심장하게 그것을 찢고, 그의 양 쪽에 앉아 있는 제자들에게 그것을 건네주었으며, 제자들은 그들 모두가 그것에 참여할 때까지 서로에게 그것을 건네주었다. 딱딱함도 없었고 정식 절차도 없었으며 허식도 없었다. 모든 것이 엄격하지 않으면서도 친숙했고, 진지하면서도 유쾌했다.

그리고 난 후 그는 비슷한 방식으로 잔을 들고 그것에 대해 감사를 드린 후 그의 옆에 앉아 있는 제자들에게 건네주었다. 그리고 제자들은 그것을 주위에 돌렸다. 모든 제자가 다 받을 때까지 각자는 그의 형제에게 시중을 들었다. 떡을 떼기 전의 감사기도와 잔을 나누기 전의 감사기도는 흔히 식탁에서 하나님의 아낌없는 일상의 강복에 대하여 보통 드리는 감사기도 만큼 간결하고도 적절한 것이었다. …

의례적이거나 의식적인 방식으로 행해진 것은 전혀 없었다. … 이 작은 모임에서 보인 기쁨, 애정, 그리고 존경심이야말로 그 의식에 찬성하는 가장 강력한 논거이며 기독교의 제도의 우수성에 관한 최상의 코멘트이다.[170]

4. 현대적 해석

성찬성례전의 실제에 있어서 한 목소리를 낼 수 없었던 세계의 기독교 교파들은 현대의 교회에까지 파급된 여파들을 수습하고 신학적인 입장의 차이를 좁히기 위하여서 교단별로 공동의 노력을 기울였다. 성찬성례전이 갖는 희생의 측면 이외에 감사의 의미를 찾으려고 하고, 그리스도와의 연합을 강한 상징으로 삼으려고 하며, 기념과 회상의 의미를 부각시키고 공동체를 지속시키며 유대를 강화하는 성찬성례전의 의미들이 대두되었다.

---

170 Alexander Campbell, "떡을 떼기(Breaking the Loaf)," *Christian System* 2 (1839; New York, NY: Arno Press and New York Times, 1969), 305, 311, 325, 327, 329-331.

1) 성찬성례전의 여명에 대한 새로운 접근들

그처럼 위대한 사역을 이루시기 위하여 그리스도께서는 언제나 그의 교회에, 특히 교회에서 집전되는 예전에 함께 하신다. 그분은 미사의 희생제물에 함께 하시며 사제들의 사역을 통하여 이전에 십자가상에서 자신을 드렸던 것과 "동일한 봉헌물"인 그의 대리인의 인격 뿐만 아니라 특별히 성찬성례전 성물의 아래에도 임재하신다. 그분은 권능으로 성례전에 임재하시며, 그래서 사람이 세례를 줄 때, 실제로 세례를 주시는 분은 바로 그리스도 자신이시다. 교회에서 성경의 말씀이 봉독될 때 말씀하시는 분은 바로 그분 자신이므로, 그분은 말씀에도 임재하신다. 마지막으로 교회가 기도를 하고 성호를 그어 강복을 빌 때도 그분은 임재하신다. 왜냐하면 그분께서 "두세 사람이 내 이름으로 모인 곳에는 나도 그들 중에 있느니라."(마태복음 18:20)라고 약속하셨기 때문이다. …

사람들과 함께 거행하는 미사에서 모국어로 집전되는 것이 적절한 부분도 있다. …

트렌트 공의회에서 규정된 교의적 원칙들이 손상되지 않고 그대로 있으므로 두 가지 성물로 행하는 성찬성례전의 경우 감독이 성직자와 수도사에게 뿐만 아니라 평신도에게도 적절하다고 생각하면 교황청에 의해 결정되어질 경우 그것이 인정된다.[171]

---

171 『거룩한 예전에 관한 규약(Constitution on the Sacred Liturgy)』(Collegeville, MA: Liturgical Press, 1963), 7, 9, 33.

2) 합의점의 모색

성찬성례전은 본질적으로 하나님께서 성령의 능력을 통하여 그리스도 안에서 우리에게 주시는 은총의 성례이다. 모든 그리스도인들은 성찬성례전을 통하여 그리스도의 몸과 피로 이 구원의 은혜를 받는다. 성찬성례전 식사에서 떡과 포도주를 먹고 마실 때, 그리스도께서는 자신과의 교제를 허락하신다. 하나님이 직접 행하시고 그리스도의 몸에 생명을 주시며 각 지체를 새롭게 하신다. 그리스도의 약속에 따라 그리스도의 몸의 모든 세례 받은 지체들은 성찬성례전에서 죄의 용서에 대한 확신(마태복음 26:28)과 영생의 보증(요한복음 6:51-58)을 받는다. 성찬성례전이 본래 하나의 완전한 행위일지라도 다음과 같은 점들, 즉 아버지께 감사, 그리스도에 대한 기념, 성령의 부름, 성도의 교제, 하나님 나라의 식사 등이 포함되도록 고려해야한다.[172]

---

172 『세례, 성찬성례전, 그리고 사역(Baptism, Eucharist and Ministry)』 (Geneva: World Council of Churches, 1982), 10.

제7장

비정례적 예전

교회력에 따른 일련의 예전적인 교회의 실천들은 일주일이라는 주간주기와 일 년이라는 연주기로 크게 나뉘는데 연주기는 다시 부활절을 중심으로 한 부활주기와 성탄절을 중심으로 한 성탄주기로 크게 분류할 수 있다. 그런데 이런 특정한 시기에 따라 지키는 절기 이외에 성도들의 삶 가운데 맞이하게 되는 시기들이 있고, 이를 위한 예전들이 교회의 역사 안에서 발전되어 왔다. 이들 중에는 개신교회와 로마 가톨릭교회 모두가 중요하게 여기면서 지키는 것이 아닌 예전들도 있지만 그 제정된 과정과 역사가 의미 깊은 경우가 많다.

1. 참회: 고해성사 (고백성사)

죄는 지극히 개인적인 영역이지만 교회에서는 이 죄의 문제를 타인에게 드러내고 상담하며 숙고하는 과정을 회개의 일부로 심각하게 받아들였다. 뉘우침과 죄의 고백, 사죄의 선언이 고백에 관련된 예전의 주된 내용을 이루는데 그 횟수와 죄의 경중에 따른 실행, 참회의 예전에 있어서 위의 요소들은 실행 순서 등에 있어서 차이를 보인다.

1) 초기 교회의 관습
초기 교회의 관습은 공공적이며 오직 중범죄자들을 위한 것이었다.

마태복음 • 18:15-18(참고 누가복음 17:3-4; 고린도전서 6:1-7; 갈라디아서 6:1; 야고보서 5:19-20)

네 형제가 죄를 범하거든 가서 너와 그 사람과만 상대하여 권고하라 만일 들으면 네가 네 형제를 얻은 것이요 만일 듣지 않거든 한두 사람을 데리고 가서 두세 증인의 입으로 말마다 확증하게 하라 만일 그들의 말도 듣지 않거든 교회에 말하고 교회의 말도 듣지 않거든 이방인과 세리와 같이 여기라 진실로 너희에게 이르노니 무엇이든지 너희가 땅에서 매면 하늘에서도 매일 것이요 무엇이든지 땅에서 풀면 하늘에서도 풀리라

요한복음 • 20:22-23

이 말씀을 하시고 그들을 향하사 숨을 내쉬며 이르시되 성령을 받으라 너희가 누구의 죄든지 사하면 사하여질 것이요 누구의 죄든지 그대로 두면 그대로 있으리라 하시니라

테르툴리아누스
그러면 육으로 지은 죄든 영으로 지은 죄든, 또는 행위로 지은 죄든 마

음으로 지은 죄든 간에 모든 죄에 대하여 심판으로 벌주시기로 예정하신 동일하신 하나님께서 "회개하라, 그러면 내가 너를 용서하리라," 그리고 "주님께서 말씀하신다. 나는 살아있다. 그리고 죽기보다는 차라리 회개하겠다."라고 백성들에게 말씀하시면서 참회를 통해 우리를 용서하신다. 참회는 그것이 죽음보다는 더 나으므로 "생명"이다. 오! 나같은 죄인이여 (아니 오히려 나 자신 보다는 더 죄가 적은, 내가 인정한 죄 보다는 훨씬 더 적은 죄를 지은 자여) 두꺼운 판자 한 조각에 몸을 의지한 바다에서 조난당한 사람처럼 당신은 서둘러 참회하라. 이것만이 당신이 죄의 파도 속에서 가라앉아 갈 때 당신을 건져낼 것이며 하나님의 자비의 항구로 인도해 줄 것이다.

세례의 씻음은 신앙을 확증하는 것이며 그 신앙은 참회의 신앙으로 시작되고 권고를 받는다. 우리는 죄짓는 것을 그만두기 위하여 씻음을 받는 것이 아니라 마음으로 이미 씻음을 입어서 죄짓는 것을 그만두었기에 씻음을 받는 것이다. 왜냐하면 학습자의 첫 세례는 이것, 즉 완전한 두려움이기 때문이다. 그 이후 여러분이 주님을 알고 있는 한 여러분의 양심이 단 한번 참회를 받아들이면 그 신앙은 든든한 것이다. …

이미 마련된 참회의 치유적 기능을 다룸으로 우리에게 더 이상 범죄 할 여지가 없을까 해서 두 번째의 소망의 말(아니다 그 경우에는 마지막인 소망의 말)을 덧붙이는 것은 쓸데없는 일이다. 마치 참회의 문이 열려있기 때문에 죄짓는 문도 열려 있는 것처럼 그렇게 우리의 의미를 해석하는 사람은 아무도 없다. 용서받는 만큼이나 자주 죄를 반복하는 것을 통해 어느 누구라도 보다 선하게 되도록 해야 한다. 왜냐하면 하나님은 더욱 선하시기 때문이다. 그렇지 않으면 그가 죄짓는 목적을 찾지 못하게 하면 그가 (죄에서) 벗어나는 목적을 찾게 될 것임을 확실히 알고 있어야 한다. 우리는 한번 벗어났다. 그래서 비록 우리가 한번 더 벗어날 것 같다 해도 더 이상 스스로 위험에 빠져서는 안된다. 일반적으로 사람들은 난파선에서 벗어난 뒤 그 후로는 배나 바다와는 결별을 고한다. 그리고 위험했던 것에 대한 기억들을 간직하고 하나님께서 주신 그 유익, 즉 그들을 건져주심에 대하여 경의를 표하여야 한다. …

이 두 번째이자 유일한 (남아있는) 참회의 범위가 좁으면 좁을수록 그것의 유예기간에는 더 많은 노력을 해야 한다. 그래서 그것이 양심으로는 드러나지 않지만 어떤 외적인 행동으로 나타나게 될지도 모른다. 희랍어 아래에서 더 흔히 표현되고 언급되는 이 행위는 사실 주님이 우리의 죄를 모르시는 듯이 우리의 죄를 고백하는 것이 아니라, 고백함으로써 만족감을 얻을 수 있기 때문에 참회가 고백으로부터 나온다는 점에서 엑소몰로게시스(exomlogesis: confession)이다. 참회는 하나님의 분노를 완화시킨다. 그래서 엑소몰로게시스는 인간의 굴욕과 창피함에 대한 고해성사이며 자비한 행위를 불러오는 품행을 요구한다. 바로 그 옷과 음식에 관하여 그것은 (엑소몰로게시스는) 고해에게 다음과 같이 명령한다. 삼베옷을 입고 재 위에 누울 것, 자신의 몸을 슬퍼함으로 뒤덮을 것, 슬픔으로 마음을 가라앉힐 것, 자신이 저지른 죄에 대하여 가혹한 대우를 받을 것, 맛있는 음식이나 마실 것을 먹지 말 것. 하지만 소박한 음식은 위장이 아니라 영혼을 위하여는 먹어도 됨. 그러나 보다 많은 경우에 금식에 관한 기도를 드리고 슬퍼하며 눈물을 흘리고 여러분의 하나님인 주님께 소리쳐 부를 것, 그리고 사제들의 발 앞에 머리 숙이고 하나님의 사랑하는 자들(사제들)께 무릎을 꿇을 것, 모든 형제들에게 하나님 앞에 간절한 탄원을 드릴 사절이 되도록 부탁할 것을 명한다. 이 모든 엑소몰로게시스 행위는 참회를 더욱 고양시키고 (스스로 초래한) 위험에 대한 두려움으로 인하여 하나님을 경외하며, 죄인들에 대하여 스스로 유죄를 선포함으로 하나님의 진노의 자리에 대신하여 서고 일시적 고행으로 영원한 형벌을 면하게 한다. 그러므로 그것은 사람을 낮은 곳으로 떨어지게 하는 반면 다시 사람을 끌어 올리고 더러움으로 사람을 덮는 한편 그에게 더 깨끗함을 주고 고소하는가 하면 변명해 주고 유죄선고를 내리는 반면 용서해 주기도 한다. 여러분이 자신의 자리를 더 많이 비울수록 하나님은 여러분께 더 많은 것(나를 믿으라)을 주실 것이다. …

사람을 판단하는 것과 하나님을 아는 것이 동등한가? 몰래 저주받는 것이 공개적으로 용서받는 것 보다 더 나은가? 그러나 여러분은 "엑스몰로게시스에 이르게 되는 것은 비참한 일이다."라고 말한다. 정말 그렇다. 왜냐하면 악은 정말 비참함에 이르게 하기 때문이다. 그러나 참회가 이루어지는 곳에서는 더 이상 비참함이란 없다. 왜냐하면 그것이 유익한 것으로 바뀌기 때문이다. 잘라내는 아픔 때문에, 뜸을 뜨는 것 때문에, 또는 치료약 가루의 자극 때문에 괴로워하며 몸부림치는 것은 비참한 일이다. 그럼에도 불구하고 유쾌하지는 못하지만 낫게 해주는 의약품은 치유라는 유익으로 인하여 그 자체의 불쾌한 느낌을 덮어줄 수 있고 그 결

과로 생기는 유익 때문에 현재의 상처의 아픔을 견딜만 하게 해준다.[173]

2) 아일랜드 교회

아일랜드 교회는 개인적으로 그리고 반복적으로 구체적인 반대급부의 것을 행해야 하는 고해양식을 개발했다.

핀란드식 회개 규정

만약 어떤 사람이 언쟁을 하고 마음속으로 그의 이웃을 때리거나 죽이려고 음모를 꾸몄다면, 그리고 그 범법자가 성직자라면 그에게 고해성사를 하게 하고 반년 동안 빵과 물은 허용하되 일 년 동안 포도주와 육식은 삼가게 해야 한다. 그렇게 함으로써 그는 제단에 다시 나아갈 수 있을 것이다.

그러나 만약 그가 평신도라면 그는 일주일 동안 고해성사를 해야 한다. 왜냐하면 그는 이 세상에 속한 자이고 그의 죄가 이 세상에서는 성직자 보다 더 가벼우나 다가올 세상에서 그의 보상이 더 적을 것이기 때문이다.

만약 어떤 성직자라도 살인죄를 범하고 그의 이웃을 죽이고 그가 죽었다면, 그는 10년 동안 추방되어 다른 지역에 가서 7년간 고해를 해야 한다. … 그리고 그 10년이 모두 지나고 그가 아무런 문제없이 잘 지내왔으며, 대수도원장이나 사제의 증명서로 인정이 된다면 그는 자신의 나라

---

173 테르툴리아누스, *On Penance* (203). S. Thelwall 역, ANF, III, 659-65.

에 받아들여질 것이다.[174]

고대 아일랜드 감형법전

고해성사에 참여하는 시간과 엄격함에 있어서 모든 고해성사는 죄의 경중과 사람이 그 안에서 견딜 수 있는 시간의 양과, 고해를 하는 이유, 그리고 이후에 죄를 떠나겠다는 열의에 달려있다. 왜냐하면 하나님이 죽음이나 질병을 통하여 그 시간을 줄이지 않는다면 긴 시간의 고해에도 불구하고 결코 용서를 받을 가치조차 없는 어떤 죄들이 있고, 또는 사람이 스스로 부여하는 일에 대한 경중이 있기 때문이다. 예를 들면, 존속 살해, 살인, 유괴, 또는 약탈, 드루이드교 신앙, 빈정거림[중상모략의 말]이나 간음, 음란, 거짓말, 이교도 신앙, 질서 위반과 같은 것들이다. 또한 절반의 대속물과 함께 절반의 고해성사로 구속이 되는 죄들도 있기 때문이다. 대속물만이 구속해 주는 다른 죄들도 있다.[175]

피터 롬바르드

다음으로 우리는 고해성사에 대하여 논의해야 한다. 고해성사는 하나님을 멀리 떠난 사람에게 필요하다. 고해성사를 함으로 그들은 하나님께 가까이 올 수도 있다. 제롬이 말한 것처럼 그것은 "배가 난파된 후의 두 번째 나무판자"이기 때문이다. 또한 사람이 죄를 지어 세례 때 받은 순결의 예복을 더럽히면 고해성사라는 치료를 통해 그것을 다시 회복할 수 있기

---

174 Finnian of Clonard, *Penitential of Finnian* (c. 540). John T. McNeill and Helena M. Gamer 역, *Medieval Handbook of Penance* (New York, NY: Columbia University Press, 1938), 88, 91.

175 고대 아일랜드의 감형법전(An Old Irish Table of Commutations) (8세기). 위의 책, 143.

때문이다. … 자주 고해성사를 하는 것은 허용되지만 자주 세례를 받는 것은 허용되지 않는다. 세례는 단 한번의 성례라고 한다. 그러나 고해성사는 성례인 동시에 마음의 덕목이다. 내적 고해와 외적 고해가 있는데 외적 고해는 성례이고 내적 고해는 마음의 덕목이며, 이 둘은 모두 구원과 죄 없다고 여김을 받기 위한 것이기 때문이다. …

이것들과 많은 다른 증언들로부터 일회적인 것이 아니라 자주 고해성사를 통하여 우리는 죄에서 벗어나며 진정한 고해성사는 반복적으로 이루어질 수 있다는 것을 분명히 알 수 있다.

더구나 완전한 고해성사가 되기 위해서는 세 단계가 준수되어야 한다. 그것은 마음의 가책, 입으로의 고백, 그리고 행위의 속죄이다. 그런 이유로 황금의 입 요안네스 [크리소스토모스]는 다음과 같이 말하였다. "완전한 고해성사는 죄인이 모든 일을 즐거운 마음으로 견디게 해준다. 마음으로는 회한이, 입으로는 고백이, 그리고 행위로는 전적으로 자신을 낮추는 것이다. 이것이 열매 맺는 고해성사이다; 우리가 하나님께 세 가지 방식, 즉 마음으로, 입으로, 그리고 행위로 죄를 짓는 것처럼, 세 가지 방식으로 참회의 고행을 하는 것이다."[176]

---

176 피터 롬바르드(Peter Lombard), *Four Books of Sentences*, IV (c.1152). Elizabeth Frances Roberts, *Peter Lombard and the Sacramental System* (Merrick, NY: Richwood Publishing Company, 1976), 151, 158, 171.

아르메니아인들에 대한 포고령

네 번째 성례는 고해성사이다. 문제는 세 부분으로 구별되는 참회의 행위이다. 그 첫째는 마음의 가책으로, 더 이상 죄를 짓지 않겠다는 결심을 어긴 죄에 대한 슬픔에 속한다. 둘째는 입으로의 고백이다. 이것은 죄인이 자기가 기억하고 있는 모든 죄를 사제에게 고백하는 것에 속한다. 세 번째는 사제의 지도에 따라서 하는 죄에 대한 참회의 고행이다. 그것은 원칙적으로 기도와 금식과 양선을 통하여 이루어진다. 이 성례의 양식은 용서의 말씀으로, 사제가 "내가 너의 죄를 용서하노라."라고 말할 때, 용서를 선포하는 것이 된다. 이 성례의 집례자는 통상적으로든 아니면 상부의 위임에 의해서든 사면의 권위를 지닌 사제이며 이 성례의 효력은 죄의 사면이다.[177]

3) 고해성사에 대한 종교개혁자들의 복합적 입장

종교개혁자들은 고해성사에 관하여 보수적인 입장과 급진적인 입장 모두를 취한다.

마르틴 루터

오늘날의 사적인 고백 관습에 관하여 비록 그것이 성서에서 유래된 것이라는 증거가 없다 할지라도 나는 진심으로 그것에 동의한다. 그것은 유용하며 필요하기조차 하다. 그리고 나는 그것을 폐지시키고 싶은 마음이

---

177 "아르메니아인들에 대한 포고령(The Decree for the Armenians)" (1439), Henry Denzinger and Adolf Schonmetzer 역, *Enchiridion Symbolorum Definitionum et Declarationum*, 33판 (Freiburg: Herder, 1965), 335-36.

없다. 사실 그것이 그리스도의 교회 안에 있다는 것을 기쁘게 여긴다. 왜냐하면 그것이 고통을 받는 양심에 대한 비할 데 없는 치유책이기 때문이다. 우리가 형제에게 우리의 속마음을 드러내 놓고 개인적으로 우리 안에 숨어 있는 악한 것을 알게 하면 우리는 그 형제의 입술을 통하여 우리에게 주시는 하나님께서 친히 하신 위로의 말씀을 받을 수 있다. 그리고 우리가 믿음으로 이것을 받아들이면 하나님께서 우리의 형제를 통하여 우리에게 말씀하시는 자비의 말씀에서 평화를 찾는다. 고해성사에 대해서 내가 못마땅한 것 하나는 이러한 종류의 고백이 교황들의 횡포와 훈계에 종속되어 있다는 사실이다. …

첫째, 그리스도께서는 마태복음 18:15-17에서 공적인 죄에 관하여 언급하시면서 우리가 형제에게 그의 잘못을 말할 때 그가 들으면 우리가 한 형제의 영혼을 구한 것이며, 오직 그가 우리의 말을 듣기를 거절할 때만, 그의 죄를 형제들 가운데서 고침을 받을 수 있도록 그를 교회 앞으로 데리고 와야 한다고 말씀하신다. …

따라서 나는 모든 사람이 자발적으로든 견책을 받고난 후이든, 개인적으로 어느 형제 앞에서 고백을 하고 용서를 구하며 그가 가는 길을 바꾸면 아무도 모르는 그의 죄를 사면 받는다는 것에 대해, 아무리 교황들이 그것에 대해 부당하다고 분개할지라도 나는 의심치 않는다. 왜냐하면 그리스도께서는 그를 믿는 모든 사람들에게 드러난 죄 조차도 용서해 줄 수 있는 권능을 주셨기 때문이다. … 더욱이 그들은 죄인이 그의 이웃의 입술을 통하여 위로와 용서, 즉 그리스도의 말씀을 구하고 싶은 사람이라면 누구에게든지 자신의 죄를 알게 할 수 있도록 모든 형제자매들이 매우 자유롭게 비밀스러운 죄의 고백을 듣는 것을 허용해 주어야 한다.[178]

쉴라이트하임 고백
금지령에 관하여
우리는 다음과 같이 합의에 도달하였다. 그 금지령은 주님의 명령에 따라 걸어가기 위하여 주님께 자신을 맡긴 모든 사람들인 동시에 세례를 받아 그리스도와 한 몸이 되어 형제자매라고 부르는 것을 용납했으나 여전히 이런저런 이유로 실수하여 잘못과 죄에 떨어져 자신도 모르게 재난을 당한 자들에게 적용될 것이다. 개인적으로는 똑같은 경고가 두 번 주어지고 세 번째는 그리스도의 명령(마태복음 18장)에 따라 전체 회중 앞에서 공개적으로 훈계를 받을 것이다. 그러나 이것은 떡을 떼기 전에 성령님의 명령에 따라 이루어질 것이며, 우리 모두는 한 영과 한 사랑으로 한 떡을 떼며 한 떡을 먹고 한 잔을 마실 것이다.[179]

메노 시몬스
그러나 우리는 어떤 사람도 추방하기를 원하는 것이 아니라 오히려 받아들이기를 바라고, 잘라내기를 원하는 것이 아니라 오히려 치유하기를 바란다. 버리는 것이 아니라 되찾기를 바라고, 애도하기를 바라는 것이 아니라 위로하기를 바라며, 정죄하기를 원하는 것이 아니라 구원하

---

178 마르틴 루터, 『교회의 바빌론 포로(Babylonian Captivity)』(1520). A. T. W. Steinhäuser, Frederick C. Ahrens, and Abdel Ross Wentz 역, LW, XXXVI, 86-88.
179 "쉴라이트하임 고백 (The Schleitheim Confession)" (1527). Walter Klaassen 역, *Anabaptism in Outline* (Scottdale: Herald Press, 1981), 215.

기를 바란다.[180]

피터 리드만

그러나 처음에 한 사람이 징표(즉 세례)에 의하여 교회에 받아들여지는 것처럼 그가 타락하여 교회에서 떨어져 나간 후에도 그는 마찬가지로 징표에 의해서, 즉 손을 얹는 것으로 받아들여져야 하고, 그것은 복음의 종에 의해서 이루어져야 한다. 이것은 그가 한번 더 자신의 역할을 가지고 하나님의 은총에 근거하여 살아간다는 것을 가리킨다. 이 일이 이루어졌을 때, 그는 다시 풍성한 사랑 가운데 다시 받아들여진다.[181]

4) 트렌트 공의회의 전통 고수

트렌트 공의회를 통해 로마 가톨릭교회는 중세의 합의를 계속 이어갔다.

14차 회기, 1551년 11월 25일 개최

【제6장】그러나 이 성례의 집전자에 관하여 거룩한 공회는 그 모든 교리들이 거짓이며 복음의 진리와 어울리지 않음을 선포한다. 그리고 그 교리들은 그 핵심적인 사역을 감독과 사제 이외에 다른 어떤 자들에게까지 치명적으로 확대시킨다. …

180　메노 시몬즈 (Menno Simons), *A Kind Admonition on Church Discipline* (1541). Leonard Verduin 역, *The Complete Writing of Menno Simons* (Scottdale, PA: Herald Press, 1974), 413.

181　피터 리드만 (Peter Riedeman), *Account* (1542). Walter Klaassen 역, *Anabaptism in Outline* (Scottdale, PA: Herald Press, 1981), 221.

【규범 Ⅵ】 만일 어떤 사람이 그 신성한 고백이 하나님의 정당한 요구로 제정되었다는 것이나 또는 구원에 꼭 필요한 것이라는 것을 부인하거나, 또는 하나님의 정당한 요구로 구원을 시인하는 태도나, 교회가 처음부터 지켜왔고 지금도 지키고 있는 방법인 사제에게만 비밀히 고백하는 방법이 그리스도의 명령과 제정에 일치되지 않으며 인간이 만들어낸 것이라고 말한다면 그를 파문하라.[182]

2. 병자의 치유

병든 교인을 위해서 주님의 돌보심과 치료하심을 간구하며 치유를 위한 기름을 발라주는 예식이다. 야고보서의 기록에서 구체적인 예를 찾아볼 수 있는데 인간의 어떠한 행위가 아니라 주님의 은총이 핵심임을 강조해야 한다.

1) 영혼의 치유 그리고 육체의 치유

영혼의 치유와 육체의 치유는 충분히 밀접한 관계가 있다.

마가복음 • 16:18c.
병든 사람에게 손을 얹은즉 나으리라

---

182 *The Canons and Decrees of the Council of Trent* (1551), Philip Schaff 역, *Creeds of Christendom* (Grand Rapids, MI: Baker Book House, n.d.), II, 151, 165-166.

야고보서 • 5:14-16

너희 중에 병든 자가 있느냐 그는 교회의 장로들을 청할 것이요 그들은 주의 이름으로 기름을 바르며 그를 위하여 기도할지니라 믿음의 기도는 병든 자를 구원하리니 주께서 그를 일으키시리라 혹시 죄를 범하였을지라도 사하심을 받으리라 그러므로 너희 죄를 서로 고백하며 병이 낫기를 위하여 서로 기도하라 의인의 간구는 역사하는 힘이 큼이니라

사라피온

우리는 만인의 구세주이시며 우리의 주이신 구원자 예수 그리스도의 아버지이신 모든 권위와 능력을 가지신 당신께 비오며, 당신이 이 기름 위에 하늘로부터 독생자의 치유의 능력을 보내시어 그것을 바르는 자들에게 또는 당신의 이 피조물과 함께하는 자들에게 일어나게 하시며, 모든 병과 모든 연약함을 고치주실 것과, 모든 악마를 몰아낼 힘을 주실 것과, 모든 불결한 영을 멀리해 주실 것과, 모든 악령들을 몰아내 주실 것과, 모든 열병 및 학질과 모든 질병을 몰아내 주실 것과, 선하신 은총과 죄를 용서해 주실 것과, 생명의 의약과 구원을 주실 것과, 혼과 영과 육의 건강과 건실함을 주실 것과, 완전한 강건함을 주시기를 기도드립니다.

오 주여, 모든 사탄의 힘과, 모든 역병과, 모든 질병과, 모든 고통, 모든 진통이나 발작이나 악의 그림자 등이 우리가 부르는 거룩한 당신의 이름과 독생자의 이름을 두려워하게 하소서. 그리고 그것들을 당신의 종들의 안팎으로부터 떠나게 하시어 우리를 위하여 십자가에 달리시고 다시 사신, 그리고 우리의 병고와 연약함을 담당하시고 장차 산자와 죽은

자를 심판하러 오실 예수 그리스도 그분의 이름이 영화롭게 되게 하소서. 그로 인하여, 그분을 통하여 당신에게 영광과 성령의 강건함이 세세토록 있을 것입니다.[183]

2) 종부성사

중세에 죽어가는 자들을 위해 기름을 바르는 성례가 종부(병자)성사로 발전한다.

롬바르드

앞에 나온 것 이외에 다른 또 하나의 성례, 즉 병자성사가 있으며, 그것은 생명이 끝날 때 감독에 의해 성별된 기름으로 (병자를) 바르는 것이다.

그 성례는 이중적 목적, 즉 죄의 용서와 신체의 질병을 없애기 위해 제정되었다. 그런 이유로 절실하고도 깊은 신앙심을 가지고 이 병자성사를 받는 자는 만약 그가 그 두 가지를 시기적절하게 믿었다면 명백하게 몸과 영혼이 모두 구원을 받는다. 그러나 아마도 그의 몸이 건강해지는 것이 해결책이 되지 못한다면 그는 이 성례에서 영혼의 건강을 얻는다. …

그러나 만일 여러분이 그것을 '성례'를 받는 것에 적용시키면, 그들이 반복해서 행해지지 않는다거나 자주 받을 수 없다는 점이 어떤 사람에게는 적용되지만 다른 사람에게는 적용되지 않는다. 왜냐하면 그들은 거

---

183 Sarapion of Thumuis, *Prayer-Book* (c. 350). John Wordsworth 역, *Bishop Sarapion's Prayer-Book* (Hamden, CT: Archon Books, 1964), 77-78.

의 모든 교회에서 자주 반복이 되는 도유의 성사와 같이 받아들여지기 때문이다.[184]

아퀴나스

병자(종부)성사가 죄의 용서에 유용한가 여부

나는 다음과 같이 답한다: 각각의 성례는 비록 그것이 결과적으로는 다른 부수적 효능을 만들어낸다고 해도, 한 가지 주요한 효능을 위하여 제정되었다. 성례는 그것이 의미하는 바를 일어나게 하기 때문에 성례의 주요한 효능은 그 의미로부터 얻어져야 한다. 이제 이 성례는 세례가 씻음을 통하여 주어지듯이, 일종의 치유와 같은 방법으로 주어지고, 의약품의 목적은 병을 쫓아내는 것이다. 그러므로 이 성례의 제정의 주요한 목적은 죄라는 질병을 치료하는 것이다. …

결과적으로 우리는 이 성례의 주요한 효과가 남아 있는 죄에 대한 것이고 따라서 그것을 찾을 수만 있다면 그 죄책감에 관한 것이기도 하다는 것을 말해야만 한다.[185]

3) 종교 개혁자들의 반론

종교개혁자들은 도유(기름 바름)가 성사로 변화하는 것에 대해 강

---

184 피터 롬바르드, *Four Books of Sentences*, IV (c.1152). Elizabeth Frances Roberts 역, *Peter Lombard and the Sacramental System* (Merrick, NY: Richwood Publishing Company, 1976), 221-23.

185 토마스 아퀴나스, 『신학대전(Summa Theologica)』, 3부, 61-65 (c. 1271). Fathers of the English Dominican Province 역 (New York, NY: Benziger Brothers, [1948]), III, 2671-672.

력하게 이의를 제기한다.

장 칼뱅

나머지 기적들과 마찬가지로 하나님께서 한동안 주시기로 뜻하셨던 그 치유의 은혜는 믿을 수 없을 만큼 새로운 복음 선포를 영원히 하시기 위하여 더 이상 존재하지 않는다. 그러므로 비록 우리가 그 당시 사도들의 손으로 기름을 발랐던 그 도유가 그러한 능력을 가진 성례였다는 것을 최대한 받아들인다고 해도, 그것은 이제 그와 같은 능력을 행하는 것을 받아본 적이 없는 우리와는 아무런 상관이 없다. …

야고보는 모든 병든 사람들에게 기름이 발라지기를 바라고 있다(야고보서 5:14). 당시 사람들은 그들의 기름으로 병든 자가 아니라 이미 마지막 숨을 들여마시는 거의 죽은 시신에 발랐다. 즉 그들의 말대로 종부성사를 한다. 만일 이 성례에서 그들에게 질병의 고통을 완화시켜 줄 효능이 뛰어난 약이 있거나 아니면 적어도 그 영혼에 위로를 가져다 줄 특효약이 있는데 그들이 제때에 치료해주지 않는다는 것은 잔인한 일이다. … 고통당하는 형제를 하나님께 맡기는 신자들의 기도는 헛되지 않을 것이다. … 아우구스티누스 시대에 로마에서 교회를 다스리던 교황 이노센트 [I 세]는 장로들 뿐 아니라 모든 그리스도인들이 그들이나 또는 그들을 의지하는 자들이 기름 바를 필요가 있을 때에는 기름을 사용하도록 하는 관례를 세웠다.[186]

---

[186] 장 칼뱅, 『기독교 강요(Institutes of the Christian Religion)』 IV. 17(1559). Ford Lewis Battles 역, LCC. XXI. 1467-469.

트렌트 공의회

제14차 회기, 1551년 11월 25일 개최

【규범 Ⅳ】만일 어떤 사람이 야고보께서 권고한 대로 병자들에게 기름을 바르도록 청한 교회의 장로들이 감독에게 서품 받은 사제가 아니라 각 공동체 안의 연장자들이라고 말하거나, 이 주장 때문에 사제만이 종부성사의 고유한 집례자가 아니라고 말한다면 그를 파문하라.[187]

4) 제2차 바티칸 공의회
제2차 바티칸 공의회는 이에 대해 새로운 방향을 제시한다.

"병자에게 기름을 바르는 것"이라고 부르는 것이 더 적절한 "종부성사"는 단지 임종 직전에 있는 자들만을 위한 성례는 아니다. 따라서 신자들 중에 어느 한 사람이 질병이나 노령으로 인하여 죽을 위험에 처해 있을 때, 그가 이 성례를 받을 최적의 시기가 이미 이르렀음이 확실하다.
별도의 병자에게 기름을 바르는 의식과 임종 때에 받는 성찬식 이외에 병자가 고해를 한 후, (임종 시 받는) 성찬을 받기 전에 연결되는 의식으로 병자에게 기름을 바르는 것이 마련되어야 한다.

기름을 바르는 횟수는 그 의식에 적합하게 해야 하고, 그 기름 바르는 의식에서의 기도 역시 그 성례를 받는 병자의 다양한 상황에 부합하도록

---

187 *The Canons and Decrees of the Council of Trent* (1551, 1562), Philip Schaff 역, *The Creeds of Christendom* (Grand Rapids, MI: Baker Book House, n.d.), II, 170.

수정되어야 한다.[188]

3. 그리스도인의 결혼

한 남자와 한 여자의 결혼은 개인적인 의미뿐만 아니라 공동체에 미치는 영향과 기대되는 역할이라는 측면에 있어서도 그 의미가 크다. 특별히 믿음의 사람들에게 결혼은 함께 힘을 합하여 사랑을 실천하는 삶을 살 것을 다짐하는 시작이 됨과 동시에 그리스도와 교회가 결합하는 표상을 삶을 통해 인식하고 그 신비를 체험하는 계기가 될 수 있다.

1) 지역 문화를 반영하는 결혼 예식

마태복음 • 19:4-6(참고 창세기 1:27; 2:24; 마가복음 10:1-12)
예수께서 대답하여 이르시되 사람을 지으신 이가 본래 그들을 남자와 여자로 지으시고 말씀하시기를 그러므로 사람이 그 부모를 떠나서 아내에게 합하여 그 둘이 한 몸이 될지니라 하신 것을 읽지 못하였느냐 그런즉 이제 둘이 아니요 한 몸이니 그러므로 하나님이 짝지어 주신 것을 사람이 나누지 못할지니라 하시니

요한복음 • 2:1-2
사흘째 되던 날 갈릴리 가나에 혼례가 있어 예수의 어머니도 거기 계시고 예수와 그 제자들도 혼례에 청함을 받았더니

---

188 *Constitution on the Sacred Liturgy* (Collegeville, MN:Liturgical Press, 1963), 41.

에베소서 · 5:31-32

그러므로 사람이 부모를 떠나 그의 아내와 합하여 그 둘이 한 육체가 될지니 이 비밀이 크도다 나는 그리스도와 교회에 대하여 말하노라

이그나시우스

결혼하는 남녀가 감독의 승인으로 하나가 되는 것이 옳다. 그렇게 함으로써 그들의 결혼은 하나님의 뜻을 따르는 것이 될 것이며 육체의 정욕에 따르지 않게 될 것이다. 모든 것이 하나님을 영예롭게 하도록 이루어져야 한다.[189]

2) 7성례인 결혼

결혼은 7성례 목록에 간신히 포함되었다

롬바르드

"비록 다른 성례들은 죄 이후에 그리고 죄 때문에 시작되었지만 혼인의 성례는 죄 이전에, 치유로서가 아니라 의무로, 주님에 의하여 제정되었다고 기록되어 있다." …

결혼의 제정은 이중적이다. 하나는 낙원에서 죄를 짓기 전에 의무로 제정되었는데 그때에는 부끄러움 없는 잠자리와 흠 없는 결혼이 있었을 것이고, 그 결과로 애욕이 없이 임신을 하고 산고 없이 출산을 했을지도 모

---

189 안디옥의 이그나시우스(Ignatius of Antioch), "폴리캅에게 보낸 편지(Letter to Polycarp)," V, 2 (c. 115). Cyril C. Richardson 역, LCC, I, 119.

른다. 다른 하나는 죄를 지은 후에 낙원 밖에서 불법적 욕망을 예방하기 위해 치유로서 제정되었으며, 그 본질은, 첫째로, 번성하는 것이고, 둘째로, 본성은 보호를 받고 죄는 억제하기 위함이었을 것이다. 왜냐하면 죄를 짓기 이전에도 하나님은 "번성하라"고 말씀하셨고, 죄를 지은 후에도 대홍수로 대부분의 남자들이 죽었을 때 역시 다시 "번성하라"고 말씀하셨기 때문이다. 그러나 아우구스티누스는 그 자신이 "건강한 사람에게 의무인 것이 병자에게는 치유이다."라고 말할 때, 죄 이전의 결혼은 의무를 위해 제정되었고 죄 이후의 결혼은 치유를 위하여 허락되었다고 증언했다. 죄로 인하여 죽은 몸 안에 있는 음란의 병을 악의 폐망에 떨어지지 않도록 고귀한 결혼이 막아주는 것이다. 만약 최초의 사람들이 죄를 범하지 않았더라면, 그들과 그들의 후손들은 육적 욕망이라는 동기와 뜨거운 연애감정 없이 하나가 되었을 것이다. 그리고 어떤 선행이라도 보답을 받을 가치가 있는 것처럼 그들이 한 몸이 되는 것도 선한 일이며 보답을 받을 가치가 있었을 것이다. 그러나 죄로 인한 치명적인 육체의 정욕의 법이 우리의 지체들을 괴롭혔고, 육체의 결합이 아닌 것을 제외한 부도덕한 결합은 그것이 결혼의 축복에 의해서 용서받지 못하는 한 비난받아 마땅하다. …

그러므로 결혼이 성례이기 때문에 그것은 또한 신성한 징표요 거룩한 것, 즉 사도(바울)가 말한 것처럼 그리스도와 교회의 결합의 표징이다. 기록된 바, 사도 바울은 "사람이 부모를 떠나 그의 아내와 합하여 그 둘이 한 육체가 될지니 이 비밀이 크다. (그러나) 나는 그리스도와 교회에 대하

여 말하노라."(에베소서 5:31-32)라고 말한다.[190]

14세기 자국어 결혼 서약

[호명], 당신은 이 여자를 아내로 맞이하여 그녀를 사랑하고, 그녀를 존경하고, 건강할 때나 아플 때나 그녀를 지키며, 다른 어떤 처지에서도 남편이 아내에게 마땅히 해야 할 바를 아내에게 할 것이며, 세상의 모든 것을 버릴지라도 당신의 생명이 끝나는 날까지 오직 아내만을 붙들겠습니까? … 그렇게 하겠습니다. …

[호명], 당신은 이 남자를 남편으로 맞이하여 그에게 상냥하고, 그를 사랑하며, 그에게 순종하고, 그를 존경하며, 그를 섬기고, 건강할 때나 아플 때나 그를 지키며, 그리고 다른 어떤 처지에서도 아내가 남편에게 마땅히 해야 할 바를 남편에게 할 것이며, 그를 위하여 모든 다른 것을 버릴지라도 당신의 생명이 끝나는 날까지 남편만을 붙들겠습니까? … 그렇게 하겠습니다. …

여기에 나는 당신 [이름]을 나의 혼인한 아내로 맞이하여 맑을 때나 흐릴 때나, 좋을 때나 나쁠 때나, 아플 때나 건강할 때나, 죽음이 우리를 갈라놓을 때까지, 거룩한 교회가 그것을 규정한다면 그것에 따라 침식을 같이 할 것을 당신에게 굳게 맹세합니다. …

---

190 피터 롬바르드, *Four Books of Sentences*, IV (c. 1152). 243.

여기에 나는 당신 [이름]을 나의 혼인한 남편으로 맞이하여, 맑을 때나 흐릴 때나, 좋을 때나 나쁠 때나, 아플 때나 건강할 때나, 죽음이 우리를 갈라놓을 때까지, 거룩한 교회가 그것을 규정한다면 그것에 따라, 침식을 같이 할 것을 당신에게 굳게 맹세합니다. …

이 반지로 나는 당신과 혼인하며, 이 금과 은으로 당신에게 경의를 표하며, 이 선물을 당신께 드립니다.[191]

장 칼뱅

마지막의 것은 결혼이다. 하나님이 결혼을 제정하셨다(창세기 2:21-24; 마태복음 19:4 이하)는 것은 모든 사람이 인정한다. 그러나 그레고리[VII] 때 까지는 그것이 성례로 집전되는 것을 아무도 본 적이 없다. 제정신이 있는 사람이라면 누가 그것을 성례로 생각할 수 있겠는가? 결혼은 하나님이 세우신 선하고도 거룩한 의식이다. 그리고 농사를 짓는 것, 건축하는 것, 구두를 수선하는 것, 이발을 하는 것 등도 하나님이 합법적으로 명하신 것들이지만 성례는 아니다. 왜냐하면 성례란 하나님의 사역일 뿐만 아니라 약속을 확증하시기 위하여 하나님이 명하신 외적인 예식으로 요청되기 때문이다. 어린아이조차도 결혼에는 그와 같은 것이 없다는 것을 식별할 수 있다.

사람들은 "성례(sacrament)"라는 말에 속은 것이다. 그러나 온 교회가

---

191 자국어로 하는 결혼 서약(Marriage vows in the vernacular), *Manual of York Use* (14세기). University Library, Cambridge, England (MS Ee. iv. 19), 23, 23B, 24.

그들의 무지에 대한 벌을 내리는 것을 허용하는 것이 온당한 일이었는가? 바울은 "신비(mystery)"라고 말했다. [라틴어 성서의] 번역자는 라틴계 사람들의 귀에 친숙한 이 낱말을 그냥 둘 수도 있었고, 아니면 "비밀(secret)"이라고 번역할 수도 있었을 것이다. 그러나 그는 "성례"라는 말을 더 선호하여 그것을 사용했다[불가타 역, 에베소서 5:32]. 하지만 바울이 사용했던 그 "신비(mystery)"라는 말과 같은 의미로 사용한 것이었다.[192]

트렌트 공의회
제24차 회기, 1563년 11월 11일 개최
【규범 X】 만일 어떤 사람이 결혼의 상태를 (수녀의) 독신 상태나 수도사의 독신 상태보다 우선으로 여겨야한다거나, (수도사나 수녀로) 독신으로 있는 것이 결혼하여 하나가 되는 것 보다 더 나을 것도 없고 더 복 받은 것도 아니다라고 말한다면 그를 파문하라.[193]

3) 결혼의 목적

중세에 문서로 선포된 결혼의 목적은 종교개혁 때에도 그대로 유효했다.

친애하는 친구 여러분, 우리는 하나님과 회중 여러분이 보는 앞에서 이

192　장 칼뱅, 『기독교 강요(Institutes of the Christian Religion)』 IV. 17(1559). Ford Lewis Battles 역, LCC. XXI, 1480-483.

193　*The Canons and Decrees of the Council of Trent* (1551, 1562). II, 197.

두 사람의 남녀를 거룩한 혼인으로 맺어주기 위하여 여기에 모였습니다. 이 거룩한 혼인은 인간이 아직 죄가 없었을 때 낙원에서 하나님이 제정하신 고귀한 것으로 우리에게는 그리스도와 그의 교회 사이의 신비적 연합을 나타내 줍니다. 그 거룩한 유산은 그리스도께서 함께 하심으로 더욱 아름답고 돋보이게 하셨고, 또한 갈릴리 지방 가나에서 행하신 첫 기적이기도 했으며 사도 바울이 모든 사람들 가운데서 고귀한 것으로 권하고 있는 것이기도 합니다. 그러므로 이것은 아무 것도 모르는 짐승처럼 육체적 정욕이나 탐욕을 만족시키기 위하여 함부로, 경박하게, 그리고 제멋대로 계획하거나 시작해서는 안되며, 경건하고, 분별력 있고, 진지하게 그리고 하나님을 경외하는 가운데 계획되고 이루어져야 합니다. 당연히 그 혼인이 제정된 목적을 고려해야 합니다. 그 하나는 자녀를 출산하여 주님에 대한 경외와 주님의 가르침과 하나님에 대한 찬양 속에서 양육하는 것입니다. 둘째는 결혼이 죄에 대한 치유로 간음을 피하게 하기 위하여, 그리고 결혼한 사람들이 순결하게 결혼생활을 영위하고 그들 자신을 더럽혀지지 않은 그리스도의 몸의 지체로 유지할 수 있도록 하게 하기 위하여 제정되었다는 것입니다. 셋째는 행복할 때나 어려울 때나 서로 돕고 위로하는 공동사회를 위하여 제정되었다는 것입니다. 여기에 있는 이 두 사람은 이제 그 거룩한 혼인의 자리에 들어와서 하나가 되었습니다. 그러므로 그들이 합법적으로 그렇게 결합되어서는 안된다는 어떤 정당한 이유가 있는 사람이 있다면 지금 말씀하시거나 아니면 이후로

는 영원히 침묵을 지켜 주시길 바랍니다.[194]

4. 서품 (성직 수임)

하나님께서는 교회를 사람들에게 위탁하셨고 교회는 역사적으로 그 구원의 은총을 널리 알리기 위해서 하나님의 일을 전념할 사람들을 구분하는 의식을 행했다. 이 일의 모범을 보이신 분이 바로 예수님이셨는데 예수님은 친히 제자들을 부르시고 가르치셨으며 그 일을 계속할 수 있도록 능력을 허락하셨다. 이후 성직을 담당할 사람들은 대제사장이셨던 예수님의 사역을 계승해야 하는데 사람들 위에 군림하는 것이 아니라 섬기고 봉사하며 희생의 삶을 살 것을 다짐해야 하고 이 예식은 그것을 위한 헌신의 시간이라는 의미를 내포하게 된다.

1) 초기의 다양한 유형의 성직들
사도행전 • 6:2b-6.
우리가 하나님의 말씀을 제쳐 놓고 접대를 일삼는 것이 마땅하지 아니하니 형제들아 너희 가운데서 성령과 지혜가 충만하여 칭찬 받는 사람 일곱을 택하라 우리가 이 일을 그들에게 맡기고 우리는 오로지 기도하는 일과 말씀 사역에 힘쓰리라 하니 … 사도들 앞에 세우니 사도들이 기도하고 그들에게 안수하니라

---

194 *The Book of the Common Prayer*, "결혼식 형식(The Forme of Solemnizacion of Matrimonie)"(1549). *The First and Second Prayer Books of Edward IV* (London: J. M. Dent & Sons, 1910), 252.

사도행전 • 20:17, 28.

바울이 밀레도에서 사람을 에베소로 보내어 교회 장로들을 청하니

여러분은 자기를 위하여 또는 온 양 떼를 위하여 삼가라 성령이 그들 가운데 여러분을 감독자로 삼고 하나님이 자기 피로 사신 교회를 보살피게 하셨느니라

안디옥의 이그나시우스

감독이 하나님을 대신하여 주재하게 하고 장로들은 사도 회의를 대신하게 하며, (특별히 내가 좋아하는) 집사들에게는 영원 전부터 아버지와 함께 계셨고 [세상의] 종말에 나타나신 예수 그리스도의 사역을 맡기도록 하라.[195]

디다케

그러나 예언자들의 경우에는 그들 자신의 방식대로 감사를 드리게 허락하라.[196]

사도 전승

감독에 관하여

모든 사람들에 의하여 선출된 자를 감독으로 세우라. 그의 이름이 호명

---

195 안디옥의 이그나시우스, "마그네시아 교회에 보낸 편지(Letter to the Magnesians)," VI (c. 115). Cyril C. Richardson 역, LCC, I, 95.
196 『열두 사도들의 가르침(The Didache)』 14장(1세기 후반, 또는 2세기 초반), Cyril C. Richardson 역, LCC, I, 176.

되고 모든 사람이 받아들이면 주일에 사람들은 장로들 및 참석한 감독들과 함께 모이라. 모두가 한 마음이 될 때, 그들(감독들)은 그에게 안수할 것이고 장로들은 옆에 서서 잠자코 있을 것이다. 모든 사람은 침묵을 지키며 그들의 마음에 성령의 강림을 기도해야 한다. 그 후에, 참석한 감독들 중 한 사람이 모든 사람의 요청을 받아 감독으로 세워진 그에게 안수하고 다음과 같이 기도해야 한다. …

장로들에 관하여
그리고 장로를 세울 때, 감독은 그의 머리에 안수하고 장로들도 또한 그에게 손을 댈 것이며, 감독은 우리가 앞서 감독에 대해 말한 바대로 위에 언급한 것들에 따라 말할 것이며 다음과 같이 기도할 것이다. …

집사들에 대하여
집사를 세울 때는 위에서 말한 것에 따라서 그를 선출하고, 우리가 위에서 지시한 것과 같은 방법으로 감독이 혼자 안수할 것이다. 집사를 세울 때 감독 혼자 안수하는 것은 집사가 사제직에 세워지는 것이 아니라 감독에게 봉사하고 감독이 명령하는 것을 하도록 세워지기 때문이다. 그는 장로회의 모임에 참석하지 못하고 행정을 하며 적절한 것을 감독에게 알려 주는 일을 한다. 그는 장로들이 공유하고 있는 연장자의 공통된 정신을 받지 못하고, 감독의 권한 아래에 맡겨진 것을 받는다. 이런 이유 때문에 감독만이 집사에게 안수를 한다. 장로에게는 장로들이 안수를 하는데 그들이 자신들의 조직에 대해 공통되고 유사한 정신을 가지고 있기 때문이다. 장로는 단지 그 영을 받을 권한은 있지만 줄 수 있는 권한은 없다.

이런 이유 때문에 그는 성직자를 서품할 수 없으며, 장로를 서품할 때에 감독이 서품하는 동안 보증만 할 뿐이다.

그리고 난 후 집사에 관하여 (감독은) 다음과 같이 말할 것이다. …

증거자들에 관하여

만일 어떤 증거자가 주님의 이름 때문에 옥에 갇혔다면 그에게 집사직이나 장로직을 위한 안수를 해서는 안 될 것이다. 왜냐하면 그는 고백을 통하여 장로직의 영예를 가지고 있기 때문이다. 그러나 만약 그를 감독으로 임명하려면 그는 안수를 받아야 할 것이다.

그러나 만약 당국에 끌려가지 않았거나, 고문을 받지 않거나, 감옥에 갇히지 않았거나, 다른 형벌을 선고받지 않고, 단지 때때로 주의 이름으로 인하여 조롱을 받고 가택연금형을 받은 증거자가 있어 고백했다면, 그에게 알맞은 어떤 직위에 안수하도록 하자.

그리고 감독은 위에서 우리가 말한 것에 따라 감사(의 기도)를 드려야 한다. 그가 하나님께 감사를 드릴 때, 그 말들을 기억하여 암송하는 것처럼 똑같은 말로 기도를 드릴 필요는 없다. 그러나 각자는 자신의 능력에 따라 기도를 드리게 해야 한다. 사실 어떤 사람이 오랫동안 엄숙한 기도를 드릴 능력이 있으면 좋은 일이다. 그러나 어떤 사람이 기도를 드릴 때, 간단한 기도를 드리더라도 못하게 해서는 안된다. 오로지 건전하고도 정통

적인 것을 기도드려야 한다.[197]

피터 롬바르드

이제 거룩한 서품에 대해 생각할 차례가 되었다. 거룩한 교부들의 말씀에서 우리가 분명히 배운 것처럼, 그리고 머리되신 예수 그리스도의 모범을 통하여 아는 바대로 영적 직무에는 일곱 가지 종류가 있다. 그리스도이신 예수께서는 친히 일곱 가지 직무 모두를 수행하셨으며, 그것과 동일한 직무를 그의 몸된 교회에서 지키도록 남기셨다.

성령의 칠중적 은총 때문에 일곱 가지 직무가 존재하고, 이 은총에 참예하지 않는 자들은 쓸모없이 교회의 직무에 참여하는 것이다. 성령의 칠중 은총이 그 마음에 두루 퍼져있는 사람이 교회의 직무에 참여할 때는 더 높은 영적 단계에 올라가는 풍성한 은총을 받을 것이라고 믿는다.[198]

아르메니아인들에 대한 포고령

여섯 번째 성례는 서품이다. 그 일은 물려받은 직위에 따라 결정된다. 장로에 대해서는 포도주를 담은 성배와 떡을 담은 성반을 통하여 그 의식을 받는다. 부제에 대해서는 복음서를 주는 것을 통하여, 부보제에 대하여는 빈 성반 위에 놓인 성배를 통하여, 그리고 나머지 다른 직에 대해서는 그들의 성직에 부속된 것들을 통하여 그것을 물려받는다. 사제에 대한 양식은 다음과 같다. "성부와 성자와 성령의 이름으로 교회 안에서,

---

197 히폴리투스(Hippolytus), 『사도 전승(Apostolic Tradition)』 XLI(c. 217). Geoffrey J. Cuming 역, *Hippolytus: A Text for students* (Bramcote, Notts: Grove Books, 1976), 8-14.
198 피터 롬바르드, *Four Books of Sentences*, 224.

산 자와 죽은 자를 위한 희생제사를 드릴 권능을 받으시오." 그러므로 다른 직위들에 대해서는 로마 교황청의 감독용 전례서에 들어 있는 것을 따른다. 이 성례의 일반적 집례자는 감독이다. 그 효능은 더 많은 은총을 받는 것이며, 서품을 받은 자는 누구나 적절한 집례자가 될 수 있다.[199]

2) 종교개혁의 교권에 대한 도전과 평등 요구

종교개혁자들은 교권에 대해 도전했고 세례에 근거한 평등함을 요구했다.

마르틴 루터

한 무리의 열심 있는 그리스도인 평신도들이 그들 중에 감독에 의하여 서품 받은 사제가 없이 포로가 되어 사막에 버려졌다고 가정해 보시오. 그리고 그들이 한마음이 되어 그때 그 사막에서 기혼이든 미혼이든 간에 그들 중 한 명을 선출하여, 그에게 세례 주는 일과 미사를 드리는 일과, 용서를 선포하는 일과, 복음을 선포하는 일을 맡긴다고 가정해 보시오. 그와 같은 사람이야 말로 세상에 있는 모든 감독과 교황들에게 서품 받은 것과 같은 진정한 사제일 것이다. …

세례의 물 밖으로 나오는 사람은 누구나 비록 외견상으로는 그가 사제나 감독이나 교황의 직무를 행할 것 같지는 않지만 자신이 성별된 사제요, 감독이요, 그리고 교황이라고 자랑할 수 있다. 우리는 동등한 지위의 사

---

199 "아르메니아인들에 대한 포고령(Decree for the Armenians)," 336.

제들이기 때문에 우리의 동의나 선출이 없이, 어느 누구도 억지로 떠밀려서 우리 모두가 동등한 권한을 가지고 있는 그 일을 하도록 떠맡아서는 안된다. 왜냐하면 어느 누구도 공동체의 허가와 동의 없이는 모든 사람에게 공통적인 일을 감히 스스로 떠맡을 수 없기 때문이다. 그와 같은 직무를 위해 선택된 사람이 신뢰를 악용한 것 때문에 혹시 물러나는 일이 생긴다면 그는 정확히 이전의 그 자신의 모습으로 되돌아 갈 것이다. 그러므로 기독교의 사제는 단지 직무를 맡은 자일 뿐이다. …

평신도와 사제, 영주와 감독, 경건한 것과 세속적인 것 사이에는 지위가 아니라 일과 직무를 위한 것이라는 점 이외에는 진정으로 근본적인 차이가 없다. 그들은 모두 영적인 지위를 가진 자들이며 모두가 진정한 사제요, 감독이요, 교황이다. 그러나 그들 모두가 똑같은 일을 하는 것은 아니다.[200]

마르틴 부처

형제들 여러분, 여러분은 여러분이 치른 교회법규 시험과 설교와 열 두 사도와 복음서에서 읽은 성스러운 교훈에서 여러분이 부름 받은, 그리고 주 예수 그리스도의 이름으로 엄숙하게 제정된 이 직무의 신성함과 책임이 얼마나 큰 지에 관해서 들었다. … 이제 여러분에게 맡겨진 그 보물이 얼마나 귀한 것인지 생각해 보라. 왜냐하면 그 양들은 그리스도의 양이요, 그분께서 홀로 자신의 생명으로 대가를 치르시고 가져오셨기 때

---

200 마르틴 루터, *To the Christian Nobility of the German Nation Concerning the Reform of the Christian Estate* (1520). Charles M. Jacobs and James Atkinson 역, LW, XLIV, 128, 129.

문이다. 여러분이 죽어서까지 관리해야 할 교회는 그분의 신부요, 그분의 몸이다.[201]

5. 그리스도인의 장례

그리스도교인들에게 있어서 죽음은 마지막이 아니다. 초기 교회에서 신자들의 장례식은 로마의 관습으로부터 영향을 받은 내용이 많았는데, 이후 두려움을 어떻게 극복할 것인가에 관해 다양한 방법들이 시도되었다.

1) 격려와 희망
격려를 받아 희망을 다시 가지기를 바라면서도 두려움을 참지는 못한다.

아우구스티누스
그렇게 [그의 어머니 모니카의] 시신이 밖으로 운구 되었을 때, 우리 둘은 따라서 갔다가 눈물도 흘리지 않고 되돌아 왔다. 그곳의 관습대로 무덤 안으로 시신을 내리기 전에 무덤 옆에 놓인 시신과 함께 그녀를 위하여 우리의 구속의 희생제물이 봉헌되었을 때, 우리가 당신에게 쏟아놓았던 그 기도 때에도 나는 울지 않았다. 그러나 나는 하루 종일 몰래 비

201　마르틴 부처(Martin Bucher), "Sermon on the Good Shepherd" (c.1550). E. C. Whitaker 역, *Martin Bucer and the Book of Common Prayer* (Great Wakering: Mayhew-McCrimmon, 1974), ACC, LV, 178-80.

통해하며 슬퍼했고, 고통스런 마음으로 나의 슬픔을 달래려고 내가 할 수 있는 대로 당신에게 간절히 탄원했지만, 당신은 달래주지 않았다.[202]

마르틴 루터

우리는 무덤에서 또 죽은 자를 두고 어떤 장송가나 슬픈 노래도 부르지 않고, 우리의 신앙이 강하게 되며 사람들이 감동으로 진정한 헌신에 이르도록 죄의 용서와, 안식과 잠과 생명과, 죽은 자의 부활에 대한 위로의 찬송을 부른다.

우리 신앙의 기쁜 순간인 죽은 자의 부활을 찬양하고 영예롭게 하기 위하여, 그리고 너무나도 수치스럽고 너무나도 많은 무시무시한 방법으로 우리를 삼키려 하는 저 무서운 원수인 죽음을 이기기 위하여, 우리가 올바른 격식을 갖추어 이 장례를 치르는 것은 적절하고도 올바른 것이다. … 이 모든 것이 이루어지면 부활의 약속이 우리 속에 굳건히 서게 된다. 왜냐하면 그것은 죽음과 지옥과 악마와 모든 우리의 원수에 대하여 지속적이며 축복받은, 그리고 영원한 위로이자 기쁨이기 때문이다.[203]

존 낙스

매장에 관하여

시신은 다른 어떤 의식 없이 경건하게 무덤으로 운구 되고 회중들도 함

---

202 아우구스티누스, 『참회록(Confessions)』, IX(c.400). Albert C. Outler 역, LCC, VII, 197.
203 마르틴 루터, *Preface to the Burial Hymns* (1542). Paul Zeller Strodach and Ulrich S. Leupold 역, LW, LIII, 326-27.

께 간다. 그리고 시신이 매장되면 거리가 멀리 떨어져 있지 않은 경우에는 목사가 교회에 돌아와서 죽음과 부활에 관해서 이야기하면서 사람들을 편안한 마음으로 권면한다.[204]

존 웨슬리

[헤른후트] 화요일, 8일.[1738년 8월] 어린 아이를 묻었다. 그 매장지(그들은 Gottes Acker, 즉 하나님의 땅이라고 불렀다)는 마을 밖 수백 야드 떨어진 곳에 있는 작은 나무 옆 아래에 있다. 그 매장지에는 구별된 정방형 모양의 땅이 있었는데, 기혼 남자와 미혼 남자를 위한 것, 기혼 여자와 미혼 여자를 위한 것, 남자 어린이와 여자 어린이를 위한 것, 그리고 과부들을 위한 것 등이었다. 시신은 교회당에서 운구 되었는데, 먼저 어린이들이 앞서서 걸었고 그 다음은 "고아의 아버지"(그들은 고아원을 책임지고 보살피는 그를 그렇게 불렀다)가 베델도르프의 목사와 함께 따라 걸었으며, 그 후 네 명의 아이들이 시신을 들고 갔고, 그들 뒤에 마틴 도버와 그 아이의 아버지가 따랐다. 그리고는 남자들이 뒤따라갔고, 마지막으로 여자들과 소녀들이 따랐다. 그들은 모두 걸으면서 찬송을 불렀다. 남자 아이가 묻히는 지역에 들어 왔을 때, 남자들이 그 양쪽에 섰고, 소년들은 세 번째로, 여자들과 소녀들은 네 번째 섰다. 거기에서 다시 그들은 찬송을 불렀고, 그 후에 목사가 짧은 기도를 했으며(그가 읽었다고 생각된다), "하나님의 은혜로운 자비하심과 보호에 당신을 맡기나이

---

204 존 낙스, *The Forme of Prayers* (1556). William D. Maxwell 편, *The Liturgical Portions of the Genevan Service Book* (London: Faith Press, 1965), 161.

다."라는 강복의 말씀으로 끝을 맺었다.[205]

거룩한 예전에 관한 규약

죽은 자의 매장에 대한 의식은 그리스도인의 죽음의 부활의 성격을 보다 분명히 표현해야 하고 다양한 지역에서 찾아 볼 수 있는 전통과 그 상황에 보다 밀접하게 조화를 이루어야 한다. 또한 이것은 사용하는 예전색에도 적용된다.[206]

---

205 존 웨슬리, *Journal* (1738). W Reginald Ward and Richard P. Heitzenrater 편, *The Works of John Wesley: Journal and Diaries* (Nashville, TN: Abingdon Press, 1988), XVIII, 269.

206 *Constitution on the Sacred Liturgy* (Collegeville, MN: Liturgical Press, 1963), 43.

에필로그

예배와 설교의 원시림 속에서

　교회와 성도의 삶을 유지하는 요소가 무엇인가를 고려할 때 예배와 설교를 빼놓을 수는 없다. 그렇기 때문에 바르게 예배하고 선포하는 일에 관해 관심을 갖고 그 본질을 추구하는 것은 그리스도인으로서는 필연적인 일이다. 그러나 목회의 현장에서 예배의 본질이 무엇인지를 진지하게 고민하는 모습을 찾아보기란 그렇게 쉬운 일이 아니다. 그저 매 주일 정해진 순서대로 예배를 드리는 것으로 충분하고, 만족하다는 입장이 일반적이라고 할 수 있다. 그러나 예배가 하나님 앞에서 인간이 행하고 드리는 거룩한 일(성사, 聖事)이라고 할 때 도대체 왜 우리가 '그 순서'에 따라서 예배하고 그것으로 말미암아 우리가 갖게 되는 결과가 무엇인지 묻지 않는다는 것은 성도로서의 존재의미를 스스로 바르게 자리매김하지 않는 것과 다를 바가 없는 무책임하기까지 한 일이다.

　이제까지 이 책을 통해 예배와 설교라는 그리스도교의 두 기둥의 근원과 각종 문헌에 드러난 흔적들을 따라 거대한 하나님의 정원이라는 원시림을 거닐었는데 하나님과 관련되어 인간이 할 수 있는 가장 거룩한 일(성사)이라는 측면에서 성사(Sacrament, 聖事)가 그리스어에서 라틴어로 번역될 때 채용된 '미스테리온(mysterion)'이라는 말 뜻 그대로 예배와 설교는 인간에게 행하신 신비로운 일 그 자체임을 재확인할 수 있는 시간이었다.

하나님께서 인간을 이토록 사랑하시기에 신비한 일이고, 인간의 생각을 뛰어넘는 방법으로 우리를 구원하실 방도를 열어주셨기에 신비이며, 예배와 설교라는 행위로 하나님과 맞닿을 수 있으니 참으로 신비 그 자체이다. 이는 그 신비를 깨달은 이들에게는 한없는 복이고 감사의 원천이지만 때때로 많은 이들에게는 그 뜻을 밝힐 알 수 없는 아득하기만 한 천상의 영역이기도 하다. 그러나 하나님의 신비를 다 아는 것은 애초에 인간에게 허락되지 않은 일이다. 오히려 중요한 것은 신비로 가득 찬 하나님의 정원에 머무는 것이다. 그래서 예배와 설교의 원시림은 그 입구만보고 다 알았다고 할 수도 없고, 그 안에서 길을 잃었다고 해도 적어도 그 숲에 머물기만 한다면 그다지 염려 할 필요가 없는 하나님의 품 안에서 여유롭게 거닐 수 있는 자적(自適)임이 분명하다.

다만 필자들을 필두로 많은 예배학과 설교학 분야의 신학자들이 가슴 아파하고 염려하는 바는 하나님이 처음 인간에게 주셨던 원시의 동산에서 하나님을 피해 동산 나무 사이에 숨는 처연한 인간의 실존에서 비롯된 하나님으로부터 동떨어짐, 유리(遊離)와 부동(浮動)이다. 하나님 존전에 가까이 갈 수 있고, 필요에 따라 직고하며 소통할 수 있는 길이 분명히 크고 넓게 열려 있어서 동산 가운데 거니시는 하나님 앞에 나아가기만 하면 되는데도 불구하고 "그 날 바람이 불 때 동산에 거니시는 여호와 하나님의 소리를 듣고"도 선뜻 발걸음을 내딛지 않는 인간의 현실이 예배와 설교의 현장에서도 나타나고 있다.

많은 고대로부터의 문헌과 실천의 흔적을 뒤적이면서 본서에서 찾아볼 수 있었던 점은 하나님께서는 이런 한계에 봉착한 우리에게 먼저 찾아오신 분이시라는 점이다. 마치 옥에 갇힌 베드로가 "두 군인 틈에서 두 쇠사슬에 매여"있을 때에 옥을 지키던 파수꾼이라는 인간적이고 물리적인 한계를 뛰어넘는 방법으로 쇠사슬을 베드로의 손에서 풀어주신 분이 바로 하나님 자신이셨고, 자유가 있는 옥 밖으로 나가는 베드로를 가로막은 "쇠문"이라는 난관, 그 자리에 머물 수도 다시 돌아가 차꼬를 차고 주저앉을 수도 없는 단단하고 차가운 철문이라는 현실을 깨고 나갈 수 있도록 인도하신 것(사도행전 12:5-10)도 하나님의 주도적인 은혜였던 것처럼 하나님은 미리 길을 계획하셨고 우리를 그 길로 인도하셨다. 우리에게 요구되는 것은 그 하나님을 신뢰하고 그 분이 보내신 구원의 방편을 따르는 일이다. 그것으로 충분하다.

예배와 설교는 우리를 구원에 이르게 하려고 하나님께서 미리 마련하신 방법이다. 그리고 구원받은 이들이 교회라는 공동체를 이루어 이 세상의 파고를 함께 헤쳐 나가고 사단의 권세를 이길 수 있도록 우리를 묶어주는 쉽게 끊어지지 않는 삼겹줄이다. 이것을 아는 것이 예배와 설교의 중요성을 깨닫는 시작이고 예배와 설교를 통해 천국의 백성이 되는 지름길이다.

이렇게 중요한 예배와 설교이기에 신앙 구성원들 간에 이해의 편차가 존재한 것은 사실이다. 본서가 때로는 적나라하게 드러내 보인 바대로 때때로 이 예배와 설교의 의미와 성격에 대한 노골적인 갈등도 있었다. 그러나 성도의 삶과 믿음에 있어서 성례가 차지하는 비중에 대한 논의는 있을 수 있으나 그 필요성에 대한 확신은 결코 약해질 수 없다.

하나님과 관련된 인간의 일을 성사라는 단어로 표현하는 것이 일부 교단의 전유된 용어를 떠올리게 되어 이해의 혼란을 가져올까 조심스러운 면은 있지만 인간이 다 알기에는 하나님이 지대하시다는 것을 깨닫게 되는 현장이 예배(성사)이며 설교이다. 다만 우리는 신비하여 그 끝을 알 수 없지만 그럼에도 불구하고 예배하는 행위와 설교를 통해 선포되는 말씀을 듣는 자체가 우리를 위해 마련된 구원의 방도라고 믿고 나아갈 뿐이다. 이렇게 길을 마련해 주신 주님의 손을 붙잡고 우리에게 마련된 시원(始原)의 동산을 거닐며 천국의 문까지 나아가는 방편이 무엇인지 아는 것으로 충분하다.

길을 잃어 미아가 된다는 것은 유년기의 부끄러운 추억이겠지만 하나님의 품 안에서 길을 잃는 것은 신비와 맞닿아 있다는 말이고 예배와 설교 가운데 하나님을 만나고 있다는 말이다. 그래서 길을 잃음은 언제나 우리를 하나님 안에서 겸손하게 한다. 나아가 그것은 믿는 사람이라는 우리의 존재를 세상에 선포하는 행위로 긍정적인 기능을 하게 한다. 예배의 본질에 대한 논쟁의 과정을 살펴볼 때 역사를 통해 성례의 과도한 부각이 신앙의 진정성을 잃어버리게 하고 미신화와 같은 부작용을 가져온 현상에 대한 종교개혁자들의 비판이 있었다. 그러나 개혁의 기치를 높이 올린 칼뱅마저 성례가 믿음을 지속시키고 강건케 하는 수단임을 확인한 것이 분명한 사실이다. 성례는 그의 지적대로 우리의 연약한 믿음이 더욱 강하게 서게 하기 위한 외적인 표징이다. 동시에 신자로서 우리가 하나님께 대한 신앙을 견지한다는 사실을 사람들

뿐만 아니라 온 우주의 영적인 존재들 앞에서 증거하는 외적인 표징이기도 하다.[207] 이 칼뱅의 지적대로 우리가 참된 성례전으로 하나님 앞에 나아가고 바른 설교를 선포하며 그것에 청종(聽從)하게 되면 하나님의 푸르른 동산에서도 우리는 온 우주를 향해 우리의 신자됨과 믿음과 하나님의 자녀됨을 얼마든지 당당하게 선포할 수 있게 된다.

인간의 첫 사람부터 하나님께서 우리를 위해 지어주신 곳이 태초의 숲, 원시림이었고, 찾아와 만나주신 곳도 그 처음 숲이었으며, 가죽옷으로 인간을 친히 보호하신 곳도 아득한 그 숲이었다. 바른 예배와 설교는 그 자체가 하나님의 숲에 온전히 거하는 일이다. 이 예배와 설교라는 그 분의 원시림 안에 온전히 거하기 원하는 사람들이라면 예배의 본질에 대해 맹목적으로 그릇된 신학을 추구하지도 않고, 인간의 오욕(伍慾)과 하나님 앞에 스스로를 세우려는 교만으로 오염된 설교를 고집하지도 않게 될 것이다. 세상에 취한 채로 이미 동산 밖에 쫓겨난 존재인 것도 기억하지 못하며 공중의 권세 잡은 사단의 세력 아래서 하나님의 구원과 사랑의 따스한 손길을 잊어버리는 우를 범하지 않을 것이다. 하나님의 낯을 피하지도 않으며 마음껏 그분과 함께 기뻐하고 뛰어노는 관계의 회복이 있게 될 것이다. 그 회복이 하나님과 그 백성 사이에서 이룩될 때 하나님 나라의 진수(眞髓)는 빛을 발하고 그 백성들은 감격에 젖게 될 것이다.

---

207 프랑수아 방델, 『칼빈: 그의 신학사상의 근원과 발전』, 김재성 역 (고양: 크리스챤 다이제스트, 2001), 378-79.